修订版

冯友兰文集

【第十卷】

中国哲学史新编（第三册）

长春出版社

国家一级出版社

全国百佳图书出版单位

图书在版编目（CIP）数据

中国哲学史新编. 第三册 / 冯友兰著；邵汉明编
. —修订本. —长春：长春出版社，2017.1
（冯友兰文集；第十卷）
ISBN 978-7-5445-4654-6

Ⅰ.①中… Ⅱ.①冯… ②邵… Ⅲ.①哲学史—中国
Ⅳ.①B2

中国版本图书馆 CIP 数据核字（2016）第 276740 号

冯友兰文集

| 著　　者：冯友兰 |
| 编　　者：邵汉明 |
| 责任编辑：张中良　李春龙 |
| 封面设计：王国擎 |

出版发行 **长春出版社**　　　　　　总编室电话：0431-88563443

地　　址：吉林省长春市建设街 1377 号	发行部电话：0431-88561180
邮　　编：130061	
网　　址：www.cccbs.net	
制　　版：吉林省久慧文化有限公司	
印　　刷：吉广控股有限公司	
经　　销：新华书店	

开　　本：787 毫米×1092 毫米　1/16
字　　数：3960 千字
印　　张：209
版　　次：2017 年 1 月第 1 版
印　　次：2017 年 1 月第 1 次印刷
印　　数：3 000 册
定　　价：（全十二卷）598.00 元

版权所有　盗版必究

如有印装质量问题，请与印厂联系调换　　　　印厂电话：0431-81067999

20 世纪 70 年代初，冯友兰在北大校园。

1973 年，冯友兰夫妇在三松堂寓所前。

1977 年，冯友兰在夫人去世后与家人合影。

冯友兰与任继愈、冯钟芸（冯友兰侄女）夫妇在一起。

1981 年 10 月，冯友兰在杭州参加"宋明理学讨论会"时留影。左起为：张岱年、冯友兰、狄百瑞、陈荣捷、贺麟、石峻。

1982年，冯友兰访美时与友人、哥伦比亚大学终身教授狄百瑞在一起。

目　录

绪　论……………………………………………………………………… 001

 第一节　"过秦"……………………………………………………… 001

 第二节　"宣汉"……………………………………………………… 004

第二十五章　汉初黄老之学………………………………………………… 007

 第　节　曹参的黄老政治…………………………………………… 007

 第二节　汲黯的黄老政治…………………………………………… 008

 第三节　司马迁父子的黄老之言…………………………………… 009

第二十六章　汉初最大的政论家和哲学家——贾谊……………………… 014

 第一节　陆贾的"逆取顺守"的策略……………………………… 014

 第二节　贾谊对于秦朝所以灭亡的分析及其对付农民的策略…… 015

 第三节　贾谊对于地主阶级的忠告………………………………… 016

 第四节　贾谊恢复了关于"礼""法"的争论……………………… 017

 第五节　贾谊对于巩固地主阶级政权的一些建议………………… 018

 第六节　贾谊的唯物主义哲学思想………………………………… 022

第二十七章　董仲舒公羊学和中国封建社会上层建筑…………………… 027

 第一节　中国封建社会的经济基础和上层建筑,汉武帝和董仲舒…… 027

 第二节　董仲舒和公羊春秋………………………………………… 030

 第三节　公羊春秋和汉朝的政策…………………………………… 032

 第四节　董仲舒所讲的《春秋》的"微言大义"………………… 034

 第五节　董仲舒的政治纲领………………………………………… 035

 第六节　董仲舒关于"天"的宗教化思想………………………… 036

 第七节　董仲舒关于气和阴阳五行的学说………………………… 038

 第八节　董仲舒的神秘主义的天人感应论………………………… 045

 第九节　董仲舒的人性论…………………………………………… 049

第十节　董仲舒的封建主义的社会和伦理思想 ………………………… 051

第十一节　董仲舒的历史观 ……………………………………………… 056

第十二节　董仲舒的逻辑思想 …………………………………………… 058

第十三节　春秋公羊学和中国社会的两次大转变 ……………………… 060

第二十八章　《礼记》与中国封建社会的上层建筑 ……………………… 063

第一节　《礼记》其书 …………………………………………………… 063

第二节　关于冠礼和婚礼的"义" ……………………………………… 063

第三节　关于丧、祭礼的"义" ………………………………………… 067

第四节　关于孝的理论 …………………………………………………… 071

第五节　礼是变动的 ……………………………………………………… 072

第六节　《乐记》 ………………………………………………………… 075

第七节　《中庸》 ………………………………………………………… 079

第八节　《大学》 ………………………………………………………… 087

第二十九章　董仲舒哲学体系的对立面——淮南王刘安的黄老之学 …… 093

第一节　黄老之学与神仙家 ……………………………………………… 093

第二节　刘安其人和《淮南子》其书 …………………………………… 094

第三节　《淮南子》关于"气"的唯物主义的理论 …………………… 096

第四节　《淮南子》关于天人关系的反目的论的理论 ………………… 100

第五节　《淮南子》中的形、神二元论 ………………………………… 105

第六节　《淮南子》中反映论的认识论和辩证法思想 ………………… 108

第七节　《淮南子》的人性论 …………………………………………… 110

第八节　《淮南子》中主张"变"的社会、政治思想 ………………… 112

第三十章　《盐铁论》与"义利之辨" …………………………………… 117

第一节　地主阶级打击商人的斗争 ……………………………………… 117

第二节　《盐铁论》的主要内容 ………………………………………… 121

第三节　"义利之辨" …………………………………………………… 125

第四节　盐铁会议与《大学》 …………………………………………… 127

第三十一章　纬书中的世界图式 …………………………………………… 128

第一节　谶纬的社会根源 ………………………………………………… 128

第二节　《易纬》的宇宙形成论 ………………………………………… 129

第三节　《洛书》 ………………………………………………………… 132

第四节　"太一" ………………………………………………………… 134

第五节　八卦方位 ……………………………………………… 134

第六节　"卦气" ………………………………………………… 136

第七节　纬书的世界图式与希腊毕达哥拉斯学派的比较 ……… 140

第三十二章　古文经学的兴起及其哲学家——刘歆、扬雄、桓谭 … 142

第一节　什么是古文经学 ……………………………………… 142

第二节　石渠会议 ……………………………………………… 143

第三节　刘向、刘歆关于《洪范》五行的理论 ……………… 144

第四节　刘歆的"元气"说 …………………………………… 146

第五节　刘歆与《左传》 ……………………………………… 147

第六节　刘向、刘歆的《七略》 ……………………………… 149

第七节　扬雄《太玄》中的唯物主义和辩证法思想 ………… 150

第八节　扬雄的《法言》 ……………………………………… 159

第九节　桓谭对形、神关系的唯物主义见解及其反对神秘主义的斗争 …… 160

第十节　王充对刘、扬、桓的评价 …………………………… 162

第三十三章　王充——两汉时代最大的无神论者和唯物主义哲学家 ……… 163

第一节　今文经学的反攻和白虎观会议 ……………………… 163

第二节　王充的家世和著作 …………………………………… 164

第三节　王充的天文学 ………………………………………… 166

第四节　王充关于"气"的思想 ……………………………… 168

第五节　王充关于天、人关系的理论 ………………………… 170

第六节　王充对于"天人感应"的批判 ……………………… 172

第七节　王充关于形、神关系的理论 ………………………… 177

第八节　王充的反映论的认识论和方法论 …………………… 182

第九节　王充关于性、命的理论 ……………………………… 188

第十节　王充的历史观 ………………………………………… 195

第十一节　王充在中国哲学史上的地位 ……………………… 197

第三十四章　东汉末无神论和进步的社会思想 ……………… 199

第一节　张衡反对谶纬的理论 ………………………………… 199

第二节　张衡的天文学和宇宙形成论 ………………………… 200

第三节　王符的唯物主义的自然观和进步的社会思想 ……… 203

第四节　仲长统的无神论和进步的历史观 …………………… 207

第五节　何休关于"太平"的思想 …………………………… 211

第三十五章 东汉末农民大起义和《太平经》……………………………… 213

第一节 以黄巾军为代表的农民起义 ……………………………… 213

第二节 《太平经》其书 …………………………………………… 215

第三节 《太平经》中的"太平"思想 …………………………… 216

第四节 《太平经》的"天地周期"论 …………………………… 220

第五节 农民起义的优点和缺点、进步性和局限性…………………… 221

绪　论

第一节　"过秦"

秦始皇兼并了六国，统一了全中国，把中国置于一个最高统治者的统治之下，建立了专制主义的中央集权的全国性的政权，这样他就完成了当时地主阶级的第一项重大的历史任务。

在秦始皇统一全国以后，他下令说："寡人以眇眇之身，兴兵诛暴乱。赖宗庙之灵，六王咸伏其辜，天下大定。今名号不更，无以称成功，传后世。其议帝号。"李斯等人说："昔者五帝，地方千里，其外侯服、夷服。诸侯或朝或否，天子不能制。今陛下兴义兵，诛残贼，平定天下。海内为郡县，法令由一统。自上古以来未尝有，五帝所不及。"他们建议尊秦始皇为泰皇。秦始皇改泰皇为皇帝，并且下命令说："朕为始皇帝，后世以数计，二世、三世至于万世，传之无穷。"（《史记·秦始皇本纪》）

秦始皇和李斯等的对话，不能认为仅只是一般的吹捧之词。他们确实做出了前所未有的事业。也不能认为仅只是说出了他们这些人的个人意见。从阶级的观点看，他们的这些话，是代表地主阶级说的。地主阶级推翻了奴隶主阶级的统治，又统一了全中国，建立了全国性的地主阶级专政的政权。于是全中国只有一个政府，一个法律，一个经济组织，一个交通系统，一个道德标准。这就为巩固封建制度创造了极有利的条件，使地主阶级政权得到稳固的基础。于是他们就认为封建制度和地主阶级政权从此可以万世长存，永远不变。秦始皇所说的"至于万世，传之无穷"，就是表现了当时地主阶级的这种意识。

秦始皇在建立统一的、全国性的政权过程中，实行了一项对其政权具有根本意义的重要措施，那就是实行郡县制。郡县制代替分封制是经过了一个相当长时期的过程的。在春秋时期，有些诸侯国就在本国内实行郡县制，这在本书第一册中已经讲过。到战国末期，郡县制已经相当普遍地施行。秦始皇统一全中国后，更加有计划、有系统、大规模地施行郡县制。可是，主张恢复分封制的也还有其人。在当时的情况下，主张恢复分封制是就制度而言，分封的对象不一定就是原来的奴隶主。地主也不因为受了封就成为奴隶主。在封建社会中，也可以实行分封制。地主也可以世袭为侯王。

在秦朝统一以后，彻底实行郡县制和重新分封诸侯两种主张又成为当时政治上公开辩论的问题。当时的丞相王绾等言："诸侯初破，燕、齐、荆地远，不为置王，毋以填之，请立诸子。"（《史记·秦始皇本纪》）这一派的人拥护旧制度，认为一个边远地方如果没有王，就好像是个"真空地带"，要有王把"真空"填起来（"以填之"）。

李斯反对这个建议。他说，周朝所封子弟同姓很多，后来都自相攻击，"诸侯更相诛伐"。现在既然"一统皆为郡县"了，这是"安宁之术"，所以"置诸侯不便"。（《史记·秦始皇本纪》）秦始皇接受他的建议，分天下为三十六郡，由中央政府所任命的官吏直接统治，把原来各国所有的防御工事以及截断河流的堤防一律撤除，又统一了度、量、衡、车轨和文字，使中国社会达到前所未有的统一。

可是，上面所说的两派意见还是分歧。到秦始皇三十四年（前 213 年），又有周青臣和淳于越的辩论。在秦始皇面前，周青臣说："以诸侯为郡县，人人自安乐，无战争之患。"一个博士淳于越反驳说，郡县制是古来所没有的，"事不师古而能长久者，非其所闻也"。这又牵涉到儒家向来坚持的一个原则，就是"师古"。秦始皇叫群臣讨论。李斯反驳淳于越说："五帝不相复，三代不相袭，各以治，非其相反，时变异也。"这是法家向来主张变法的论据。李斯接着说，以前诸侯割据，"天下散乱"，各家各派的"私学"也都兴起来了，私学"语皆道古以害今，饰虚言以乱实"；现在已经统一了，"百姓"应该"力农工"，"士"应该学习法令；可是还有"私学"，"闻令下则各以其学议之……如此弗禁，则主势降乎上，党与成乎下"。所以李斯主张"禁之便"。他又建议，发布禁令，除属于技术一类的著作，"医药、卜筮、种树之书"以外，民间所藏的"《诗》《书》百家语"都要烧掉。有谈论《诗》《书》的就处死；有"以古非今"的，杀其全家；有愿学法令的，"以吏为师"。这个建议，经秦始皇批准执行（《史记·秦始皇本纪》）。这样就完全实现了韩非所说的，"明主之国，无书简之文，以法为教；无先王之语，以吏为师。"（《韩非子·五蠹》）

封建社会的经济基础，经过三四百年的发展，到这时候已经确定下来了，这个时候所需要的是建立一套与之相适应的上层建筑，把它保持下来。秦始皇和李斯的"以法为教""以吏为师"的政策，就是这一方面的具体措施。他们是想在上层建筑方面实行暴力专政，"焚书坑儒"便是暴力的表现。要建设一套上层建筑，千头万绪，本来是极其复杂的事，秦始皇和李斯把问题看得太简单了，所用的手段也太生硬粗暴了，他们实际上是搞了一个"真空"，这个"真空"是几条法令，一群官吏，所万万不能"填补"的。他们想用快刀斩乱麻的手段，割断历史，但历史是不能割断的。谁要企图割断它，它就会把割断者割断。秦朝的灭亡证实了这个真理。

秦朝是中国封建社会的第一个统治全中国的大朝代，秦始皇是秦朝的第一个皇帝，他为地主阶级全国性的政权打下了基础，从这个意义说，他真不愧为"始皇帝"，那个"始"字的历史意义就在这里。

地主阶级成功了，可是秦始皇和他的秦朝却失败了，而且失败得很惨。在他死以后，二世皇帝元年，农民的领袖陈胜就起义了。陈胜举起了反秦的义旗，全国同时响应，口号是"天下苦秦久矣"。二世皇帝挣扎了三年，在一次宫廷政变中被杀。他的继承人还没有来得及宣布为三世皇帝，刘邦所率领的义军就打到咸阳。在正式投降的仪式中，这位小皇帝就投降了。在中国历史中，一个统治全国的大朝代还没有这样短命的。在中国历史中，秦始皇是个悲剧性的人物，成功很大，失败很惨，成功和失败的对比最为鲜明。

在汉朝初年，人们纷纷议论这个对比，想从其中得到教训。当时的一位大思想家、大政论家贾谊作《过秦论》（论秦朝的错误）。他说："秦以区区之地致万乘之势，序八州而朝同列，百有余年矣。然后以六合为家，殽函为宫。一夫作难，而七庙堕，身死人手，为天下笑者，何也？仁义不施而攻守之势异也。"问题提得尖锐，结论作得明确。司马迁把这篇文章全文抄入《史记》，作为《秦始皇本纪》论赞。司马光也把这篇文章引一段抄入《资治通鉴》，作为秦朝的结论（《汉纪一》）。贾谊结论的意思是说，在秦朝统一以前，秦国的战略是攻；在统一以后，形势变了，秦朝的战略应该是守，守就应该施仁义。秦朝不知道形势变了，还是专凭暴力。战略和形势不相符，所以很快就失败了。贾谊的这个结论，是有根据的。如果对于这段历史作阶级的分析，根据就更清楚了。

贾谊所谓形势变了，其最根本之点是什么呢？第一是社会的根本矛盾变了。从春秋以来，中国社会的根本矛盾是奴隶主同奴隶、农民及其他反奴隶主势力的矛盾。在奴隶社会被推翻以后，奴隶主阶级被消灭了，与此同时奴隶阶级也没有了，这两个阶级在激烈的阶级斗争中同归于尽。社会转入了封建社会，地主阶级取代了奴隶主阶级，成为统治阶级。与此同时，社会的根本矛盾就成为地主阶级与农民阶级的矛盾。

第二是地主阶级地位的转化。在奴隶社会中，新出现的地主阶级也是被奴隶主压迫统治的。在社会转入封建社会过程中，地主阶级由被统治阶级转化为统治阶级了。对于农民来说，地主阶级同样是一个剥削阶级，但是，在与奴隶主的斗争中，农民是拥护封建制的，因为在封建的生产关系中，农民在社会财富的分配

绪论

003

中也占有一定地位，不再像奴隶那样，只被视为会说话的工具。在封建的生产和分配中，农民的地位提高了，生活也相对地改善了，他们拥护封建制，所以能同地主阶级共同反对奴隶主阶级。农民与地主阶级是有矛盾的，但这个矛盾为对奴隶主阶级的共同斗争所掩盖。地主阶级成为统治阶级以后，这个矛盾就突出了。在这种形势下，地主阶级的战略应该是守。所谓守，就是要守住它的既得利益。它对于奴隶主的战略是攻，但对于农民的战略应该是守。

第二节　"宣汉"

汉高祖在取得政权以后，作了一首《大风歌》。歌词说："大风起兮云飞扬，威加海内兮归故乡，安得猛士兮守四方。"他知道要注重守，这个守，不完全是守住四方的疆域，其中也是要守住地主阶级既得的政权和利益。

贾谊所谓"攻守之势异也"的历史意义就在这里。贾谊未必能充分地认识这个意义。一个作家往往不能够认识他自己所说的话的充分意义。一个大人物也往往不能够认识他的行动的充分意义。那就是说，一个大作家往往不能够充分地认识他说的是什么话，一个大人物也往往不能认识他做的是什么事。因为他们所说的话和所做的事是历史趋势的反映，而历史的趋势往往是在事情发生以后才能被明确地认识。

守的主要措施，应该是缓和地主阶级与农民之间的矛盾，而不是加剧这种矛盾。但是秦朝的政治措施，正是加剧和激化这种矛盾。秦朝的各种措施，迫使农民敢怒而不敢言。唐朝的杜牧把这六个字稍微颠倒了一下，改为"不敢言而敢怒"（《阿房宫赋》），民不敢言而敢怒，这个怒如果爆发，那可不得了。秦朝就是在这种民怒爆发之下而土崩瓦解的。

要缓和地主阶级同农民之间的矛盾，地主阶级就要施仁义。所谓施仁义，就是要使农民的生产得以提高，农民的生活得以改善，使人觉得舒服一点，愉快一点。儒家的三个大人物孔丘、孟轲、荀况，都说有两种政治，两种统治术，一个叫"王"，一个叫"霸"。孔丘虽然没有用这两个词，但他明确地说有两种统治术，一种是"道之以德，齐之以礼"，另外一种是"道之以政，齐之以刑"。孟轲说王是以德服人，霸是以力服人。"道之以政，齐之以刑"是法家的统治术，实际上就是奴隶主对于奴隶的统治术，是把奴隶当成牛马一样使用的办法。人们使用牛马，只要发一声号令，牛马就照着号令走。牛马不服从号令，就抽它几鞭子。这就是"道之以政，齐之以刑"。《管子·七法》说："治人如治水潦；养人如养六畜；用人如用草木。"这就是奴隶主对待奴隶的态度和办法。在奴隶社会中，这种办法可以行得通，但是到了封建社会，这种办法就行不通了。因为劳动人民，已经觉悟到他们在社会财富的生产和分配中，占有一定的位置，不只是一种工具。对于他们，仍然是"道之以政，齐之以刑"，他们就不吃那一套。在这种情况下，那就不能专靠以力服人了，必须用一种办法，叫他们在一定程度上心服，这就叫施仁义。

事情都是很复杂的，不能一概而论。一般说来，儒家是拥护传统的，法家是反对传统的。可是就统治术这一方面说，法家恰恰是继续奴隶主统治奴隶的办法，而儒家却有一套新路子、新办法。秦朝不知道中国社会已经进入到封建社会，仍然用奴隶主的统治术。措施和形势不相应，所以就碰得头破血流。用当时的话说，即贾谊所谓"仁义不施，而攻守之势异也"。

汉高祖问陆贾，秦朝为什么失败，以后他自己应该怎么办。陆贾说："居马上得之，宁可以马上治之乎?"（《史记·骊生陆贾列传》）马上得天下，就是攻，要用暴力。如果要治天下，那就是守，守就不能专用暴力了。陆贾的这句话，也是当时的名言。

秦朝用法家的办法，所立的法很多，对于犯法的人用刑也很重。据说秦孝公死后，商鞅想逃出秦国，走到秦国的边境，要住一家旅馆，旅馆的主人说，商君之法，如果一家旅馆收留没有证件的客人，主人与客人一律同罪，"商君喟然叹曰：'嗟乎! 为法之敝一至此哉!'"（《史记·商君列传》）法多了，老百姓动辄得咎。汉高祖打到咸阳，召集各县父老豪杰开会，说："父老苦秦苛法久矣，吾与诸侯约，先入关者王之，吾当王关中，与父老约，法三章耳：杀人者死，伤人及盗抵罪。余悉除去秦法。"（《史记·高祖本纪》）他把秦朝苛刻的法律一律废除，只立了三条简单的约法，这对于当时的老百姓说，是一个大解放。以后的吕后、文帝、景帝都本着高祖的这个精神对待老百姓。这就是所谓黄老之学。

黄老之学恰好就是当时的老百姓所需要的。老百姓所需要的就是统治者不要做什么事，让他们比较自由自在地生活，这就是所谓无为。在统治者无为的政治之下，老百姓可以恢复生产，提高生活水平，这就是历史上所说的"文景之治"。

这一段的无为为武帝的有为创造了条件。武帝做了三件大事：第一件是打退了匈奴对中原的入侵；第二件是定孔丘为一尊，确定了地主阶级的统治思想；第三件是利用国家的权力，打击商人。有了这三件大事，从春秋以来历史发展的成果就保持下来了，中国封建社会的基础和规模都固定下来了。在这三件事情中与本书有直接关系的是"罢黜百家"、定孔丘为一尊。

从表面上看来，定孔丘为一尊，就是以儒家思想作为统治思想。但是，历史是发展的，这个汉朝定为一尊的孔丘，已经不是原来的孔丘了，儒家思想也不是原来儒家的思想了。一个时代的统治思想，必须和当时的历史条件相适应，必须是针对当时的问题，能够解决当时的问题。无论某种思想原来是什么样子，经过这一适应，它就不是原来的样子了，这就叫发展。

汉朝的儒家思想，是春秋公羊学。照公羊家的说法，孔丘作《春秋》，为汉制法。就是说，孔丘预先知道有个汉朝，所以作《春秋》一书，为汉朝的精神文明定出一套规范。这个话有一半是真的，一半是假的。说孔丘预先知道有个汉朝，这当然是假的；但是为汉制法，这倒是真的。不过制法者不是孔丘本人，而是打着孔丘旗号的汉代春秋公羊家。公羊家的领袖是董仲舒。

武帝对董仲舒亲自发出策问，董仲舒作了回答，就是所谓《天人三策》。他们的所问所答，并不只是一些空话，确实是当时政治上、思想上的一些实际问题。武帝会问，董仲舒也会答。

公羊家所说的那一半假话，后来发展为谶纬。在谶纬中，儒家成为儒教，孔丘成为教主。若说儒家是一种宗教，在这个时期内倒有点像。

不过，这个时间并不很长。在西汉后期，出现了古文经学，反对公羊家的今文经学。在东汉初期，出现了王充的唯物主义哲学体系，作为董仲舒的对立面。

就中国历史上第一次社会大转变说，从春秋开始的转变，到秦始皇告一段落，到汉武帝才完全固定下来。在这次大转变中，原来的奴隶社会是"正"，是"肯定"；秦始皇所建立的秦朝是"反"，是"否定"；汉武帝所固定下来的封建制是"合"，是"否定之否定"。就与此相适应的中国传统文化的发展说，原来的儒家是"正"，是"肯定"；法家是"反"，是"否定"；以董仲舒为代表的春秋公羊家是"合"，是"否定之否定"。

否定之否定并不是简单地恢复过去，而是在新的条件下对过去的发展。

关于分封和郡县的争论，汉朝也建立了一个新的制度。龚自珍说："汉有大善之制一，为万世法，关内侯是矣。汉既用秦之郡县，又兼慕周之封建，侯王之国，与守令之郡县，相错处乎禹之九州，是以大乱繁兴。封建似文家法，郡县似质家法，天不两立。天不两立，何废何立？天必有所趋，天之废封建而趋一统也昭昭矣。然且相持低佪徘徊二千余年，而后毅然定。何所定？至我朝而后大定。关内侯者，汉之虚爵也。虚爵如何？其人揖让乎汉天子之朝，其汤沐邑之入，稍稍厚乎汉相、公卿。无社稷之祭，无兵权，无自辟官属。"（《龚自珍全集·答人问关内侯》）这虚爵的办法使受封的人享有虚名，也分到一些土地，作为他的"汤沐邑"。但是，他在"汤沐邑"中只能收租税，不能掌政权。他的子孙可以继承"汤沐邑"的土地，但没有政权可以继承。这样的制度，就是有分封而无害于中央政府的统一。这也是一种正、反、合的发展。原来的分封制是正，是肯定；郡县制是反，是否定；虚爵制是合，是否定之否定。这个制度，在不同的程度上，一直实行于中国的封建社会中。

第二十五章 汉初黄老之学

贾谊的思想是很复杂的。在当时的阶级斗争形势下，他的思想的复杂性是地主阶级的意识的反映。从阶级斗争的形势看，当时地主阶级处在一个转攻为守的过程。在这个过程中，它考虑要改变秦朝的统治思想，但是，怎样改变？这是当时地主阶级所面临的又一个大问题。陆贾和贾谊建议用施仁义代替重赏罚，以注重礼替代汗重法。但这只是一个建议，是一个开端。从建议到实行，这中间要有一个考虑和酝酿的过程。在这个过程中，地主阶级需要作出一个决定，在作出决定之前，还要从先秦以来的各家之中作一个选择；各家也有一个争取成为统治思想的斗争。司马迁说："自曹参荐盖公言黄老，而贾生、晁错明申商，公孙弘以儒显。百年之间，天下遗文古事，靡不毕集。"（《史记·太史公自序》）太史公的这一段话，说出了这种斗争的一个概况。

第一节 曹参的黄老政治

曹参是汉高祖的同乡。在秦朝的时候，他同汉高祖和萧何都是秦朝的统治阶层中的小吏。后来跟着汉高祖起兵，立了功，当了当时齐国的丞相。他到任的时候，听说当地有个盖公"善治黄老言"。他派人把盖公请来。"盖公为言治道贵清静而民自定，推此类具言之"。（《史记·曹相国世家》）"贵清静而民自定"是个纲，"推此类具言之"，是说盖公对于这个黄老之学的中心思想作了相当详细的发挥。这个发挥的言论没有传下来。我们所知道的只是曹参用"黄老术"治理齐国。他在齐国做了九年丞相，据说"齐国大治"。

当时中央政府的丞相萧何死了，曹参被召到中央政府当丞相。他走的时候告诉他的继任人说："以齐狱市为寄，慎勿扰也。""后相曰：'治无大于此者乎？'参曰：'不然。夫狱市者，所以并容也。今君扰之，奸人安所容也？吾是以先之。'"（《史记·曹相国世家》）这一段话的意义下文再说。且说曹参代替萧何以后，什么事情都没有变动，一切都照萧何的办法，他自己只是坐在家里喝酒。汉惠帝看见他不办事，觉得很奇怪。曹参对惠帝说："高帝与萧何定天下，法令既明。今陛下垂拱，参等守职，遵而勿失，不亦可乎?"(《史记·曹相国世家》)曹参做了三年丞相，老百姓歌颂他说："萧何为法，鞯若画一。曹参代之，守而勿失。载其清净，民以宁一。"(《史记·曹相国世家》)

这就是曹参的黄老政治，这种政治其实就是实行法家的统治术的一个原则。这个原则就是，治国要先定出一套规章制度，有了规章制度以后，统治者要守着它，不可轻易改变。在汉朝建立以后，萧何定了一套规章制度。曹参认为，只要守着它，皇帝和丞相就可以使他们的臣下按着规章制度办事，让老百姓都照着规章制度生活，皇帝、丞相就可以无为而治。曹参对惠帝说的那一段话，就是这个意思。据说，老百姓的赞歌所说的也是这个意思。

第二节　汲黯的黄老政治

汲黯（卒于公元前112年），濮阳人，汉武帝时推行黄老政治的一个人物。司马迁记载："黯学黄老之言，治官理民，好清静，择丞史而任之，其治，责大指而已，不苛小。"(《史记·汲郑列传》) 当汲黯任东海太守的时候，用这种办法治理东海。据说"岁余，东海大治"，只用了一年多时间，东海就大治了。

汲黯的这种黄老政治合乎法家的一个原则。这个原则就是"上无为而下有为"。汲黯责成他的属吏，叫他们办事，这就是"下有为"，在叫他们办事的时候，要给他们一定的自由。汲黯只"责大指"，"不苛小"，说的就是这个意思。他并不亲自办事，这就是"上无为"。汲黯的身体不好，经常害病。但他能够责成他的属吏替他办事，这是法家的原则。要想达到上无为而下有为的原则，"上"必须"清净"。所谓清静有两方面的意思。一方面，这个"上"必须寡欲，这就是黄老之学所说的"虚一而静"。必须"虚一而静"才可以对下属的成绩作正确的判断，行公正的赏罚。另一方面，这个"上"心中必须寡欲，才可以不乱出主意，不瞎指挥。汲黯批评汉武帝说："陛下内多欲而外施仁义，奈何欲效唐虞之治乎?"《史记·汲郑列传》)"内多欲"，就是说他不能寡欲，"外施仁义"，就是说他不能无为。照黄老之学看起来，"施仁义"也是有为。当时汉武帝正重用公孙弘和张汤。公孙弘讲仁义，张汤定律令。汲黯有好几次在武帝面前质问张汤，说他"非苦就行，放析就功"。《史记·汲郑列传》) 这八个字有点费解，可能文字上有错误，但是大概的意思就是《史记》下文所说的。下文说，汲黯当面批评公孙弘和张汤，说他们"徒怀诈饰智，以阿人主取容。而刀笔吏专深文巧诋，陷人于罪，使不得反其真，以胜为功"。这段话，前半段是骂公孙弘，后半段是骂张汤。汲黯又骂张汤说："天下谓刀笔吏不可以为公卿，果然。必汤也，令天下重足而立，侧目而视矣！"在汲黯看来，张汤这一类人不过是一些刀笔吏。所谓刀笔吏就是玩弄法律的条文，专从文字上讲法律，不管法律的精神。这种人当小吏还可以，如果当公卿掌着大权那就要使天下的老百姓都人人自危。

第三节　司马迁父子的黄老之言

司马迁是《史记》的作者，夏阳（今陕西韩城）人。他同他的父亲司马谈（卒于公元前110年）在汉初世袭为史官。他们父子都是讲黄老之学的，司马谈尤其是如此。

司马迁说：司马谈"学天官于唐都，受《易》于杨何，习道论于黄子"（《史记·太史公自序》）。司马谈所作《论六家要旨》对于先秦各家思想作了一个概括的评述。他把先秦思想分为阴阳、儒、墨、名、法、道德六家。他认为在六家之中，道德家（道家）最高。其余各家都有所长也有所短。他认为道德家的思想能够包括其余五家的长处，而没有它们的短处。他所谓道德家其实就是黄老之学。他说："道家无为，又曰，无不为。其实易行，其辞难知。其术以虚无为本，以因循为用。……虚者，道之常也；因者，君之纲也。群臣并至，使各自明也。其实中其声者谓之端，实不中其声者谓之窾。窾言不听，奸乃不生。贤不肖自分，白黑乃形。在所欲用耳，何事不成？乃合大道，混混冥冥，光耀天下，复反无名。凡人所生者神也，所托者形也。神大用则竭，形大劳则敝，形神离则死。死者不可复生，离者不可复反，故圣人重之。由是观之，神者生之本也，形者生之具也。不先定其神，而曰'我有以治天下'，何由哉？"（《史记·太史公自序》）这里所讲的就是黄老之学。他首先从养生讲起，然后把养生之道应用到治国。他认为，人之所以生，主要的是形、神合，如果形、神分离，人就要死了。形当然是指人的身体，神是什么，他没有说，可能就是稷下黄老之学所讲的精气。稷下黄老之学认为，人的身体好比一所房子，神是住在房子里边的精气。神不离开形，人就生存。形里边住的神越多越好。如果精气少了，人就要生病，如果形里边完全没有精气，那个形也不能独立存在，这就是死亡。神和形都不能用得太多，过于劳累。如果过于劳累，形神就要分离。这个道理也要用来治天下。最高统治者要保持着自己的形、神，让它们不要分离，他首先得无为。可是，无为并不是什么都不做，而是要无不为。怎么样才能无为无不为？这就要用群臣替他办事，实行君主无为、臣下有为。怎么样可以保证臣下都在替他好好地办事？那就要使他们"自明"，看他们办事的成绩是不是跟他们所说的或者所担任的职务相符合。这就是法家所讲的综核名实。

至于一般老百姓，可以说又是有为，又是无为。说他们是有为，是说他们都要做他们自认为是有利的事，既然都做事，那就是有为。可是，他们做这些事都是出于自愿，并不是出于勉强，所以也可以说是无为。照黄老之学的说法，让老百姓都做他们自认为是有利的事情，这就叫"因循"，或者叫"因"。司马谈在这里所说的"因循"或"因"就是这个意思。

"因循"或"因"是黄老之学的前辈慎到所提出的。照慎到所说的"因"就是"用人之自为"(《慎子·因循》)。所谓"自为"，就是为自己，替自己打算。慎到认为，统治者用人，所靠的是人人都趋利避害、替自己打算的这种私心。正因为人都有这种私心，所以统治者才可以用刑、赏把人组织起来，为他自己服务。这就叫做"用人之自为"(参看本书第二册第十六章《慎到和稷下黄老学派》)。

这个道理，《管子》中也讲过。《管子》说："夫凡人之情，见利莫能勿就，见害莫能勿避。其商人通贾，倍道兼行，夜以续日，千里不远者，利在前也。渔人入海，海深万仞，就彼逆流，乘危百里，宿夜不出者，利在水也。故利之所在，虽千仞之山，无所不上，深渊之下，无所不入焉。故善者势利之在，而民自美安，不推而往，不引而来，不烦不扰，而民自富。如鸟之覆卵，无形无声，而唯见其成。"(《管子·禁藏》)意思就是说，凡人都是趋利避害的。每一个人也都知道怎么样可以得到他认为是利的东西，用不着统治者替他们操心。统治者只要听其自然，他们都可以找到他们所需要的东西。譬如鸟之覆卵，不声不响，到时候小鸟自然就出来了。

司马迁也讲这个道理。他说："故待农而食之，虞而出之，工而成之，商而通之。此宁有政教发征期会哉？人各任其能，竭其力，以得所欲。故物，贱之征贵，贵之征贱，各劝其业，乐其事，若水之趋下，日夜无休时，不召而自来，不求而民出之。岂非道之所符而自然之验邪？"(《史记·货殖列传》)意思就是说，社会的财富、生产、流通，因为利之所在，自然会有人做农、矿、工、商这四种事情。在这四种事情中，每个人都可以发挥他的能力，得到他所要的东西，用不着在上的人发出命令征发。财富的流通有一定的规律。如果一种东西贱了，贱自然会把贵召来。如果一种东西贵了，贵自然会把贱召来。每一种职业的人，都有他自己认为是最好的方法。这是出于自然的，也就是合乎规律的。

司马迁又说："天下熙熙，皆为利来。天下攘攘，皆为利往。"(《史记·货殖列传》)又说："故善者因之，其次利道之，其次教诲之，其次整齐之，最下者与之争。"(《史记·货殖列传》)意思就是说，既然每一个人都在求利，就让他们求利好了。在上者最好不要干预，这就是"善者因之"。其次的办法是在不同程度上加以指导。最下的办法是同他们争利。

盖公同曹参所讲的"清静而民自定"，其意思就是司马迁所说的"上者因之"。"民自定"的这个"自"字很重要，就是说，照他们自己的打算，以满足他们自己的欲望。"清静而民自定"，就是稷下黄老学派的所谓"静因之道"(《管子·心术上》)。

当然人与人之间，总是会有矛盾的。照曹参的办法，这也不要管它。曹参离开齐国的时候告诉他的继任人说："以齐狱市为寄，慎勿扰也。""狱"字为嶽字之误。嶽市是齐国都城中的闹市，其中人物不齐，难免有闹事的情况。曹参认为，要把这些情况都看成一种暂时的情况("寄")，不要干扰它。

曹参住在相府。相府的后园附近，有一个官僚的宿舍。那些官僚们每天都在宿舍里喝酒、唱歌、叫喊。管那个宿舍的人很厌恶这种情况，他想了一个办法，请曹参到相府的后园游玩。他想，曹参如果听见那个宿舍中的胡闹声音，必定要责备他们。谁知道，曹参听见那个宿舍中的人在喝酒、唱歌、叫喊，他也在他自己的园中，设了酒席，喝酒、唱歌、叫喊。曹参看见别人有些小的错误，他总是设法替他们掩盖(《史记·曹相国世家》)。这一段故事，可能就是他离齐国时向他的继任人说的那句话的说明。

在汉武帝的时候，有个人叫卜式。他出身于一个搞农业和畜牧业的家庭。他同他的弟弟分家的时候，只要一个有一百多头羊的羊群。他赶着羊群上山，过了十几年，羊增加到一千多头。那时候，汉武帝正打匈奴。卜式上书，愿意把他的家财捐出一半，为边防之用。汉武帝想叫他做官，他不愿意。汉武帝说，我也有些羊在上林苑中，你可以替我在那里牧羊。卜式在上林苑牧羊过了一年多，羊都很肥了，头数也增加了，武帝很赞赏他。卜式说："非独羊也，治民亦犹是矣。以时起居，恶者辄去，毋令败群。"就是说，他牧羊的办法就是让羊的活动都有一定的时候。如果有得病的羊，就把它隔离出去，不让它败坏羊群。不仅牧羊用这个办法，就是"治民"也是这样。武帝听了他的话，很以为奇，想试用卜式"治民"，叫他到缑氏去当一个县令。缑氏的老百姓都觉得卜式这种办法很方便(《汉书·公孙弘卜式儿宽传》)。卜式并不"为黄老言"，但是，他所讲的道理就是当时黄老之言的道理。

在汉朝初年，黄老之学很受当权派的尊崇。司马迁记载了张释之的一个故事可以作为说明。张释之在文帝时候做官做到廷尉。景帝当太子的时候，有一次进朝到宫门口没有下车，张释之弹劾过他。后来景帝当了皇帝，张释之恐怕景帝杀他，深为忧虑。后来他用了一个善为黄老言的王生的计策。王生虽然不是什么大官，但很受皇帝的尊崇。在有一次朝会之中，所有的大臣都在站着。王生却在坐着。他向张释之说，我的袜子带解开了，你给我绑上。张释之跪在那里把王生的袜带绑上。在这件事情以后，有人向王生说，你为什么在朝廷之上、众人面前羞辱张廷尉，叫他跪在那里给你绑袜带？王生说，我这个人又老又贱，自己想着没有办法可以帮张廷尉的忙，张廷尉是当今的有名人物，所以我才羞辱他，叫他跪下给我绑袜带，我羞辱他正是尊重他。当时的大臣们听说这个话，果然都重视张释之，景帝也没有治张释之的罪（《史记·张释之列传》）。

当时最尊崇黄老的是文帝的皇后窦氏。司马迁记载说："窦太后好黄帝老子言。帝（景帝）及太子（武帝）诸窦，不得不读黄帝老子，尊其术。"（《史记·外戚世家》）窦太后做了二十三年的皇后，十六年的皇太后，六年的太皇太后。在这四十五年之中，她极力推崇黄老之言。在景帝的时候，她召见了一个儒家的人辕固生，问他对于《老子》的意见。辕固生说："此是家人言耳。"意思是说，这不过是一些老生常谈。太后大怒说："安得司空城旦书乎？"司空城旦是一种罪人。意思就是说：你说我的《老子》书是家人言，我说你的儒家书是犯罪人的书。太后罚他到猪圈里去和猪斗。景帝心里知道辕固生没有什么罪，就暗中给辕固生一把利剑。辕固生进到猪圈，一下子就把猪刺倒。太后也就没有话说了（《史记·儒林传》）。不能认为窦太后这种举动仅只是她个人的行为。她是代表当时拥护黄老之学的那一派人，以发泄他们对儒家的愤恨。张释之和窦太后的这两个故事，固然都是些个人的事，但也不仅是个人的事。这两个故事说明当时黄老之学和儒家的斗争是很激烈的，也说明当时的地主阶级选择新的统治思想的一段过程。

司马迁对于曹参的无为政治大加称赞。他说："参为汉相国，清静极言（本或无言字）合道。然百姓离秦之酷后，参与休息无为。故天下俱称其美矣。"（《史记·曹相国世家》）有些历史家盛称汉朝的"文景之治"，归其功于黄老之学。其实，所谓"文景之治"有些是封建历史家的夸张。文帝时候的贾谊曾向文帝说："汉之为汉几四十年矣。公私之职，犹可哀痛。失时不雨，民且狼顾。岁恶不入，请卖爵、子。既闻耳矣，安有为天下阽危者若是，而上不惊者！"（《汉书·食货志》）照贾谊所说的，当时的情况是危不是安。

汉初的黄老之学，实际上就是让老百姓在封建生产关系的范围内，自由竞争，发家致富。商鞅"废井田、开阡陌"的意义本来也就在此。《汉书·食货志》说："秦孝公用商君，坏井田，开阡陌，急耕战之赏，虽非古道，犹以务本之故，倾邻国而雄诸侯。然王制遂灭，僭差亡度。庶人之富者累巨万，而贫者食糟糠。"就是说，这种政策，在短时期内可以刺激生产，提高生产者的积极性，发展生产力，但其后果是贫富两极分化，贫者更贫，富者更富。这倒是实际情况。

从阶级的观点说，在这种发家致富、自由竞争的情况下，商人处在有利的地位，农民的地位非常不利。晁错就这个问题作了一个对比，他说：一个五口之家的农民，有两个劳动力，能够种的地，至多不过一百亩。一百亩的收入，至多不过一百石粮食。他们的一切开支，都靠这一点粮食。一年之间，没有一天可以休息，非常勤苦。此外还有水旱之灾，官府的横征暴敛，当急于用钱的时候，只得把所有的东西半价出卖，或者是借高利贷，以致倾家荡产，卖儿卖女。可是商人呢？男的不种地，女的不织布，倒是吃好的，穿好的。所以商人"无农夫之苦，有阡陌之得"，况且他们可以利用他们的财富结交官府，压迫农民。晁错得出结论说："此商人所以兼并农人，农人所以流亡者也。"（《汉书·食货志》）晁错说的是商人对于农民的压迫，实际上也是说商人对于地主阶级的威胁。晁错提出的"贵粟"政策，就是打击商人的政策。实际上掌握粮食的是地主阶级，提高粮食的使用价值，就是提高地主阶级在经济上的权力。地主阶级在对商人作斗争的时候，运用它的专政的特权，打击商人，使商人在经济上处于不利的地位。

在汉朝初期，地主阶级和商人的斗争，是很激烈的。以下还要讲到。

第二十六章 汉初最大的政论家和哲学家——贾谊

陈胜所领导的农民大起义推翻了秦朝的政权，但没有推翻地主阶级的统治。在当时的各种势力的斗争中，刘邦取得了胜利，建立了汉朝，替代秦朝成为地主阶级的新的政治上的代理人。

秦朝的灭亡使地主阶级大为惊慌。它的政治上、思想上的代理人开始认真地考虑秦朝所以迅速灭亡的原因，想从它的失败中取得教训，重新考虑用什么办法能够对付农民的反抗，遏止农民的起义，以保存地主阶级的统治。汉高祖的"安得猛士兮守四方"这一句歌词，说的就是这个问题。

第一节 陆贾的"逆取顺守"的策略

汉高祖本来是不喜欢儒士的。在他起兵的时候，有些人戴着儒士的帽子去看他，他就把他们的帽子摘下来往里边撒尿（《史记·郦生陆贾列传》）。可是，他的一个谋士陆贾常在他面前称引《诗》《书》。司马迁记载说："陆生时时前说称《诗》《书》。高帝骂之曰：'乃公居马上而得之，安事《诗》《书》？'陆生曰：'居马上得之，宁可以马上治之乎？且汤、武逆取而以顺守之，文武并用、长久之术也。昔者吴王夫差、智伯极武而亡。秦任刑法不变，卒灭赵氏（秦亦称赵氏）。乡使秦已并天下，行仁义，法先圣，陛下安得而有之？'高帝不怪，而有惭色。乃谓陆生曰：'试为我著秦所以失天下、吾所以得之者何，及古成败之国。'陆生乃粗述存亡之征，凡著十二篇。每奏一篇，高帝未尝不称善，左右呼万岁。号其书曰《新语》。"《史记·郦生陆贾列传》）

在这一段记载里，司马迁生动地叙述了汉高祖在当时所经常考虑的一个问题及其对于这个问题的思想转变的过程。他原来是反对儒家的，他骂陆贾说，你老子是骑在马上得天下的，用《诗》《书》干什么？陆贾针对高祖这种思想作了回答。他把夫差、智伯专用武力和秦始皇专用刑法作为一类的事。因为这些都是一种暴力的形式。陆贾认为所谓"居马上得天下",就是用暴力夺取政权。但是得天下以后,专用刑罚,那就是继续专用暴力。如果经常是这样,那就要蹈夫差、秦始皇的覆辙。他举出商汤和周武作为另一种不同的典型。据他说,商汤灭夏桀、周武灭殷纣,用的都是暴力。用暴力叫"逆取"。可是在取得天下以后,汤、武就用"文"来统治他们的国家。这就叫做"顺守"。"逆取"以后,必继之以"顺守",才可以长久统治。如果秦始皇是这样,就不至于灭亡。陆贾的回答,恰好说中了汉高祖的心中的问题,于是汉高祖就叫他细讲秦朝所以灭亡的原因,以及他认为是所应该采取的策略。陆贾作了《新语》十二篇,其中心内容也就是司马迁所记载的那些思想。

稍后,进一步发挥这些思想的有贾谊。

第二节　贾谊对于秦朝所以灭亡的分析及其对付农民的策略

贾谊(前200—前168)是汉朝初年最大的哲学家、思想家和杰出的政论家,洛阳人。他从十八岁就开始政治和学术活动,三十三岁就死了。在十五年中他对当时各方面的重大问题,都作了分析并提出积极的解决方案。这些方案成为后来汉朝的统治者制定政策的基础。

《汉书·艺文志》著录"贾谊五十八篇"。现有的《贾谊新书》大半是从《汉书》割裂下来的,不一定是原来的五十八篇,但还是研究贾谊思想的主要材料。(以下引《贾谊 新书》据卢文弨校本)

贾谊《过秦论》在《史记》中不分篇,《贾谊新书》分之为上、下篇,后来又有人分之为上、中、下三篇。

照《贾谊新书》所编排的《过秦论》上篇论秦始皇,把秦朝所以灭亡的原因归结为一句话:"仁义不施而攻守之势异也。"下篇继续对于攻守异势作了进一步的说明。他指出,秦始皇统一全中国的政策,是得到老百姓的拥护的。因为原来在诸侯割据的局面之下,各诸侯国"强侵弱,众暴寡,兵革不休,士民罢敝"。秦朝灭了六国,把全中国置于一个政府的统治之下,老百姓都希望从此以后可以不打仗了,可以平安过日子了。这是一种形势。贾谊说:"夫并兼者高诈力,安定者贵顺权。以此言之,取与守不同术也。秦虽离战国而王天下,其道不易,其政不改。是其所以取之。守之者无异也。"(《贾谊新书·过秦论下》)这里所说的"并兼者高诈力,安定者贵顺权",就是陆贾所说的"逆取、顺守"。取与守的方法是不同的。秦朝在用诈力取天下之后应该改用守的方法,可是秦朝没有改，所以就很快地灭亡了。

陆贾和贾谊的这种意见，从阶级斗争的观点看，是说地主阶级在夺取政权的时候可以而且应该用暴力。在得到政权统一全中国以巩固政权的时候，也可以而且应该用暴力。但是，在政权已经巩固以后，就应该用另外一种方法对付老百姓。就是说，对付奴隶主阶级和敌国可以用暴力消灭它。可是对付老百姓专凭那一手就不行。

汉高祖的《大风歌》说："安得猛士兮守四方。"他也知道在他已经掌握了统治权以后，问题在于怎样守住政权。陆贾和贾谊也都说，要注重"守"，并且提出了"守"的方法。这就回答了地主阶级取得了政权之后，在农民起义面前所要面临的问题。

陆贾和贾谊虽然都批判了秦朝，但并不是像后来的儒家那样，完全否定秦朝对于历史的贡献。他们只是说，秦朝所以先成功而后失败，这主要是由于在它统一全中国以前和以后的形势不同。形势不同，应付的方法也应该不同。在"取"的时候，秦朝用的方法对了，所以成功。在"守"的时候，秦朝不知道要改变方法，方法用错了，所以失败。

第三节　贾谊对于地主阶级的忠告

贾谊虽然认为，在农民起义的新的形势下，应该用"仁义"对付老百姓。但他讲"仁义"并不是像孟轲那样，从所谓"不忍人之心"出发，不是从"爱"出发，而是从地主阶级的功利主义出发。他根本瞧不起劳动人民，这在《过秦论》中已讲得很清楚。

他说："夫民之为言也，暝也；萌之为言也，盲也。"（《贾谊新书·大政下》）就是说，劳动人民都是愚昧无知的，如同瞎子一样。但是农民起义的成功使他不得不承认，"故夫民者，至贱而不可简也；至愚而不可欺也。故自古至于今，与民为仇者，有迟有速，而民必胜之。"（《贾谊新书·大政上》）贾谊的这些话，是地主阶级新得的教训，也是贾谊《过秦论》的逻辑的结论。

贾谊更明确地说："闻之于政也，民无不为本也，国以为本，君以为本，吏以为本。故国以民为安危，君以民为威侮，吏以民为贵贱，此之谓民无不为本也。闻之于政也，民无不为命也，国以为命，君以为命，吏以为命。故国以民为存亡，君以民为盲明，吏以民为贤不肖，此之谓民无不为命也。闻之于政也，民无不为功也，故国以为功，君以为功，吏以为功。国以民为兴坏，君以民为强弱，吏以民为能不能。此之谓民无不为功也。闻之于政也，民无不为力也。故国以为力，君以为力，吏以为力。故夫战之胜也，民欲胜也；攻之得也，民欲得也；守之存也，民欲存也。故率民而守，而民不欲存，则莫能以存矣；故率民而攻，民不欲得，则莫能以得矣；故率民而战，而民不欲胜，则莫能以胜矣。"（《贾谊新书·大政上》）

在这一段话中，贾谊从四方面说明民和国、君的关系。第一，民是国、君的根本；国、君都是依附于这个根本而存在的。根本安则枝叶安；根本危则枝叶危；所以"国以民为安危"。第二，民是国、君的命脉；国、君都是因为有了这个命脉而才能生活的。有了命脉才能生活，没有命脉就要死亡；所以"国以民为存亡"。第三，国、君的事业（"功"）都是民所做出来的。第四，国君的威力（"力"）都是民所给予的。孟轲说："民为贵。"（《孟子·尽心下》）荀况说："君者，舟也；庶人者，水也。水则载舟，水则覆舟。"（《荀子·哀公》）贾谊的这些话，从表面上看，不过是重复孟轲和荀况已经说过的意思。但是，贾谊的这些话是地主阶级从秦朝灭亡的教训中总结出来的，所以就有了更多的内容，更深的意义。

贾谊并不是站在劳动人民的立场分析历史的动力，而是站在地主阶级的立场，警告新得政权的地主阶级，不可忽视劳动人民的反抗力量。他向地主阶级大声疾呼说："故夫灾与福也，非粹在天也，又在士民也。呜呼！戒之！夫士民之志不可不要也。呜呼！戒之！"（《贾谊新书·大政上》）

第四节 贾谊恢复了关于"礼""法"的争论

贾谊又恢复了从春秋末以来的关于"礼"与"法"的辩论。他说："夫礼者，禁于将然之前；而法者，禁于已然之后。是故法之所用易见，而礼之所为生难知也。若夫庆赏以劝善，刑罚以惩恶；先王执此之政，坚如金石；行此之令，信如四时；据此之公，无私如天地耳；岂顾不用哉？然而曰'礼云礼云'者，贵绝恶于未萌，而起教于微眇，使民日迁善远罪而不自知也。孔丘曰：'听讼犹人也。必也使毋讼乎？'为人主计者，莫如先审取舍。取舍之极定于内，而安危之萌应于外矣。安者，非一日而安也；危者，非一日而危也；皆以积渐然，不可不察也。人主之所积，在其取舍。以礼义治之者积礼义；以刑罚治之者积刑罚。刑罚积而民怨背；礼义积而民和亲。故世主欲民之善同，而所以使民善者或异。或道之以德教，或驱之以法令。道之以德教者，德教洽而民气乐；驱之以法令者，法令极而民风哀（《大戴礼记》作"民哀戚"）。哀乐之感，祸福之应也。"（《汉书·贾谊传》，又《大戴礼记·礼察篇》全抄此文）

贾谊的这段议论是春秋以来"礼"与"法"的争辩的继续发展，但是其意义不同。在先秦，"礼"与"法"的辩论，是地主阶级和奴隶主阶级两个阶级的斗争。在汉初，"礼"与"法"的辩论，主要是研究统治人民的两种方法。在这两种方法之中作出"取舍"。不同的取舍有不同的政治后果，即所谓"安危"。这个"安危"是就地主阶级的政权说的。贾谊明确地指出，"礼"与"法"在统治老百姓的作用上，有不同的效果。"礼者，禁于将然之前"，即事前预防。"法者，禁于已然之后。"是事后惩罚。贾谊并不主张完全不用"法"，他只是认为应把重点放在"礼"上。因为他认为，"法"仅能使老百姓不敢"为非"，而"礼"则能使老百姓根本没有"为非"的思想，这就是所谓"绝恶于未萌"。

上面引文的末段说明，贾谊企图用"礼""教化"，达到阶级调和。所谓"礼义积而民和亲"就是阶级调和论。

实际上，汉朝的统治者，是"礼""法"并用的。汉宣帝说："汉家自有制度，本以霸王道杂之。奈何纯任德教，用周政乎?"（《汉书·元帝纪》）

贾谊认为，地主阶级所要求的道德品质可以用教育得来；人的品质是随着所受的教育的不同而改变的。他引孔丘的话说："少成若天性，习惯如自然。"他又说："化与心成，故中道若性。"又说："夫胡粤之人，生而同声，嗜欲不异；及其长而成俗，累数译而不能相通行者，有虽死而不相为者，则教习然也。"（《汉书·贾谊传》）贾谊对于"礼"的理论，是从地主阶级的长远利益出发的，是地主阶级的功利主义。在这一方面，他同荀况是一致的。贾谊认为"礼"不是人生来就知道的，是学来的。在这一方面，贾谊也是和荀况一致的。他不是像孟轲那样，认为人生来都有"善端"，教育只是将其扩而充之。他认为，习就可以成为性。他注重"习"，注重"礼"。在这些方面，贾谊是接着荀况讲的。

第五节 贾谊对于巩固地主阶级政权的一些建议

秦始皇灭了六国，统一全中国，建立了专制主义的中央集权的政权。秦朝的这一成就，贾谊是肯定的（见《过秦论·下》）汉初，又部分地恢复了分封制，与郡县制并行。分封的诸侯王国，强大起来，与中央政权对立。贾谊认为这是当时政治上的大患，称之为"可为痛哭"的事。他认为要解决这个问题不能用教化，必须用暴力。他说，从前有一个善于屠牛的人，一个早晨分割十二条牛，可是他所用的那把屠刀的锋芒不受损伤，这是因为他的刀所接触的都是牛的肉，顺着肉丝割下去，不受很大的阻力，如果是碰见大骨头，那就非用斧头不可，现在那些割据的诸侯王都是些大骨头，如果不用斧头而用刀锋，那样是不行的。他说："仁义恩厚，人主之芒刃也；权势法制，人主之斤斧也。"对于诸侯王这些大骨头，就不能用"仁义恩厚"，而必须用"权势法制"（《汉书·贾谊传》）。贾谊的这些话是对于当时的诸侯王说的。但是他于无意之中泄露了所谓"仁义恩厚"的秘密。原来"仁义恩厚"也是一种"芒刃"，跟"权势法制"本质上是一类的东西，都是统治者进行统治的武器。

贾谊建议，先用表面上的"仁义恩厚"削弱诸侯国的势力。他提出了一个削弱诸侯国的策略，叫做"众建诸侯而少其力"。他说："力少则易使以义，国小则亡邪心。"《汉书·贾谊传》）他建议汉文帝表面上说是对于割据诸侯施恩，让他们可以把国土再分封给他们的子弟。这样，原来是一个大国，一下子就分为几个小国。国小了，力量就弱了。力量弱了就容易听话，不敢有"邪心"。这种办法，西方称之为"分而治之"。

文帝采取了这种办法，也收到了一定的效果。可是，终究还是不行。到了景帝就发生了七个诸侯王国联合叛乱。景帝还是用兵才把叛乱平息下去，使中国恢复了统一局面。

贾谊的理想是："令海内之势，如身之使臂，臂之使指，莫不制从。"《汉书·贾谊传》）这是秦始皇统一全中国的理想，是法家的理想，也是地主阶级的理想。在这一点上，贾谊并不"过秦"，并不认为这是秦朝的错误，反而认为不继续执行秦朝的统一全中国的政策，那倒是大错。

贾谊认为，汉朝已经建立了二十余年，政权还没有十分稳固。他主张要积极建立封建社会的上层建筑，以巩固封建的经济基础。在这一方面，秦朝已经做了一些工作。

在周朝建立的时候，它的政治上和理论上的奠基人周公旦，捏造了一种理论，硬说他们是受了上帝的命令统治人民。这就是后来"君权神授"说的开始。这种说法宣称，君权是上帝授予的。秦国灭了六国，建立秦朝，不用这一套骗人的说法。李斯和秦朝的大臣并且批判了"君权神授"说。他们说："古之五帝三王，知教不同，法度不明，假威鬼神，以欺远方。实不称名，故不久长。"（《史记·秦始皇本纪》）就是说，秦朝以前的统治者，明知自己的力量不足以统治，所以假借鬼神，以欺骗老百姓。李斯和这些大臣认为，秦朝的成功完全由于能用"法"和"威"，不是由于什么"天命"和鬼神。他们在秦始皇巡行到的地方刻石歌颂秦始皇的"功德"说："皇帝临位，作制明法，臣下修饬。二十有六年，初并天下，罔不宾服。"（《史记·秦始皇本纪》）"圣法初兴，清理疆内，外诛暴强。武威旁畅，振动四极，禽灭六王。"（《史记·秦始皇本纪》）这就是说，秦朝的统治者的成功是靠自己的"威力"。这表明，地主阶级在上升的阶段，深信自己的力量，代表它的思想家也还在一定程度上保持唯物主义的哲学。这些刻石文，据说都是李斯作的，也是李斯写的，反映地主阶级的这种意识。

但是，地主阶级和秦朝的统治者也意识到，这种专凭"威力"的理论还不足以巩固自己的统治，还需要更多的理论根据。秦朝不用"天命"的说法，但也找出了另一个根据。《史记》说："秦始皇既并天下而帝。或曰：'黄帝得土德，黄龙、地螾见。夏得木德，青龙止于郊，草木畅茂。殷得金德，银自山溢。周得火德，有赤乌之符。今秦变周，水德之时。昔秦文公出猎，获黑龙，此其水德之瑞。'于是秦更命河曰'德水'，以冬十月为年首，色上黑，度以六为名，音上大吕，事统上法。"（《封禅书》）下文说："自齐威、宣之时，驺子之徒，论著终始五德之运。及秦帝，而齐人奏之，故始皇采用之。"（《封禅书》）可见，这个"或曰"，就是出自邹衍一派的人（关于邹衍，见本书第二册第十九章）。

秦始皇认为秦是"以水德王"。跟四时配合，冬季属水。因此秦朝就规定以十月为正月（一年的第一个月）。跟五色配合，水的色是黑，因此秦朝就以黑为正色。跟数目配合，水的数是六，因此秦朝以六为一个标准数。更重要的是，照阴阳家的说法，水在北方，它的性质是严酷死亡。因此秦朝政治上的一切措施的基本精神是"刚毅戾深，事决于法，刻削毋仁恩和义"（《史记·秦始皇本纪》）。秦始皇认为必须如此，"然后合五德之数"。这种"水德"恰好合于法家的政治思想的要求。

归根到底，秦朝还是假设一种超乎社会的力量作为它的统治的根据。照它的说法，它的统治不是靠"奉天命"而是靠"五德"运行中"水德"的"当运"。后来封建社会的皇帝兼用这两种虚构，自称为"奉天承运皇帝"。"奉天"是说"奉天命"；"承运"是说承"五德"的运行。

贾谊认为，汉朝既然是一个新的朝代，它就应该要用新的一套。他主张应该"改正朔、服色、制度，定官名，兴礼乐"，认为汉朝应该"色尚黄，数用五"（《汉书·贾谊传》）。秦自以为是"以水德王"，"数用六"。贾谊认为，在五行中，胜水的是土，汉应该是"以土德王"，黄是"土"的颜色，五也是"土"的数目。贾谊和秦朝一样，不说汉朝的统治是"受天命"，而说它是当五行运行中的一"运"。就是说，他也不讲"奉天"，只讲"承运"。

对于汉初的政治上、社会上的重大问题，贾谊提出了一系列的解决办法，称为"治安之策"。《汉书·贾谊传》载了这套"策"的要点，现有的《贾谊新书》有许多篇都是《治安策》的一部分。

当时，商人阶级相当强大，他们的力量的扩张，妨碍农业生产，并且威胁地主阶级的政权。当时的地主阶级思想家都主张重农抑商。贾谊在《治安策》中也指出，在人民生活中，在国家政治中，粮食是最重要的东西。他说："古之人曰：'一夫不耕，或受之饥；一女不织，或受之寒。'生之有时，而用之亡度，则物力必屈。……今背本而趋末，食者甚众，是天下之大残也。……生之者甚少而靡之者甚多，天下财产，何得不蹶？"他主张："今驱民而归之农，皆著于本。使天下各食其力，末技游食之民转而缘南亩，则畜积足而人民乐其所矣。"（《汉书·食货志》；又见《贾谊新书·无蓄》，有删节）

贾谊在《治安策》中论述当时的社会情况说："大百人作之，不能衣一人，欲天下亡寒，胡可得也？一人耕之，十人聚而食之，欲天下无饥，不可得也。饥寒切于民之肌肤，欲其无为奸邪，不可得也。"（《汉书·贾谊传》）针对这种情况，贾谊认为必须采取有效的措施。他批判了"无为"的思想。他说："国已屈矣，盗贼直须时耳，然而献计者曰：毋动为大耳。夫俗至大不敬也，至亡等也，至冒上也，进计者犹曰：毋为。可为长太息者此也。"《汉书·贾谊传》）在《治安策》中，贾谊主张确立封建社会的等级秩序："立君臣，等上下，使父子有礼，六亲有纪。"他指出，"此非天之所为，人之所设也。夫人之所设，不为不立，不植则僵，不修则毁"。贾谊承认封建社会的等级制度，不是自然的产物，是社会的产物。不是出于人的本性，而是出于人为。但是他认为，正因为如此，统治者必须经常培修，不然就会失去，所以要赶紧把这些秩序规定下来。他说："秦灭四维而不张，故君臣乖乱，六亲殃戮，奸人并起，万民离叛，凡十三岁而社稷为虚。今四维犹未备也，故奸人几幸而众心疑惑。岂如今定经制，令君君臣臣上下有差，父子六亲各得其宜，奸人亡所几幸，而群臣众信，上不疑惑。此业一定，世世常安，而后有所持循矣。"《治安策》这是说，由于秦王朝灭亡的教训，汉朝应该急于把封建的等级制度建立起来，其中最重要的是严格区别统治者与被统治者的界限，"君子"和"庶人"的界限，他说："廉、耻、节、礼，以治君子，故有赐死而亡戮辱，是以黥劓之罪，不及大夫。"他认为，如果不这样，"夫卑贱者习知尊贵者之一旦吾亦乃可以加此也，非所以习天下也，非尊尊、贵贵之化也"《治安策》。他的目的就是严格分别"卑贱者"与"尊贵者"，使"卑贱者"承认"尊贵者"与他们在社会地位上有本质的不同。这样"等级分明"就可以使"卑贱者"对于"尊贵者"不敢反抗。

第六节　贾谊的唯物主义哲学思想

作为一个政治家，贾谊站在地主阶级的立场，讨论了有关维护地主阶级政权的根本问题，并提出了具体解决办法。他的《治安策》对于巩固地主阶级的统治起了重大的作用。作为一个哲学家，贾谊继承并且发展了黄老学派的唯物主义思想，这表现在他所作的《道德说》（《贾谊新书》卷八）这篇论文中。以前人们都忽视了，以致其中的错字很多，有些地方不甚可解。但就其可解者看起来，这是汉初一篇最重要的哲学著作。

这篇论文可能是贾谊十几岁时候作的。论文开始就说："德有六理。何谓六理？曰：道、德、性、神、明、命，此六者，德之理也。"《六术》篇开始也提出"德有六理"，以下继续提出"六法""六术""六行"，"阴阳各有六月之节，而天地有六合之事"。还有诗、书、易、春秋、礼、乐，谓之"六艺"。贾谊说："艺之所以六者，法六法而体六行故也。故曰：六则备矣。六者，非独为六艺本也，他事亦皆以六为度。"（《贾谊新书》卷八）数目尚六是秦朝的制度，因为秦自命为"以水德王"，六是水的数。贾谊后来认为汉应该是"以土德王"，土的数是五，所以数目尚五。所谓"六则备矣"，"事亦皆以六为度"，大概是他早年还未脱秦朝统治思想影响时候的见解。他早年也就是十几岁的时候。

他所讲的"德有六理"倒不是只为在形式上凑够六个数目。他所讲的六理，确是相当深刻的唯物主义思想。

《道德说》"以玉效德之六理"，就是说，举玉为例以说明"德有六理"。下面接着说："泽者鉴也，谓之道；腒如窃膏之德；湛而润，厚而胶谓之性；康若泒流谓之神；光辉谓之明，礜乎坚哉谓之命。"这是道、德、性、神、明、命的初步解释。这种解释很不明确，下文继续作进一步的解释。

下文说："道者无形，平和而神，道物有（又）载物者。……模贯物形，通达空窍。"这是说，道的特点是"无形"；"模贯物形，通达空窍"就是用以说明"无形"。因为无形，所以才能贯通于有形之中。下文说："鉴者所以能见也；见者，目也。……在气莫精于目。目清而润泽若濡，无毳秒杂焉，故能见也。"这是说：道的"无形"就好像一面镜子，又好像人的眼珠。镜子和眼珠的内部，看起来是空洞的；可是，正因为如此，所以才能有"见"的作用。

下文说："德者离无而之有，故润则腒然浊而始形矣，故六理发焉。六理所以为变而生也。……德者变及物理之所出也。未变者，道之颂（容）也；道，冰疑（凝）而为德。神载于德。德者，道之泽也。道虽神，必载于德而颂（容）乃有所因以发动变化而为变。变及诸生之理，皆道之化也。各有条理以载于德。德受道之化，而发之各不同状。"这是说，德是从道分化出来的；它"离无而之有"，就是说，德开始从"无形"到"有形"。"离无而之有"就是"变"。道是未变的"无形"，德是道的凝聚。凝聚就是"离无而之有"的变。德虽是从道分化出来，但道又为德之一理，因为道不是离开德而独立存在的东西，它就在德之中（"必在于德"），道必须在德之中才能发生作用（"颂乃有所因以发动变化而为变"）。"变及诸生之理"都是"道之化"，可是这些理都"载于德"。

贾谊说：人的眼珠是"气之精者"。他以此比喻道，但没有明确的说明，道也是"气之精者"。他说："道，冰疑而为德。"卢义弨说："冰古疑字。旧本下有一疑字，当是旧校者不识冰之即凝，故注一疑字作标记耳。"在他的《贾谊新书》校本中，删去"疑"字。我认为"疑"字就是"凝"的坏体。冰凝就是如冰之凝结。极清的水，看起来也似无形，但凝结为冰就有一定的形体了。这是"离无而之有"的一个很好的比喻。无论如何，贾谊认为德是由道的凝结而成，凝结即"浊而始形"，这就是说，开始成为有一定形体的个体事物。这就说明，贾谊所说的道是物质性的。只有物质性的东西才能凝结；只有物质性的东西，才可以因凝结而"浊而始形"。

《道德说》接着说："性者，道德造物，物有形而道德之神专而为一气，明其润益厚矣。浊而胶相连，在物之中为物莫生气皆集焉，故谓之性。性，神气之所会也。性立则神气晓晓然发而通行于外矣，与外物之感相应，故曰润厚而胶谓之性，性生气通之以晓。"这是说，形是德的进一步的具体化。在形之中，道、德更具体地"抟"为一个个体的事物（"专为一气"）。"专"就是《老子》所说"抟气致柔"（《老子》第十章）的"抟"。这样的个体就更是"浊而胶"。一个个体的事物所有的"神气"的总体就是它的性（"性者，神气之所会也"）。一个个事物的性使它更确定地成为一个事物。这一事物跟另外的事物都有一定的关系，都因受外部的刺激而有一定的反应（"与外物之感相应"）。有几句不可解，但其大意如此。

《道德说》接着说："神者，道、德、神、气发于性也，康若泺流，不可物效也。变化无所不为，物理及诸变之起，皆神之所化也。故曰，康若泺流谓之神，理生变通之以化。"这是说，神是性所发出来的变化作为。《道德说》在上面说到"道之神"、"道、德之神"。这些所谓"神"大概都是指变化作为。"道之神"是道的变化作为；"道、德之神"是道、德的变化作为。这两种变化作为，合起来（"专而为一气"）就是物的性。

《道德说》接着说："明者，神、气在内则无光而为知，明则有辉于外矣。外内通一，则为得失，事理是非，皆职于知。故曰，光辉谓之明，明生识通之以知。"这是说，一个个体事物在内的神、气，发出来为对于外界的认识、知识。这大概是特别就人说。就人说，如果仅只有主观的认识能力而不同客观外界接触，那还是不能有知识。必须主观和客观有所接触（"外内通一"），这才有知识。有了知识就可以分别行为的得失和事理的是非。这是唯物主义的反映论的认识论。

《道德说》接着说："命者，物皆得道德之施以生则泽润，性、气、神、明及形体之位分数度，各有极量指奏矣。此皆所受其道德，非以嗜欲取舍然也。其受此具也；礐然有定矣，不可得辞也，故曰命。命者不得毋生，生则有形，形而道、德、性、神、明、命，因载于物形，故礐坚谓之命，命生形通之以定。"这是说：一个个体的事物成为某种事物，它所有的形体必有确定的结构；由此发出的作用，也必有确定限度（"各有极量指奏"）。这是不依它的主观意志为转移的（"非以嗜欲取舍然也"）。这是受客观情况的决定，不可能拒绝推辞的（"其受此具也，礐然有定矣，不可得辞也"）。这就叫做命。

《道德说》说："物所道（此字疑衍）始谓之道；所得以生谓之德。德之有也，以道为本。"稷下黄老学派和韩非也主张："物所始谓之道；物得以生谓之德。"但是贾谊又与他们不同。贾谊《道德说》的重点在德而不在道，所以他说"德有六理"而不说道有六理。这个不同有很大的哲学意义。他所说的"德有六理"，是说一个东西的存在必有六个方面。这里所说的"德"，是指具体事物存在的各方面的总和。在他看来，稷下黄老学派和韩非所讲的"道"和"德"，只是具体事物存在的各方面的一部分，只能存在于具体事物之中，不能离开具体事物而独立存在。这是贾谊对稷下黄老学派和韩非的一个重大的发展。贾谊强调"道虽神必载于德"，而德又是"形之始"，实际上就是说，所谓"六理"都必存在于"形"，不能离开形而独立存在。他说："形而道、德、性、神、明、命，因载于物形。"又说："六理无不生也，已生而六理存乎所生之内。"（《贾谊新书·六术》）他把"道"和"德"看成是"理"的两个方面，认为"理"不能离开物体。这就使韩非的"理"的学说更加明确。

照这个说法，所谓"六理"是对具体事物作本体论的分析而得到的范畴，并不是就事物的发生作世界形成论的叙述而得到的阶段。黑格尔说："哲学不应当去叙述什么东西在发生，而应当去认识在发生着的东西中什么是真理的。"（列宁《哲学笔记》引，《列宁全集》38 卷，人民出版社 1959 年版，第 182 页）黑格尔这里所说的，就是本体论和世界形成论的分别。贾谊所讲的是本体论而不是世界形成论。他并不是说，有一个时间只有无形的道，后来从其中凝结为万物。照他的说法，没有只有道而没有事物的时候。他只是就具体的事物加以本体论的分析而见其"以道为本"。这样，就把"道"和具体事物紧密结合起来，使其唯物主义的观点更加明确。稷下黄老学派所讲的道与德的关系，似乎着重在世界发生论的讲法。贾谊的讲法是本体论的讲法。他能保持稷下黄老学派和韩非的唯物主义传统，而且作了重要的发展。

《道德说》又说："德有六美。何谓六美？有道，有德，有仁，有义，有忠，有信，有密。道者，德之本也。仁者，德之出也。义者，德之理也。忠者，德之厚也。信者，德之固也。密者，德之高也。"又解释说："物所道（此字疑衍）始谓之道，所得以生谓之德。德之有也，以道为本，故曰：道者，德之本也。德生物又养物，则物安利矣。安利物者，仁行也；仁行出于德，故曰：仁者，德之出也。德生理，理立则有宜，适之谓义。义者，理也，故曰：义者，德之理也。德生物，又养长之而弗离也，得以安利，德之遇物也忠厚，故曰：忠者，德之厚也。德之忠厚也，信固而不易，此德之常也，故曰：信者，德之固也。德生于道而有理，守理则合于道，与道理密而弗离也，故能畜物养物，物莫不仰恃德，此德之高，故曰密者，德之高也。"《道德说》上文说："六理、六美，德之所以生阴阳、天地、人与万物也，固为所生者法也。"社会中的伦理道德也是"所生者"。"为所生者法"，就是说社会伦理道德也是以此"六美"为法。贾谊企图用"德"的"六理""六美"为封建社会中的伦理、道德作理论的基础。这种企图的后果，就是认为自然界的事物具有伦理、道德的属性，否认伦理、道德是社会的产物，是随着社会的生产关系的改变而改变的。这两方面，无论从哪一方面说，都陷入了唯心主义。

贾谊所说的"道"还有另外一种意义。在《道术》篇中，贾谊说："道者所从接物也；其本者谓之虚，其末者谓之术。虚者言其精微也，平素而无设储也。术也者所从制物也，动静之数也。凡此皆道也。"这里所说的"道"是君主驾驭臣下，处理事物的原则。下面说："明主者南面正而清，虚而静，令名自命，物自定。"这就是所谓"虚"。又说："周听则不蔽；稽验则不惶；明好恶则民心化；密事端则人主神。"这就是所谓术。这些原则是从稷下黄老学派至韩非所一贯主张的。

贾谊的哲学思想还表现于他的《鹏鸟赋》中。如果贾谊的唯物主义的自然观，在《道德说》中还有不很明确之处，在《鹏鸟赋》中就很清楚了。《鹏鸟赋》说："万物变化兮，固无休息。斡流而迁兮，或推而还（旋），形气转续兮，变化而嬗。"又说："天地为炉兮，造化为工。阴阳为炭兮，万物为铜。"他认为，万物都是气，特别是阴阳二气变化而成的，经常在变化之中。在变化的过程中，相反的东西经常在一起。"祸兮福所倚；福兮祸所伏。忧喜聚门兮，吉凶同域。……水激则旱（悍）兮，矢激则远。万物回薄兮，振荡相转。云蒸雨降兮，错缪相纷；大专（《汉书》作钧）槃物兮，坱轧无垠。"这就是说，事物的变化是互相反对而又互相错综的。贾谊由此谈到对于人生的态度，他说："忽然为人兮，何足控抟？化为异物兮，又何足患？""释知遗形兮，超然自丧；寥廓忽荒兮，与道翱翔。"这是庄周的思想了。贾谊为当时的大臣所排挤，被贬到长沙。"长沙卑湿，自以为寿不得长，又以适去，意不自得"，"伤悼之，乃为赋以自广"。（以上引文见《史记·屈原贾生列传》）贾谊认为到长沙是一件不得意的事情，他在《庄子》中得到安慰和共鸣。

汉文帝"感鬼神事"，叫贾谊给他讲"鬼神之本"，"谊具道所以然之故"。汉文帝大为称赏。他所讲的大概就是事物变化的原则，如《鵩鸟赋》所说的，人的生死，是"形气转续，变化而嬗"。文帝死的时候，遗诏说："朕闻之，盖天下万物之萌，生靡不有死。死者，天地之理，物之自然，奚可甚哀？"（《汉书·文帝纪》）这大概就是贾谊所讲的道理。"闻之"，可能就是指贾谊而言。

至于一般迷信中所谓鬼神，贾谊是不信的。他说："人能修德之理，则安利之谓福。莫不慕福，弗能必得。而人心为鬼神能兴于利害，是故具牺牲俎豆、粢盛，戒而祭鬼神，欲以佐成福。故曰：'祭祀鬼神，为此福者也。'"这是说："鬼神能兴于利害"，只是"人心以为"，并不真是如此。

贾谊处于地主阶级从上升阶段开始转变的时期。他对于秦朝的统治和统治思想，有继承也有改变。

秦朝对于劳动人民用了极暴虐的统治，激化了农民同地主阶级之间的矛盾。但在统一中国，建立中央集权专制主义的政权方面，也做了许多合乎历史潮流，推动历史前进的事情。汉朝初期的地主阶级，一方面要继续秦朝在统一中国、建立中央集权专制主义的政权方面所做的工作，另一方面又要吸取秦朝灭亡的教训，修改统治劳动人民的方法。贾谊的政治、社会思想，就是为这两个方面制定出具体的方案。他的任务是双重的，一肩而二任。贾谊的哲学思想一方面还是稷下黄老学派和韩非的唯物主义的继续，一方面也有唯心主义的成分。这是他的双重任务在哲学思想中的反映。

贾谊对于当时政治的批评和建议是很多的。汉文帝本来打算重用他，可是没有实行，只叫他到长沙做长沙王的太傅。实际上是调他离开中央政府，不要他干预中央的政治。据说这是因为当时老一辈的大臣不喜欢他。这恐怕还不是真正的原因。真正的原因恐怕是汉文帝的政治方向是"无为"，贾谊的政治方向是"有为"。上边所引贾谊批评"无为者"的话，可见他是和"无为者"对立的。所以，汉文帝虽然赏识贾谊的才能，但还是让他郁郁不得志地早夭于长沙。

第二十七章　董仲舒公羊学和中国封建社会上层建筑

第一节　中国封建社会的经济基础和上层建筑，汉武帝和董仲舒

作为《四书》之一的《中庸》原来是《礼记》中的一篇。在这篇文章中有一段说："非天子，不议礼，不制度，不考文。今天下车同轨，书同文，行同伦。虽有其位，苟无其德，不敢作礼乐焉；虽有其德，苟无其位，亦不敢作礼乐焉。"这篇文章的确切著作时代，已不可考了，但是这一段话给了我们以启发。它说："今天下车同轨，书同文，行同伦"，这是秦朝统一全中国以后的情况。从这句话看，这篇文章一定是在秦朝统一以后做的，不可能是统一以前的作品。但是，它的著作时代也不能太晚，因为照这几句话的语气看，作者对同轨、同文、同伦等情况觉得很新鲜，这些情况的出现大概是在作者不久以前的事。所以它的时代也不能太晚，大概是汉朝初年的作品。

这篇文章的作者是一个儒家的人。他在这篇文章里边讲了很多赞美孔丘的话，特别是像他所说的，"是以声名洋溢乎中国，施及蛮貊。舟车所至，人力所通，天之所覆，地之所载，日月所照，霜露所坠，凡有血气者，莫不尊亲，故曰配天"。照这些话的语气看起来，作者很有一种洋洋得意的情绪，大有翻身之感。所以，这篇文章不是秦朝的作品，而是汉初的作品。

说上面所引的那一段话的人虽然是儒家的人，但不能认为那一段话只是代表一家一派的人说的。那一段话可以说是代表了那个时代的呼声，是当时历史发展的客观要求的反映。从春秋以来，各诸侯国先后都进入了封建社会。秦始皇把全中国都统一在封建的经济制度之下，上面所说的"行同伦"就包括这个意思。中国社会进入了封建社会，封建社会的经济基础固定下来了，它就需要一种与之相适应的上层建筑。这是历史发展的必然趋势。一种社会的上层建筑，名目繁多，千头万绪。上边所引的那一段话把它概括为三个部分：第一部分叫"议

礼"，这是关于社会规范及道德范畴这一类的东西；第二部分叫"制度"，这是关于章程法律方面的东西；第三部分叫"考文"，这是关于文艺创作、学术研究等方面的东西。概括地说，这三部分合称为"礼乐"。关于这方面的活动叫制礼作乐。

上边所引的那一段话的最后两句说："虽有其位，苟无其德，不敢作礼乐焉；虽有其德，苟无其位，亦不敢作礼乐焉。"这两句话的第二句是指孔丘说的。《中庸》的作者认为，孔丘有制礼作乐的主观条件，但他没有做"天子"，所以缺乏制礼作乐的客观条件。这两句话的第一句，大概是指秦始皇说的。秦始皇统一了全中国，做了中国历史上的第一个"皇帝"，他有了制礼作乐的客观条件。但是，他主张"以法为教，以吏为师"，所以也不能制礼作乐。把两句话合起来看，《中庸》的作者的意思是，汉朝的皇帝是既"有其位"，又"有其德"，具备了制礼作乐的主观和客观两个方面的条件。这是对于汉朝皇帝的吹捧，但是也表示一种希望，希望汉朝的皇帝能把当时所需要的上层建筑都建设起来。因为汉朝是中国封建社会的第一个大朝代，汉朝所作的礼乐，也就成为中国封建社会的上层建筑。

《中庸》的下文说："王天下有三重焉！"三重，就是上边所说的议礼、制度、考文这三方面的事情。这三个方面是三件重要的事情，所以称为"三重"。

一种社会的上层建筑名目繁多，有许多方面，但它又是一个统一的整体，必须有一个广泛的包括宇宙、社会、人生各方面的哲学体系作为中心。这个广泛的体系能够把一种上层建筑的各个方面、各个部门统一起来，连贯起来，使它们"如网在纲"。抓着这个纲就可以"纲举目张"，把上层建筑的各个方面带领起来。这个广泛的哲学体系是上层建筑的中心思想，也是它的最高的理论根据。中国封建社会的经济结构需要有一套上层建筑，也需要有一个这样的可以作为中心的哲学体系。它是这套上层建筑的中心思想，也是这套上层建筑的理论根据。在汉朝初年，中国社会需要有一整套的上层建筑，也需要有一个具有这样广泛的哲学体系，这是那个时代的要求。尽量满足这个要求是当时的一个历史任务。

《中庸》所说的既有其德又有其位的人终于出现了。这个人就是汉武帝。汉武帝有其位，因为他是皇帝。他又有其德，因为他能感觉到上边所说的时代的要求。他有满足这个要求的雄心壮志，又有满足这个要求的雄才大略。他刚一即位，就命令群臣选出"贤良文学"之士，把他们召集起来，由他亲自考试。他以皇帝的名义提出问题（"策问"），叫那些"贤良"们回答（"对策"）。

在有董仲舒参加的那一次考试中，汉武帝的策问说："朕……永惟万事之统……欲闻大道之要，至论之极。""欲闻大道之要"，就是说，他所经常考虑的是那些具有纲领性的东西，他所要知道的是那些能贯穿一切事物的广泛的体系，这就类似上边所说的那个统率贯穿上层建筑各个方面的广泛的哲学体系。这是一个总问题，另外他又提出三个分问题，他问："三代受命，其符安在？灾异之变，何缘而起？性命之情，或夭或寿，或仁或鄙，习闻其号，未烛厥理。"就是说，他要求"贤良"们从理论上回答这些问题。

董仲舒的对策很得武帝的欣赏（"天子览其对而异焉"），于是他又第二次提出策问。在这一次策问中，武帝提出古代帝王的"劳"和"逸"的问题，"奢"和"俭"的问题，还有质朴和雕琢的问题。在这些问题上，武帝说："或曰良玉不琢，又口非文无以辅德，二端异焉。"这三个问题，在我们现在看起来好像是空洞广泛，没有什么现实的意义。其实，这三个问题实质上就是一个问题，就是从汉初以来一直争论的"有为"和"无为"的问题。从汉初以来，文帝和景帝都喜欢黄老之学，执行"无为"的政策。特别是文帝的皇后窦氏更是坚持黄老之学。在武帝初年窦氏还没有死，她以太皇太后的身份坚持黄老之学，武帝的"有为"的方针政策在当时还是有阻力的。因此，武帝特别就这个问题"策问"，要"贤良"们"对策"，这在当时是一个非常重要、非常现实的问题。

董仲舒在对策中说："帝王之条贯同然而劳逸异者，所遇之时异也。"就是说，古代的帝王，或主张"无为"而"逸"，或主张"有为"而"劳"，这是由于他们所处的时代不同，不能一概而论。董仲舒又说："臣闻制度文采玄黄之饰，所以明尊卑，异贵贱，而劝有德也。"就是说，这些"奢"的东西，看起来好像是虚文，没有什么实际的用处，其实它是有实际的用处，是上层建筑中所不可少的。他得出结论说："俭非圣人之中制也。"他接着说，所谓质朴和雕琢的问题，以玉为例，那就要看是什么样的玉了。如果是良玉，那自然用不着雕琢。但如果是常玉，那就非加以雕琢不可。他说："常玉不琢不成文章，君子不学不成其德。"董仲舒对于武帝所提出的三个问题的答案，实质上是肯定"有为"，否定"无为"。他的这种态度，当然是武帝所喜欢的。

武帝和董仲舒在一问一答之间，谈得很投机。在第三次对策的最后一段中，董仲舒提出了一个最重要的建议。他说："《春秋》大一统者，天地之常经，古今之通谊也。今师异道，人异论，百家殊方，指意不同，是以上亡以持一统；法制数变，下不知所守。臣愚以为诸不在六艺之科、孔子之术者，皆绝其道，勿使并进。邪辟之说灭息，然后统纪可一而法度可明，民知所从矣。"（《汉书·董仲舒传》）。他的这个建议实际上汉武帝已经做了。他在第一次命令举"贤良"的时候，当时丞相卫绾奏："所举贤良，或治申、韩、苏、张之言，乱国政，皆罢。"汉武帝表示同意（"奏可"）。（《汉书·武帝纪》）可见在以后所举的"贤良"之中，非儒家的人，都已被淘汰了。董仲舒的对策，不过是重新肯定武帝所行的"罢黜百家"的政策，再一次强调其重要性而已。董仲舒的历史任务，不在于制定这个政策，而在于给"六艺之科、孔子之术"以新的内容。

第二节　董仲舒和公羊春秋

　　董仲舒，广川（今河北枣强县）人。早年就研究《春秋》，在汉景帝的时候做过博士（官方讲授儒家经典的教师）。他的对策得到武帝的赏识，武帝派他做江都王的相国。他是讲"天人感应"的。照这个说法，凡是自然界的不正常现象，都是因为当时政治上的某一项措施犯了错误，"天"以不正常的现象对统治者发出警告。在武帝时，辽东地方的汉祖庙和汉高祖陵墓中的便殿先后失火。这在当时说，也是一种"灾异"。董仲舒附会当时的政治，写了一个文件准备上奏。在还没有发出的时候，他的一位朋友主父偃来看望他，看见了这篇稿子，就把它偷了出来，上奏武帝。武帝召集了当时的一些人讨论。董仲舒的学生吕步舒不知道这是他老师的稿子，"以为大愚"。董仲舒被定成死罪，武帝赦免了他。董仲舒以后就不敢再言灾异了（"遂不敢复言灾异"）。

　　《汉书·五行志》记载了董仲舒的这篇文章的大意。照他所说，这两个灾异都是天用以表达它的意志的。辽东地方的祖庙失火是说，在外地的不法的诸侯该杀。高祖陵墓的便殿失火是说，在朝的不法的大臣该杀。这个结论当然引起了执政者的愤怒，所以他们要置董仲舒于死地。董仲舒以后不敢再言灾异，是说他以后不敢再这样具体地比附实际政治，并不是说他放弃了"天人感应"那个一般的原则，那可是他的哲学的一个组成部分。

　　董仲舒虽然捅了这个大祸，武帝还是信任他。他虽然住在家里，朝廷如果有什么大议论，还派人到他家里征求意见（《汉书·董仲舒传》）。

　　据《汉书·董仲舒传》说：董仲舒的著作有一百二十三篇，另外还有讲《春秋》的文章数十篇。《汉书·艺文志·六艺略》春秋类著录"《董仲舒》百二十三篇"，《诸子略》儒家著录"《公羊董仲舒治狱》十六篇"。流传到现在的只有《春秋繁露》八十二篇，当是董仲舒讲《春秋》的著作。还有他的《对策》三篇，在《汉书·董仲舒传》中，后来称为"天人三策"。他的"天人三策"和贾谊的"治安策"，都是汉朝的大文。"治安策"在政治上为巩固地主阶级的统治提出了一系列的具体政策；"天人三策"为地主阶级的统治提出了一套哲学的根据。

汉朝人所说的"六艺"是《易》《诗》《书》《礼》《乐》和《春秋》,认为这是儒家传授下来的六种经典。因为没有乐经,所以实际上只有五经。但是照《论语》的记载,孔丘并没有关于《春秋》的言论,也没有提到《春秋》这个名字。孟轲开始讲《春秋》,并予以最高的评价。孟轲认为,在他以前的中国历史的进程中有三个里程碑。第一个是"禹抑洪水而天下平"。第二个是"周公兼夷狄驱猛兽而百姓宁"。第三个是"孔子作《春秋》而乱臣贼子惧"。这三个大人物,他称为"三圣"。照孟轲的说法,孔丘在《春秋》中用"书法""诛"乱臣贼子,所以他们就"惧"了。《春秋》所"诛"的乱臣贼子,主要是当时的国君人臣。照说,只有天子才有权处罚他们,孔丘不过是一个平民,不仅在事实上没有力量处罚他们,在理论上也没有权处罚他们。《春秋》所最着重的是"名分",所最反对的是"僭越"。孔丘是一个平民,而要"诛"那些国君大臣,即使他们是乱臣贼子,这也是最大的"僭越"。孟轲也承认,"《春秋》,天子之事也",孔丘不过是一个平民,怎么能行天子之事呢?这是一个大矛盾。孟轲没有办法解释这个矛盾,并且认为孔丘也没有办法解释,所以他假托孔丘的话说:"知我者其惟《春秋》乎,罪我者其惟《春秋》乎。"(《孟子·滕文公下》)后来的春秋公羊学虚构了一套理论和历史,这个矛盾就得到解释了。

大概在汉朝初年,出现了一部《春秋公羊传》。"传",就是注解。据说这个传是公羊高作的,所以称为《春秋公羊传》(以下简称《公羊传》)。据这一派的人传说,孔丘作《春秋》,有许多"微言大义",其中有许多"非常可怪之论",因为要避免当时的政治迫害,所以不敢用笔写出来,只是口、耳相传,到了公羊高才写出来,称为《春秋公羊传》。在这些"非常可怪之论"中,有一条是孔丘受天命为王。据说,孔丘作《春秋》的时候,他已经不是平民,而是一个新受天命的王。照这派的说法,凡是一个新王受命,"天"都要发出一种信号,称为"受命之符"。孔丘也有他的受命之符,那就是"西狩获麟"。在鲁哀公十四年,鲁国一个砍柴的人,打死了一只怪兽。据说这种兽就是麟,《春秋》写了一笔说:"十四年春,西狩获麟。"《公羊传》说:"何以书?记异也。何异尔?非中国之兽也。然则孰狩之?薪采者也。薪采者,则微者也,曷为以狩言之?大之也。曷为大之?为获麟大之也。曷为为获麟大之?麟者,仁兽也,有王者则至,无王者则不至。"(《春秋公羊传》哀公十四年)据《公羊传》的说法,《春秋》用一个"狩"字表明"获麟"是一件大事。它是一个信息,传达中国有王者了。但是这个王并不是一个事实上的王,麟一来就被打死了。但是孔丘知道,这是他的"受命之符",所以作《春秋》,以寄托他的"一王之法"。《公羊传》说:"君子曷为为《春秋》?拨乱世,反诸正,莫近诸《春秋》。"何休解释说:"孔子仰推天命，俯察时变，却观未来，豫解无穷，知汉当继大乱之后，故作拨乱之法以授之。"(《公羊传解诂》哀公十四年）这就解决了孟轲所遇到的矛盾，也弥补了《中庸》所说的缺陷。孔丘是既有其德又有其位，所以有资格为中国封建社会制定上层建筑。

第三节　公羊春秋和汉朝的政策

《春秋》本来是鲁国的国史。当时各国都有史官，他们记载事情，有一定的格式。比如说，记载当时各诸侯的事情，都称他们的爵位。这些爵位都是原来周天子所封的。比如楚国和吴国的国君，在周朝的五等爵位（公、侯、伯、子、男）中，都是很低的一等，称"子"。它们本来都是小国，到了春秋时候，它们都强大了。它们的国君都自称为王。可是《春秋》还称他们为"子"，因为这些史官们向来都是照着当时官方的官样文章办事。周天子当然不会承认吴国和楚国的"王"，所以《春秋》只好认为他们还是"子"。楚子还是楚子，吴子还是吴子。

就当时的史官说，这不过是照例办事的形式主义，没有什么意义，但也可以认为有很大的意义。其意义又可能有两种解释：一种是不承认现实，一种是改革现实。用前一种解释，《春秋》是保守的；用后一种解释，《春秋》是革新的。公羊家就是认为，《春秋》的意义是革新。孔丘对于《春秋》的有些地方，还要再做一点修改、补充，使其革新的意义更加突出，于是他就修《春秋》。

孔丘修《春秋》所用的方法是"笔、削"。"笔"是就原来的《春秋》的记录上加一两个字；"削"是就原来的《春秋》的记录上减一两个字。公羊家说：孔丘为《春秋》，"笔则笔；削则削。子夏之徒不能赞一辞"(《史记·孔子世家》）。就是说，他对于一两个字的加减，有很大的讲究，孔丘学生都帮不上忙。一两字的加减，就有褒有贬，这就叫"书法"。

照公羊家的说法，《春秋》的每一个书法都有很深的意义。这个很深的意义，就是当时历史趋势的反映，也往往是当时政治措施的理论根据。下边举两个例以为说明。

《春秋》的第一条记载是："元年，春，王正月。"这本来是鲁国史官于隐公元年照例记载的一句话，《公羊传》认为这条记载有很深的意义。它说："元年者何？君之始年也。春者何？岁之始也。王者孰谓？谓文王也。曷为先言王而后言正月？王正月也。何言乎王正月？大一统也。"(《春秋公羊传》隐公元年）这就是说，一切事情都应该统一于王，这就叫"一统"。《春秋》开宗明义首先提出这个原则，这就是大一统。"大"在这里是一个动词，大一统就是以一统为大。《公羊传》一开始就赞美一统，这是当时历史趋势的反映。《公羊传》这样说，表明它对于这个趋势的支持。

董仲舒的《对策》说，"《春秋》大一统者，天地之常经，古今之通谊也。"他以公羊家的这一原则为前提，以证明"罢黜百家"是应该的。这是这个原则在实际上的应用。

另外一个例，就是所谓夷夏之辨。照公羊家所说的，"夷狄"和中国的分别不在于种族不同，而在于有没有文化，特别是有没有道德。在春秋时期，几个大诸侯国中，从当时的中原文化的观点看，吴楚被认为是蛮夷。《春秋》昭公二十三年书："吴败顿、胡、沈、蔡、陈、许之师于鸡父。胡子髡、沈子楹灭，获陈夏齧。"《公羊传》认为，《春秋》的"书法"对于吴有贬意，因为《春秋》"不与夷狄之主中国也。然则何为不使小国上之？中国亦新夷狄也"。但也不是全贬，因为"吴少进也"。这就是说，在当时大转变时期，有些本来是中国的诸侯国，而在文化道德上成为夷狄，也有些原来是夷狄的诸侯国，而在文化道德上成为中国。《春秋》宣公十二年记载晋国和楚国的邲之战。《公羊传》认为《春秋》"不与晋而与楚子为礼"。董仲舒也说："《春秋》之常辞也，不予夷狄而予中国为礼，至邲之战，偏然反之，何也？曰：《春秋》无通辞，从变而移。今晋变而为夷狄，楚变而为君子，故移其辞以从其事。"（《春秋繁露·竹林》，以下只注篇名）

公羊家认为，《春秋》对于"中国"和"夷狄"的分别，态度是极严肃的，但这种分别又是相对的，一个原是夷狄的种族、部族或个人，如果接受了中国文化，它们就进入"中国"，成为"新中国"。一个原来是中国的人，如背离了中国文化，他就变为"夷狄"，成为"新夷狄"。"夷狄"可以转化为"中国"；"中国"可以转化为"夷狄"。转化为"中国"，《春秋》的"书法"就以"中国"待之；转化为"夷狄"，《春秋》的"书法"就以"夷狄"待之，一视同仁。这个原则成为汉朝的民族政策。

汉武帝派司马相如为"使者"招抚四川西南部的少数民族（"通西南夷"）。四川有一部分人不赞成。司马相如以"使者"的身份对这一部分人讲汉武帝的政策。

他首先说：武帝，作为一个贤君，"必将崇论闳议，创业垂统，为万世规。故驰骛乎兼容并包，而勤思乎参天贰地"。下面说"西南夷"的情况，"而夷狄殊俗之国，辽绝异党之域，舟车不通，人迹罕至，政教未加，流风犹微，内之则犯义侵礼于边境,外之则邪行横作,放杀其上,君臣易位,尊卑失序,父兄不辜,幼孤为奴虏,系累号泣,内乡而怨"。中国的贤君,不能忍受这种情况,"故乃关沬、若,徼牂牁,镂灵山,梁孙原,创道德之涂,垂仁义之统,将博恩广施,远抚长驾,使疏逖不闭,阘爽暗昧得耀乎光明,以偃甲兵于此,而息讨伐于彼。遐迩一体,中外禔福,不亦康乎?"(《汉书·司马相如传》)这就是汉朝的民族政策。

"兼容并包""遐迩一体"是多民族国家的民族政策的根本。可注意的是,司马相如对"夷狄"和"中国"的区分,完全是从文化上讲的,这正是春秋公羊家所讲的"春秋之义"。

在秦汉统一以前,中国不仅在政治上分为许多诸侯国,各自为政,在民族上也分裂为不同的种族、部族、部落,当时称"南蛮、北狄、东夷、西戎"。按上面所说的原则,汉朝把不同的种族、部族、部落融合起来,成为一个统一的民族,称为汉族。汉族的形成是中华民族形成的第一阶段。

第四节 董仲舒所讲的《春秋》的"微言大义"

徐彦《公羊疏》引《春秋说》:"《春秋》设三科、九旨。""科"是《春秋》的"微言大义"的纲领;"旨"是其中的细目。第一科是"存三统",其中有三旨:"新周,故宋,以《春秋》当新王。"第二科是"张三世",其中有三旨:"所见异辞,所闻异辞,所传闻异辞。"第三科是"异内外",其中有三旨:"内其国而外诸夏,内诸夏而外夷狄。"(《公羊传》隐公元年疏)

董仲舒在《春秋繁露》中说:"春秋大义"有"六科"(《正贯》)、"十指"(《十指》),它的编排没有上面所引的那样简要。但所谓"九指"也都是董仲舒所主张的。他在《春秋繁露》中说:"故《春秋》应天作新王之事,时正黑统,王鲁,尚黑,绌夏,亲周,故宋。"(《三代改制》)又说:"《春秋》分十二世(十二公)以为三等,有见、有闻、有传闻。……于所见微其辞,于所闻痛其祸,于传闻杀其恩,与情俱也。"(《楚庄王》)又说:"亲近以来远,故未有不先近而致远者也。故内其国而外诸夏,内诸夏而外夷狄,言自近者始也。"(《王道》)

第二科所说的"所见世",其中的事情,是孔丘所亲自看见的。"所闻世"中的事情,是孔丘所听说的,但是说这些事情的人亲自见过这些事情。"所传闻世"中的事情,也是孔丘所听说的,但是说这些事情的人也只是听说,自己也没有见过。这三世有远近的不同，孔丘对于其中事情的了解也有深浅的不同。因此，《春秋》关于三世中的事情的"书法"也有不同。这是公羊家所谓"三世"的原来的意义。

后来何休把"张三世"和第三科"异内外"联合起来。他认为《春秋》的"所传闻世"是"据乱世"，在其时《春秋》"内其国而外诸夏"。"所闻世"是"升平世"，于其时《春秋》"内诸夏而外夷狄"。"所见世"是"太平世"，于其时已没有国家和民族的界限，"夷狄进至于爵，天下远近大小若一"（隐公元年）。全中国就统一于一个国家，一个民族了。这表示《春秋》的"大一统"的思想已经实现了。这是公羊家为中华民族预定的一个理想，一个目标。

第一科的第二旨是以《春秋》当新王，这在上边已经讲过。《春秋公羊传》说："君子曷为为《春秋》？拨乱世，反诸正，莫近诸《春秋》。"（哀公十四年）这几句话所说的"乱世"，指的是秦朝；所说的"正"，指的是他们所要新立的上层建筑。《公羊传》接着说：孔丘"制《春秋》之义，以俟后圣。"《公羊传》何休注说："待圣汉之王以为法。"从"据乱世"进到"升平世"就是拨乱反正的结果。

董仲舒也是这样了解《春秋》的，他认为孔丘是"奉天命"为汉朝制定上层建筑，所以孔丘的思想应该是汉朝的统治思想，也就是作为封建社会的统治思想。就当时说，汉朝是封建社会政治上的具体代表；孔丘是封建社会的思想上的具体代表。这就是给汉朝的皇帝加上"受天命"的头衔，将皇权神化，也给孔丘加上"受天命"的头衔，将孔丘神化，使他们都好像有超社会，甚至超自然的权威。董仲舒发挥这种思想说："有非力之所能致而自致者，西狩获麟，受命之符是也。然后托乎春秋正不正之间，而明改制之义，一统乎天子，而加忧于天下之忧也。"（《符瑞》）这样把孔丘和《春秋》神化，是公羊家所讲的《春秋》"微言大义"之一。

第五节　董仲舒的政治纲领

公羊家把他们所讲的"《春秋》之义"，应用到中国封建社会上层建筑的各个领域里。经过他们的宣传，在汉朝，《春秋》仿佛是一部宪法。凡有政治上和法律上的重大问题，都引《春秋》解决。《汉书·艺文志》著录《公羊董仲舒治狱》十六卷（已佚），大概都是这一类的解决方法。

《春秋》词句简单，解释《春秋》的人，可以从它的"书法"中找出一些例，作为他们所需要的教条。这些例都是解释的人随意穿凿附会作出来的。董仲舒说："《诗》无达诂，《易》无达占，《春秋》无达辞。"（《精华》）这就是说，对于《春秋》，可以随便穿凿附会。

董仲舒说："《春秋》之道，奉天而法古。"（《楚庄王》）这就是他的"更化"（《汉书·董仲舒传》）。所谓"更化"就是变更秦朝的一套做法。新做法的中心内容是"奉天而法古"。

秦始皇和法家不讲"天命"，也反对"法古"。这是地主阶级在反对奴隶主阶级时的革命态度，是"攻"的态度。在取得了政权以后，地主阶级改"攻"为"守"，就要"奉天而法古"。不过这个"古"并不是原来奴隶主的传统，而是公羊家所说的孔丘所托于《春秋》的新制。原来的"古"是正，法家反对"法古"是反，董仲舒主张的"法古"是合。

在本书第一册中，我讲到在周朝取代了商朝以后，周公姬旦也大讲了一番"天命"。"天命"对于汉朝的统治者尤其需要。在奴隶主贵族的统治中，贵族们的权威是世代积累下来的。贵族们用他们祖先的名义进行统治。春秋以后，诸侯国的国君在其本国内，消灭小贵族，实行中央集权，但那些国君还是历代相传的贵族。秦国灭了那些国君，但秦始皇的一家还是一个古来的贵族。汉朝的统治者就不然了，刘邦及其功臣将相，都是原来社会的下层平民，这是一个全新的局面。他们更需要向老百姓宣传他们的权威的神圣性，这就更需要天命论。武帝在第一次策问中所问的："三代受命，其符安在？灾异之变，何缘而起？"都是关于"天命"的问题。董仲舒就这些问题要作出回答，对于"天命"给予理论说明。

第六节　董仲舒关于"天"的宗教化思想

董仲舒所说的"天"是至上神，在表面上看，有一点像基督教所崇拜的"耶和华"以及中国传统迷信中的"昊天上帝""玉皇大帝"之类。这样的"上帝"是一个活灵活现的人格神，它不仅有人的意志和情感，而且有和人一样的形体。董仲舒所讲的"天"，在有些地方，如"天者百神之大君也"，也是可以作这样的了解的。但这不是他所讲的"天"的主要意义。在大多数地方，他所讲的"天"不能作这样的了解。在大多数地方，董仲舒所讲的"天"，就其主宰万物的作用说，类似人格神的"上帝"，但没有与人一样的形体。他是把物质的天神秘化了，把它看成为一种有意志、有意识、有目的的超越的实体；或者说，他把物质的天人格化了，看成为有人的意识和情感的实体。但这个被人格化了的天，又不就是和人类的形体相类似的"上帝"。这是董仲舒所讲的"天"的一个特点。

董仲舒所说的天是物质的天，但又是有意志的。例如，他说："天高其位而下其施，藏其形而见其光。高其位，所以为尊也；下其施，所以为仁也；藏其形，所以为神；见其光，所以为明。故位尊而施仁，藏神而见光者，天之行也。"（《离合根》）这段话又见于《天地之行》，其中又说："天执其道为万物主。"这里所说的"天"，是指万物的主宰。但这种作为"万物主"的"天"，并不就是一般宗教所说的"上帝"，而是被神秘化了的物质的天。"天高其位"，是说天在地的上面；"而下其施"，是说，为风雨，化育万物；"藏其形"，是说，天是虚空；"见其光"，是说，凭借日月星放出光明。这种生化万物的作用，就是"天之行"。这是对物质的天的一种带有神秘色彩的描述。他认为天高高在上，"所以为尊"；化育万物，"所以为仁"。这样的"天"，就不是物质的天，而成了具有"上帝"的尊严和意志的天。

董仲舒又说："仁之美者在于天。天，仁也。天覆育万物，既化而生之，有（又）养而成之，事功无已，终而复始。凡举归之以奉人。察于天之意，无穷极之仁也。人之受命于天也，取仁于天而仁也。……天常以爱利为意，以养长为事；春、秋、冬、夏，皆其用也。"（《王道通三》）又说："天虽不言，其欲赡足之意可见也。古之圣人，见天意之厚于人也，故南面而君天下，必以兼利之。"（《诸侯》）董仲舒在这里所谓的"天"，就是春、夏、秋、冬等自然现象的运行。就其为自然现象的运行说，这样的天是自然之天。可是，董仲舒又认为天有目的、有意志、有仁爱等道德品质，这样的天，又不是自然的天而成了意志的天。因此，他又说："天有喜怒之气，哀乐之心，与人相副。以类合之，天人一也。春，喜气也，故生；秋，怒气也，故杀；夏，乐气也，故养；冬，哀气也，故藏。"（《阴阳义》）这是说，四时的变化是"气"的运行，可是，"气"同时也体现了天的喜怒哀乐之心。照这种说法，自然现象不仅有人的意志，而且有人的情感。这就是把自然现象的变化拟人化了的目的论的理论。

董仲舒说："天、地、阴、阳、木、火、土、金、水，九，与人而十者，天之数毕也。故数者至十而止，书者以十为终，皆取之此。圣（俞樾云：圣衍字）人何其贵者？起于天，至于人而毕。毕之外谓之物，物者，投（俞樾云：投字无义，疑数字之误）所贵之端而不在其中，以此见人之超然万物之上，而最为天下贵也。"（《天地阴阳》）董仲舒认为十是"天之数"。他说："天之大数，毕于十旬。旬天地之间，十而毕举；苟生长之功，十而毕成。十者，天数之所止也（俞樾云：上荀字衍文，下两旬字乃旬字之误。旬者，周匝之本字也）。……是故阳气以正月始出于地，生育养长于上。至其功必（毕）成也，而积十月。人亦十月而生，合于天数也。是故天道十月而成，人亦十月而成，合于天道也。"（《阳尊阴卑》）在董仲舒看起来，十是自然完备的数目，并且有一种神秘的意义。

董仲舒说："天子受命于天，诸侯受命于天子，子受命于父，臣妾受命于君，妻受命于夫。诸所受命者，其尊皆天也。"（《顺命》）天命即天的命令，所谓"天令之谓命"（《汉书·董仲舒传》）。董仲舒关于天的理论的社会意义，在于论证封建地主阶级的政权和代表这种政权的皇权，都是出于天意，这也是为地主阶级的政治哲学在宇宙观方面虚构出一个理论的根据。

第七节　董仲舒关于气和阴阳五行的学说

董仲舒认为宇宙的最高主宰是"天"。但"天"主宰万物的作用是通过阴阳和五行之气而表现出来的。因此，气也是董仲舒哲学中一个重要范畴。他说："天地之气，合而为一，分为阴阳，判为四时，列为五行。"（《五行相生》）又说："天意难见也，其道难理。是故明阴阳入出、实虚之处，所以观天之志。辨五行之本末、顺逆、小大、广狭，所以观天道也。"（《天地阴阳》）这是说，阴阳五行都是气，但阴阳五行之气是用以体现天的意志的工具。这也就是说，气是从属于"天"的。在气之上还有"天"主宰着它。

关于阴阳之气，董仲舒说："天地之间，有阴阳之气，常渐人者，若水常渐鱼。所以异于水者，可见与不可见耳，其淡淡也。然则人之居天地之间，其犹鱼之离（附）水，一也。其无间，若气而淖于水。水之比于气也，若泥之比于水也。是天地之间若虚而实。"（《天地阴阳》）他讲这段话的目的，在于企图说明人和天可以互相感应。但也可以看出，他认为阴阳之气虽然是肉眼所看不见的，但充满了天地之间，是确实存在着的物质。"天地之间若虚而实"，这是当时自然科学的共同说法。秦汉之际的医学著作《内经》说："地为人之下，大虚之中者也……大气举之也。"《内经·五运行大论》）这是说，地处于广大虚空之中，而虚空又充满了气。董仲舒关于气的说法，正是从当时的自然科学的知识中吸取了适合于自己需要的思想资料。

董仲舒对于五行也有很详细的理论。他说："天有五行，一曰木，二曰火，三曰土，四曰金，五曰水。木，五行之始也；水，五行之终也；土，五行之中也。此其天次之序也。"（《五行之义》）又说："行者，行也。其行不同，故谓之五行。五行者，五官也，比相生而间相胜也。"（《五行相生》）五行相胜："金胜木……水胜火……木胜土……火胜金……土胜水。"（《五行相胜》）五行的次序是：木、火、土、金、水。木生火，火生土，土生金，金生水，水生木。第一生第二，第二生第三，第三生第四，第四生第五，第五生第一。此所谓"比相生"。金胜木，中隔水；水胜火，中隔木；木胜土，中隔火；火胜金，中隔土；土胜水，中隔金。此所谓"间相胜"。

董仲舒吸取了战国以来的阴阳五行的思想，虚构出一个世界图式，以说明他所认为是自然界和人类社会的秩序及其变化的规律。照这个图式，宇宙是一个有机的结构；天与地是这个结构的轮廓；五行是这个结构的间架；阴阳是运行于这个间架中的两种势力。从空间方面想象，木居东方，火居南方，金居西方，水居北方，土居中央。这五种势力，好像是一种"天柱地维"，支持着整个的宇宙。从时间方面想象，五行中的四行，各主一年四时中的一时之气：木主春气，火主夏气，金主秋气，水主冬气。"行"有五而"时"只有四，怎么办呢？董仲舒解释说："土者，天之股肱也。其德茂美，不可名以一时之事。故五行而四时者，土兼之也。"（《五行之义》）意思就是说，土就是地，本来是配天的，所以它不限于某一行，而兼主四时。

四时既各有一行为主，为什么在一年之中四时不是并行而是续行呢？董仲舒有一个比较复杂的说法。他说："天之常道，相反之物也，不得两起，故谓之一。一而不二者，天之行。阴与阳，相反之物也，故或出或入，或右或左，春俱南，秋俱北，夏交于前，冬交于后，并行而不同路，交会而各代理。"（《天道无二》）"天之道终而复始，故北方者，天之所终始也，阴阳之所合别也。冬至之后，阴俛而西入，阳仰而东出。出入之处，常相反也。多少调和之适，常相顺也，有多而无溢，有少而无绝。春夏阳多而阴少，秋冬阳少而阴多，多少无常，未尝不分而相散也。以出入相损益，以多少相溉济也。多胜少者倍入，入者损一而出者益二。天所起一，动而再倍。常乘反衡再登之势，以就同类，与之相报。故其气相侠，而以变化相输也。"（《阴阳终始》）这是说，阴阳乃相反的东西，依"天之常道"，相反之物，不得同时并起，故阳出则阴入；阳入则阴出。入者其势力"损一"，出者其势力"益二"。故出者之势力比入者多三分之二。

董仲舒又说："如金、木、水、火，各奉其所主，以从阴阳，相与一力而并功。其实非独阴阳也，然而阴阳因之以起助其所主。故少阳因木而起助，春之生也；太阳因火而起助，夏之养也。少阴因金而起助，秋之成也；太阴因水而起助，冬之藏也。"（《天辨在人》）这是说，当阴阳之气运行到某一方位的时候，它们就与原来主持某一方位的某一行，合力并功，形成为某一季节。

照上面所引的，董仲舒认为阴阳的运行，其轨道不同，方向也不同。他详细解释说："初薄大冬，阴阳各从一方来，而移于后。阴由东方来西，阳由西方来东。至于中冬之月，相遇北方，合而为一，谓之曰至。别而相去，阴适右，阳适左。……冬月尽而阴阳俱南还。阳南还出于寅，阴南还入于戌。……至于仲春之月，阳在正东，阴在正西，谓之春分。春分者，阴阳相半也。故昼夜均而寒暑平。阴日损而随阳（苏舆云：阳字疑衍，随谓委随），阳日益而鸿。故为暖热。初得大夏之月，相遇南方，合而为一，谓之曰至。别而相去，阳适右，阴适左。……夏月尽而阴阳俱北还。阳北还而入于申，阴北还出于辰。……至于中秋之月，阳在正西，阴在正东，谓之秋分。秋分者，阴阳相半也。故昼夜均而寒暑平。阳日损而随阴（苏舆云：阴字亦疑衍），阴日益而鸿。"（《阴阳出入》）董仲舒的说法，以图明之如下：

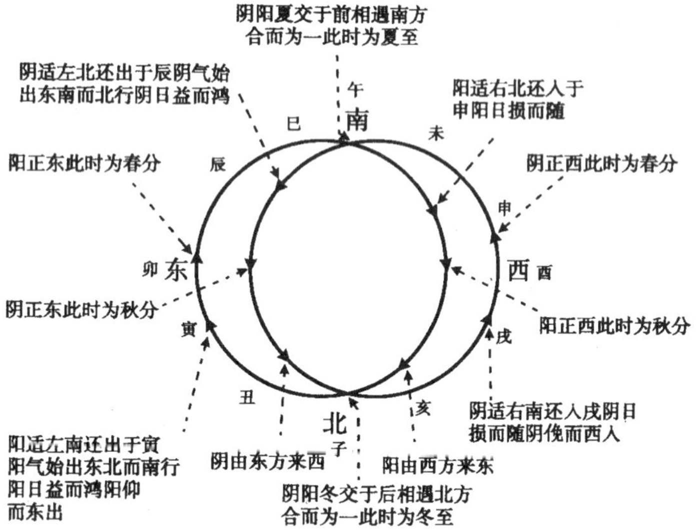

在上所引《天辨在人》一篇中，他说："少阴因金而起助，秋之成也。"可是照他在《阴阳出入》中的说法，如图所表示的，当秋季的时候，阴不在正西而在正东，怎么能"助金"呢？董仲舒解释说："天之道有伦，有经，有权。""至春，少阳东出就木，与之俱生；至夏，太阳南出就火，与之俱暖。此非各就其类而与之相起与？……此非正其伦与？"这是说，在春夏两季，阳气的运行和木火二行的方位相当，这种情况就是"天之道"的"经"的表现。反之，"至于秋时，少阴兴而不得以秋从金，从金而伤火功。虽不得以从金，亦以秋出于东方，倔其处而适其事，以成岁功，此非权与？"（《阴阳终始》）这是说，在秋季，阴气的方位与金相背；这种情况就是"天之道"的"权"的表现。为什么天使阴气受这样的委屈呢？照董仲舒的说法，这是因为，天"任阳不任阴，好德不好刑"(《阴阳位》)。

《天辨在人》又说:"阴之行,春居东方,秋居西方。"这是说,阴在秋季也居西方,这好像跟上面所说有冲突。这也需要说明。董仲舒说:"阴之行,春居东方,秋居西方,夏居空右,冬居空左,夏居空下,冬居空上,此阴之常处也。阳之行,春居上,冬居下,此阳之常处也。阴终岁四移,而阳常居实。……天之志常置阴空处,稍取之以为助。……阴者阳之助也;阳者岁之主也。天下之昆虫随阳而出入,天下之草木随阳而生落。"(《天辨在人》)董仲舒又说:"阳始出,物亦始出;阳方盛,物亦方盛;阳初衰,物亦初衰。物随阳而出入,数随阳而终始。"(《阳尊阴卑》)董仲舒认为,四时的变化,主要是由阳气的盛衰决定的。秋冬的来临,与其说是由于阴气盛,不如说是由于阳气衰。但阴气也并非完全没有作用。"天"也是"稍取之以为助"。董仲舒说:"天以阴为权,以阳为经。阳出而南,阴出而北。(此即同篇上文所谓'阳行于顺,阴行于逆')经用于盛,权用于末。……阳常居实位而行于盛,阴常居空位而行于末。"(《阳尊阴卑》)所以照上图所表示的,在秋季,西方也有阴,但是其时在"阴入于戌"以后,是阴之"末"。在这个时候,这个末也"助金",但是"稍取之以为助"。至于阴盛的时候,它在正东,不起作用。这就是所谓不"行于盛"而"行于末"。

还有一点,董仲舒认为,春秋两季在四时变化中又有不同的作用。春季是"天之所起",秋季是"天之所废"。"天之所起,其气积;天之所废,其气随(苏舆云:言委随而不振)"(《阴阳终始》)。所以在秋季,只用一些萎靡不振的气就足够"助金"了。

董仲舒的《对策》说:"天道之大者在阴阳。阳为德,阴为刑。刑主杀而德主生。是故阳常居大夏而以生长养育为事。阴常居大冬而积于空虚不用之处。"(《汉书·董仲舒传》)在《春秋繁露》中,他也说:"故阴,夏入居下,不任岁事,冬出居上,置之空处也。"在夏季,阴伏而不出,这就是所谓"居下"。在冬季,阴气出来了,居上了。可是在冬季,阳气已衰,万物本来不能生长养育。所以阴气实际上不发生很大作用。这就是所谓"积于空虚不用之处"。这个"不用之处",就是所谓"空位"。阳气实际起着生长、养育万物的作用,这就是居于"实位"。这就是《天辨在人》所说的,阴"夏居空下,冬居空上"。这里所说的"夏居空右,冬居空左"可能是衍文。这里是说四时的变化,冬夏不可能重出。也可能是另外一种情况。在这里,"春居东方,秋居西方"二句是衍文。"夏居空右,冬居空左",应作"春居空右,秋居空左"。古人以右为上,左为下,这里所说的"左右",与下两句所说的"上下"意思相同。在春季,阴气方盛,可以为上,但其时阳气也方盛,阴气不发生作用,所以是"空右"。到秋季，阴气已衰，又值秋为"天之所废"，万物本来要衰落，所以阴气又是"空左"。这些字句上的校正和解释虽出于推测，但董仲舒的意思是明确的。他说："阴之行固常居虚而不得居实。至于冬而止空虚，太阳（苏舆云：当为太阴）乃得北就其类而与水起寒。"（《阴阳终始》）阴居虚而阳居实；这是董仲舒关于阴阳的思想的一个要点。

阳尊阴卑，阳为主导，阴为属从；这本来也是易传的意思。但易传也认为"刚柔相推而生变化"（《周易·系辞》）。这就是认为，阴阳可以互相推动，由此才有发展、变化。这就是承认对立面的矛盾是发展变化的根源。照董仲舒的说法，阴实际上不能发生什么作用。这就是否认对立面的矛盾是发展、变化的根源，由此否认了辩证法。他的自然观，是以形而上学的发展观为基础的。董仲舒吸收了以前唯物主义的思想资料，加以改造，使之成为唯心主义思想。他的关于阴阳的说法是吸收了易传中辩证法的思想资料，加以改造，使之成为形而上学思想。

照这个说法，阴在自然界，是经常受到控制和压抑的。董仲舒所以这样说，一方面是企图以此证明"天任阳不任阴，好德不好刑"，因此统治者统治人民也应多用"德"，少用刑，以缓和阶级矛盾。但更重要的一方面是，董仲舒企图以此证明"阳尊阴卑"，统治者对于被统治者的控制和压抑是应该的。

说"阳德阴刑"、"阳尊阴卑"，就是认为，四时的变化体现了一种道德的目的，这就把阴阳二气的运行神秘化了。这是目的论的自然观，也是唯心主义的自然观。

在这种有神论和目的论的支配下，董仲舒进一步又把阴阳二气本身看成了具有意识、欲望和道德性质的神秘势力。他说："阳气暖而阴气寒；阳气予而阴气夺；阳气仁而阴气戾；阳气宽而阴气急；阳气爱而阴气恶；阳气生而阴气杀。"（《阳尊阴卑》）又说："阴，刑气也；阳，德气也。阴始于秋；阳始于春。春之为言犹偆偆也；秋之为言犹湫湫也。偆偆者，喜乐之貌也；湫湫者，忧悲之状也。"（《王道通三》）"春气爱；秋气严；夏气乐；冬气哀。爱气以生物，严气以成功，乐气以养生，哀气以丧终，天之志也。"（《王道通三》）这是说，气不仅能爱能恶，而且有喜、怒、哀、乐的情感。正是由于气的这些意识和情感的变化，才形成了春、夏、秋、冬四季的不同。从这里可以看出，董仲舒所讲的气，已经不是物质性的东西的概念，而是把这个原来是关于物质性的东西的概念作了唯心主义和神秘主义的歪曲。这是董仲舒所讲的气的学说的另一个特点。董仲舒所讲的这种气，也成了汉代神秘主义思潮的理论基础之一。

董仲舒的阴阳学说的政治目的，在于论证封建的等级制度和社会规范的合理性，为封建的君权、父权、夫权制造根据。他说："丈夫虽贱，皆为阳；妇人虽贵，皆为阴。……诸在上者皆为其下阳，诸在下者各为其上阴。"（《阳尊阴卑》）"君、臣、父、子、夫妇之义，皆取诸阴阳之道。君为阳，臣为阴；父为阳，子为阴；夫为阳，妻为阴。"（《基义》）这是说，封建的等级秩序是阴阳两种法则在社会生活中的表现。他认为，在自然界中，阳气的运行，占主导的地位，因此，在社会生活中，阳的势力也占统治地位。他说："幼者居阳之所少，老者居阳之所老，贵者居阳之所盛，贱者居阳之所衰。藏者，言其不得当阳。而不当阳者，臣子是也；当阳者，君父是也。故人主南面，以阳为位也。阳贵而阴贱，天之制也。"（《天辨在人》）从这里可以看出，董仲舒在自然观方面竭力推崇阳气，目的在于论证君、父是神圣不可侵犯的。他还认为，在自然界中，阳气使万物生长，阴气使万物收藏。但阳气常居实位而阴气常居空位。因此，在社会生活和政治生活中，君臣、父子、夫妇之间，在君、父、夫处于主导地位的条件下，臣、子、妻应该服从、辅助，不要搞对立斗争。他说："是故仁义制度之数，尽取之天。天为君而覆露之，地为臣而持载之；阳为夫而生之，阴为妇而助之……故圣人多其爱而少其严，厚其德而简其刑，以此配天。"（《基义》）这样，董仲舒的阴阳学说，又在世界观上为儒家的仁义道德和德治主义立了一个理论根据。用他的话说，就是所谓"王道之三纲，可求于天"（《基义》）。他也正是从这种论证出发，把道德观念强加于自然界，将阴阳二气神秘化，完成了唯心主义和目的论的体系。

从表面上看，董仲舒似乎有一种以五行为间架的唯物主义的自然观，但实际上并非如此。他同样是从当时的科学知识中吸取了自己所需要的材料，进一步将五行神秘化，为自己的唯心主义体系服务。

董仲舒认为五行的关系就是社会伦理的关系。他解释"五行相生"说："木生火，火生土，土生金，金生水，水生木；此其父子也。"（《五行之义》）又说："水为冬，金为秋，土为季夏，火为夏，木为春。春主生，夏主长，季夏主养，秋主收，冬主藏。藏，冬之所成也。是故父之所生，其子长之；父之所长，其子养之；父之所养，其子成之。诸父所为，其子皆奉承而续行之，不敢不致如父之意，尽为人之道也。故五行者，五行也。由此观之，父授之，子受之，乃天之道也。故曰，夫孝者，天之经也，此之谓也。"（《五行对》）又说："是故木已生而火养之，金已死而水藏之，火乐木而养以阳，水克金而丧以阴，土之事天竭其忠，故五行者，乃孝子忠臣之行也。"（《五行之义》）这是说，五行相生的顺序，体现了封建的君臣、父子的关系。在五行之中，董仲舒特别表扬土德。他说："土者，五行之主也。五行之主土气也，犹五味之有甘肥也，不得不成。是故圣人之行，莫贵于忠，土德之谓也。"（《五行之义》）他认为，土处于五行之中，其他四行，都不能离土。它不主管某一时，可是它赞助其他四行以形成春、夏、秋、冬四时。因此，土有忠臣孝子的行为，其品德最为可贵。

从以上这些材料看，董仲舒把五行的运行同样伦理化了。他不是从五行的机械的物质性能，说明它们之间的相互关系，而是用社会伦理的关系，说明它们之间的相互作用。按照董仲舒所作的解释，五行的运行，同样体现了一种道德目的。这就又把原来是唯物主义的五行学说歪曲为唯心主义和目的论，用以论证封建秩序和封建道德的永恒性和合理性。

以上所讲的是董仲舒关于阴阳五行学说的一个基本轮廓。本书在第二册中说，战国末期发展起来的阴阳五行思想，在自然观上，基本上是唯物主义的，但也夹杂了天人感应的因素。后来，阴阳五行思想的发展，形成唯物主义和唯心主义两个方向。董仲舒就是唯心主义方向一个典型的代表。

在这里附带讨论一个问题——董仲舒关于"元"的思想。上面说过，《春秋》的第一句话是："元年，春，王正月。"这是鲁国国史对于隐公即位的记载。这是一种照例的记载，可是，公羊家认为，这句话有很深的意义。董仲舒说："一者，万物之所从始也；元者，辞之所谓大也。谓一为元者，视（示）大始而欲正本也。"（《汉书·董仲舒传》）这就是说，元年的意思是第一年，《春秋》所以不书一年而书元年，因为重视事物的开始，要在开始时就端正它的根本，这是董仲舒对于"元"的一种解释。他又说："是以《春秋》变一谓之元，元犹原也，其义以随天地终始也。……故元者，为万物之本，而人之元在焉。安在乎？乃在乎天地之前。故人虽生天气及奉天气者，不得与天元本、天元命而共违其所为也。"（《玉英》从苏舆本）这是董仲舒对于"元"的另一种解释。照这种解释，元不仅是事物的开始，而且是事物所据以开始的东西。这是个什么东西呢？后来的公羊学家认为，"元"就是"气"。何休说："元者，气也。无形以起，有形以分，造起天地，天地之始也。"（《公羊传》隐公元年注）何休又说："故春秋以元之气正天之端，以天之端正王之政，以王之政正诸侯之即位，以诸侯之即位正境内之治。"（《公羊传》隐公元年注）《春秋繁露·二端》篇中亦有此一段（苏舆本移入《玉英》），但"以元之气"作"以元之深"。徐彦《公羊传疏》引《春秋说》也作"以元之深"。徐彦又说："《春秋说》云：'元者，端也；气泉。'注云：'元为气之始，如水之有泉。泉流之原，无形以起，有形以分，窥之不见，听之不闻。'"由此可见徐彦所见的《春秋说》认为，"元"就是气，"元"和"气"这两个名词联系起来，就成为后来所通用的"元气"这个名词。

这是对董仲舒所讲的"元"的一种可能的解释，这种解释主要是依据后来公羊学家的说法，把"元"解释成"气"或"元气"，这在董仲舒的著作中，没有直接的材料可以证明。因此，对这个问题，我们还不能作出肯定的结论。另外还有一种可能的解释，董仲舒所说的"元"可能就是他所说的"天"。董仲舒一方面说"天者万物之祖"，一方面又说"元者为万物之本"。他还说："故人虽生天气及奉天气者，不得与天元本、天元命而共违其所为也。"这段话不甚可解，但可见其把"天元"二字联用，"元"可能即指"天"。《史记·历书》说："王者易姓受命，必慎始初。改正朔，易服色，推本天元，顺承厥意。"这里所说的"天元"，可与董仲舒的说法互相印证。董仲舒说"以元之深，正天之端"，"元"似乎比"天"更根本。董仲舒又说："木生火，火为夏，天之端。"（《十指》）这里所谓"天之端"即指"春"。"元年，春，王正月"，即以"元"正"春"。所谓"正天之端"，是说，使"阴阳调而风雨时"（《汉书·董仲舒传》）。在阴阳五行的运行之上，还有一个更高的天，即"元"，这也是符合董仲舒的体系的。这也只是一种解释，从董仲舒的著作中也没有直接的材料可以证明。因此，董仲舒所讲的"元"究竟是什么东西，我们还不能作出明确的说明。有一点是明确的，在董仲舒的体系中，"元"不可能是一种物质性的实体。即使把"元"解释成"元气"，而这个"元气"也一定是有意识和道德性质的东西，这从上面的叙述中可以看出来。仅仅依据后来某些公羊家认为"元"就是"气"的说法，便得出董仲舒的哲学体系是唯物主义结论，这是站不住的。

第八节　董仲舒的神秘主义的天人感应论

董仲舒认为，哲学所要讨论的一个重要问题，就是所谓"天人相与之际"（《汉书·董仲舒传》）。这个问题，汉朝人也简称为"天人之际"。这个问题也就是人和自然的关系问题。这确实是哲学所要讨论的一个重要问题。关于这个问题，从先秦以来，就一直进行着争论，到荀况作了一次唯物主义的总结。荀况根据"明天人之分"的原则，比较正确地处理了人和自然的关系，集中地驳斥了宗教神秘主义的天人感应论。董仲舒在荀况之后，又重新提出了这个问题，但他对这个问题却作了唯心主义和神秘主义的回答。从某种意义说，他又复活了古代的天人感应的迷信，同时也是对荀况的天论的一种否定。但是，董仲舒也不是简单地重复奴隶制时代的有神论的理论，而是在新的历史条件下加以改造，并企图给以理论上的根据。天人感应论是董仲舒的哲学体系的核心。上面所讲的关于天的理论和阴阳五行的学说，都是为这种迷信服务的。

"天人同类"的观念是董仲舒所宣扬的天人感应论的一个理论基础。他说：

"以类合之，天人一也。"（《阴阳义》）这是说，天和人是同类的，人有什么，天也就有什么；天有什么，人也有什么。人也可以说是天的副本，宇宙的缩影。他说："天地之符，阴阳之副，常设于身，身犹天也。……天以终岁之数成人之身，故小节三百六十六，副日数也。大节十二分，副月数也。内有五藏，副五行数也。外有四肢，副四时数也。乍视乍瞑，副昼夜也。乍刚乍柔，副冬夏也。乍哀乍乐，副阴阳也。……于其可数也，副数；不可数者，副类。皆当同而副天，一也。"（《人副天数》）这是从人的身体的构造方面讲天人同类。他又说："人之形体，化天数而成。人之血气，化天志而仁。人之德行，化天理而义。人之好恶，化天之暖清。人之喜怒，化天之寒暑。人之受命，化天之四时。人生有喜、怒、哀、乐之答，春秋冬夏之类也。……天之副在乎人，人之性情有由天者矣。"（《为人者天》）这是从人的情感意识方面讲天人同类。以上这些说法，都是毫无根据的主观比附。不过，这种比附，在他的体系中都有重要意义。在董仲舒看来，人是宇宙的缩影，是一个小宇宙。反过来也可以说，宇宙是人的放大，是一个"大人"。他实际上是把自然拟人化了，把人的各种属性，特别是精神方面的属性，强加于自然界，倒转过来再把人说成是自然的摹本。这是一种典型的唯心主义的拟人观的理论。在这种唯心主义的基础上，他宣传天人感应的迷信。

战国时代的阴阳五行家认为，凡同类的东西，是可以互相感应的。董仲舒附会这一思想，他说："五音比而自鸣，非有神，其数然也。美事召美类，恶事召恶类。类之相应而起也，如马鸣则马应之，牛鸣则牛应之。……物故以类相召也。"（《同类相动》）这是说，物类相感，不是由于鬼神支配，而是一种自然的感应。从这一点出发，他认为既然天人同类，所以天和人可以互相感应。他说："天有阴阳，人亦有阴阳。天地之阴气起，而人之阴气应之而起；人之阴气起，而天之阴气亦宜应之而起，其道一也。"（《同类相动》）荀况的哲学体系的主题是"明天人之分"，董仲舒的哲学一个主要思想，是"天人一也"，"其道一也"。这是唯物主义和唯心主义的一个鲜明的对立。

他说："人主以好恶喜怒变俗习，而天以暖清寒暑化草木。喜怒时而当，则岁美；不时而妄，则岁恶。天地人主一也。"（《王道通三》）又说："庆、赏、罚、刑，与春、夏、秋、冬，以类相应也，如合符。故曰王者配天。……庆、赏、罚、刑，当其处不可不发，若暖、清、寒、暑，当其时不可不出也。"（《四时之副》）这是说，天有春、夏、秋、冬，暖、清、寒、暑，人君有喜、怒、哀、乐，庆、赏、罚、刑。四时运行不当则岁凶；人君喜怒赏罚不当则世乱。他认为人君能法天道进行统治，就是"与天地参"。这同样是一种天人同类的说法。仅止于这种说法，还不就是天人相感的迷信。董仲舒从这种说法出发，进一步论证说："人，下长万物，上参天地。故其治乱之故，动静顺逆之气，乃损益阴阳之化，而摇荡四海之内。"（《天地阴阳》）"世治而民和，志平而气正，则天地之化精，而万物之美起。世乱而民乖，志僻而气逆，则天地之化伤，气生火害起。"（《天地阴阳》）"四海之内，殽阴阳之气，与天地相杂。是故人言：既曰王者参天地矣。苟参天地，则是化矣，岂独天地之精哉？王者亦参而殽之。治则以正气殽天地之化，乱则以邪气殽天地之化。同者相益，异者相损之数也，无可疑者矣。"（同上）这是说，因为天人同类，所以人的意识和行为，可以引起自然界的非常的变化；好的政治（由于人君喜怒得当），可以使寒暑得时，风调雨顺，不好的政治（由于人君喜怒不当），可以使寒暑不时，形成自然的灾害。因此，他说："刑罚不中则生邪气。邪气积于下，怨气蓄于上。上下不和则阴阳缪戾而妖孽生矣。"（《汉书·董仲舒传》）《洪范》讲"五事"和"庶征"。董仲舒更详细地讲"五事"和五行相感应的关系。"五事"即人君的"貌、言、视、听、思"五种行动。这五种行动，如有不当，就会引起五行的变化，表现为四季的失常（《五行五事》）。就是说，人君的一举一动都可以引起天时气节的变化。这完全是神秘主义的迷信。

董仲舒把荀况所讲的"人与天地参"的思想，作了唯心主义的歪曲，把人的动作，特别是人君的动作，说成是一种神秘的力量，从而论证君权的神圣性。在这里，他对汉武帝在策问中所提出的天人关系问题，作了唯心主义的回答。

董仲舒认为天人关系是《春秋》中的一个重要问题。他说："孔子作《春秋》，上揆之天道，下质诸人情，参之于古，考之于今。故《春秋》之所讥，灾害之所加也；《春秋》之所恶，怪异之所施也。书邦家之过，兼灾异之变，以此见人之所为，其美恶之极，乃与天地流通而往来相应。此亦言大之一端也。"（第三《对策》，见《汉书》本传）这就是说，孔子作《春秋》，把当时各国的统治者的错误或罪恶和当时的自然灾害或变异联系起来，认为其间有因果的关系。统治者的比较小的错误是"《春秋》之所讥"，这些错误引起自然的灾害；统治者的比较大的错误是"《春秋》之所恶"，这些罪恶引起自然界的比较大的非常现象，即所谓怪异。合而言之，称为"灾异"。董仲舒认为，《春秋》把它所讥、所恶的政治现象和灾害、怪异的自然现象同时记录下来，借此说明，人的行事与自然现象互相感应（"流通而往来相应"）。他认为，这是讲"天"所必需讨论的一个问题。

董仲舒又申述说："国家将有失道之败，而天乃先出灾害以遣告之。不知自省，又出怪异以警惧之。尚不知变，而伤败乃至。以此见天心之仁爱人君而欲止其乱也。"（第一《对策》，《汉书》本传）又说："天地之物有不常之变者谓之异，小者谓之灾。灾常先至而异乃随之。灾者，天之遣也；异者，天之威也。遣之而不知，乃畏之以威。"（《春秋繁露·必仁且智》）照此说，灾异又起于天的怒和罚，同时也表现天对于人君的爱护。

这样，关于灾异的问题，在董仲舒的体系中便出现了两种说法。一种认为天人同类，自然相感，"非有神，其数然也"，这是一种带有机械论倾向的说法。一种认为天有喜怒和赏罚，灾异出于天的意志，这是一种目的论的说法。这两种说法，在先秦就已经存在。董仲舒把这两种说法都容纳了。他在第一《对策》中就已把这两种说法同时并举。这两种说法是有矛盾的，但在董仲舒的体系中是结合在一起的。他实际上是在后一种说法的基础上容纳了前一种说法。这和他在肯定意志的天的前提下吸收了阴阳五行学说的做法，是一致的。因此，他对机械论的感应说，不能不加以修正，使它适合于目的论的体系。董仲舒在《春秋繁露·同类相动》中，阐述了同类相感的机械论的说法以后，最后得出结论说："故琴瑟报，弹其宫，他宫自鸣而应之，此物之以类动者也。其动以声而无形，人不见其动之形，则谓之自鸣也。又相动无形，则谓之自然，其实非自然也，有使之然者矣。物固有实使之，其使之无形。"这是说，物类虽机械地相感，但归根到底有个东西使它们如此，而不是出之于自然。在这里，他又采取了"或使"说，抛弃了"莫为"说。董仲舒认为这个"或使"的"或"是无形的，看不见的，但它确实存在着，并且主宰着一切，这就是他所讲的"天"。因此，他紧接着引《尚书传》的话说："周将兴之时，有大赤乌衔谷之种，而集王屋之上者，武王喜，诸大夫皆喜。周公曰：茂（勉）哉茂哉！天之见此以劝之也。"这是说，同类相感，最终体现了天的意志。这就把机械论的感应说，归结为目的论。

董仲舒的天人感应论，对汉代的神秘主义思潮起了很大的影响。这种理论，是将自然人格化的唯心主义思想的一种表现形式。这种思想把自然现象和社会现象混同起来，以社会现象理解自然现象，又反过来用自然现象说明社会现象。这和荀况的"明天人之分"的思想成了鲜明的对比。

天人感应说是一种神秘主义的虚构。董仲舒自己也上过这种说法的当。前面说过，他因汉祖庙失火一事，大加发挥他的"天人感应"，差点送了命。由这个滑稽的事情，正可以说明"天人感应"的荒唐。

董仲舒的天人感应说的实际的社会意义有两方面。地主阶级以专制主义的君主作为它的代理人。但是代理人的利益和地主阶级的长远利益有时也是有矛盾的。以皇帝为中心的君权势力和其他阶层的地主阶级势力也存在着一定的矛盾。因此，地主阶级觉得，对于代理人的权力，也需要有适当的限制。可是在他的绝对权威下，什么力量可以限制呢？这就要用虚构中的"天"的力量。董仲舒说：

"春秋之法，以人随君，以君随天。"（《楚庄王》）汉朝的人常用"灾异"恐吓皇帝，要求他反省自己的错误。从以上所引证的材料看，董仲舒的天人感应论，对于最高统治者来说，着重在劝告他推行"仁政"。这从他给汉武帝的《对策》中也可以看出来。当时和后来讲灾异迷信的某些儒家，也都利用这一种迷信，作为向当权派进行合法斗争的一种工具。通过这种迷信的方式，在一定程度上也表达了被压迫阶层的某些要求。天人感应说在一定程度上有这一方面的作用。

董仲舒的天人感应说，还有另一方面的作用，就是用以巩固地主阶级对人民的统治。董仲舒说："世治而民和，意平而气正，则天地之化精，而万物之美起；世乱而民乖，意僻而气逆，则天地之化伤，气生灾害起。"（（春秋繁露·天地阴阳》）这些话就不是对封建帝王说的了。这是说，农民如果安于封建的统治，自然界就可以风调雨顺；如果起来暴动或进行反抗，就要遭到自然的惩罚。这就暴露了天人感应说的阶级本质。因此，董仲舒的天人感应论主要是用以巩固地主阶级长久利益的工具。

第九节　董仲舒的人性论

照董仲舒所说的，整个宇宙的变化和运行有一个总的目的；宇宙间每个事物的生长变化都有一个目的，那就是，为总目的服务。董仲舒认为宇宙的最后目的是生人和建立封建主义的社会。他认为，人是天的副本，是宇宙的缩影，因而人也是天地的精华的体现。他说："莫精于气，莫富于地，莫神于天。天地之精所以生万物者，莫贵于人。"《人副天数》）因为人是物中之最高贵的，所以其头向上当天，与植物之头（根）向地，其他动物之头横向（"旁折"）不同。"所取于天地少者旁折，所取于天地多者正当之，此见人之绝于物而参天地"（《人副天数》）。

就心理方面说，董仲舒认为，人的心有性有情，与天之有阴有阳相当。他说："身之有性情也，若天之有阴阳也。言人之质而无其情，犹言天之阳而无其阴也。"（《深察名号》）性表现于外为仁；情表现于外为贪。董仲舒说："人之诚有贪有仁，仁、贪之气，两在于身。身之名取诸天。天两有阴、阳之施，身亦两有贪、仁之性。"（《深察名号》）

照董仲舒的解释，一方面，情和性都是人先天就具有的资质。所谓"如其生之自然之资谓之性。性者，质也"（《深察名号》）。"天地之所生谓之性情，性情相与为一瞑，情亦性也。"（《深察名号》）另一方面，性和情又是人的"质"中的两个对立物。这个对立与天有阴阳的对立相副。

董仲舒也肯定人有先天的善质，这一点基本上还是承接孟轲的观点。照他的说法，在阴阳这两个对立面中，阳是主，阴是从。人与天副，在人的"质"中，也应该性是主，情是从。这就是说，人的"质"的主要部分是善的。

董仲舒一方面承认人有善质，同时，又着重指出不能认为人性本来"已善"。如上所述，人的"质"中，有性有情，有贪有仁；而且"性情相与为一瞑，情亦性也"。既然如此，怎能简单地肯定"性已善"呢？"谓性已善，奈其情何？"（《深察名号》）他比喻说："善如米，性如禾。禾虽出米，而禾未可谓米也。性虽出善，而性未可谓善也。"（《实性》）他又说："性有似目，目卧幽而瞑，待觉而后见。当其未觉，可谓有见质，而不可谓见。今万民之性，有其质而未能觉，譬如瞑者，待觉教之然后善。当其未觉，可谓有善质，而不可谓善，与目之瞑而（疑脱"不"字）觉，一概之比也。"（《深察名号》）这就是说，要把"善质"和"善"加以区别。人有善质，但还不能认为"性固已善"。

在这方面，董仲舒的人性论就表现出和孟轲的性善说又有所不同。对这种不同，董仲舒自己作了说明。他说："或曰：'性有善端，心有善质，尚安非善？'应之曰：'非也。茧有丝，而茧非丝也。卵有雏，而卵非雏也。比类率然，有何疑焉？'天生民有六经（苏舆曰：疑有误字，或云六当为大），言性者不当异。然其或曰性也善，或曰性未善。则所谓善者，各异意也。性有善端，动之爱父母（苏舆云：动疑作童），善于禽兽，则谓之善，此孟子之善。循三纲五纪，通八端之理，忠信而博爱，敦厚而好礼，乃可谓善，此圣人之善也。……夫善于禽兽之未得为善也，犹知于草木而不得名知。……圣人以为，无王之世，不教之民，莫能当善。善之难当如此，而谓万民之性皆能当之，过矣。质于禽兽之性，则万民之性善矣；质于人道之善，则民性弗及也。……吾质之命性者异孟子。孟子下质于禽兽之所为，故曰性已善；吾上质于圣人之所为，故谓性未善。善过性，圣人过善。"（《深察名号》）照这样的分析，董仲舒和孟轲的不同，不仅是在于"善"字的用法有异。究其实，董仲舒讲"善"的目的，就是在孟轲性善说的基础之上，进一步明白地强调其封建统治阶级的阶级性，更突出地要求劳动人民接受"圣王"的教化，从而严格地服从"三纲五纪"这些封建道德规范。诚然，孟轲也不主张"性已善"，他也说，必须使性中已有的善端充分发展才能为"已善"。不过，董仲舒更突出地强调"教化"这一方面。他又认为，情是恶的，但又在人的质（广义的性）中。这可能又是受荀况的影响。

董仲舒又认为，他所说的性，是就普通人之质言之。人也有生而即不止仅有善端的，也有生而即几乎无善端的。他说："名性不以上，不以下，以其中名之。"（《深察名号》）又说："圣人之性，不可以名性。斗筲之性，又不可以名性。名性者，中民之性。中民之性如茧如卵。卵待覆二十日而后能为雏；茧待缲以涫汤而后能为丝；性待渐于教训而后能为善。"（《实性》）这又是孔丘的"唯上智与下愚不移"的说法。董仲舒的人性论，是以孟轲的人性论为主，而又吸取孔丘和荀况的说法。

董仲舒所以强调"性未善"，主要的是要强调统治者的作用。他说："天、地、人，万物之本也。天生之，地养之，人成之。"（《立元神》）人的作用是完成天地的未竟之功。他所说的人的这种作用，并不是改造自然，而是建立封建社会，并用封建道德对人进行教育。

董仲舒认为这种"教育"也是与"天"相副的。他认为人之心有情有性，与天之有阴有阳相当。"身之有性情也，若天之有阴阳也。言人之质而无其情，犹言天之阳而无其阴也。"（《深察名号》）照董仲舒所说，天"任阳不任阴"。人亦应该以"性禁情"。董仲舒说："是以阴之行不得于春夏，而月之魄常厌于日光，乍全乍伤。天之禁阴如此，安得不损其欲而辍其情，以应天？天所禁而身禁之，故曰身犹天也。禁天所禁，非禁天也。"（《深察名号》）人必禁天所禁，然后合乎封建道德。封建道德是"人之继天而成于外也，非在天所为之内也。天所为有所至而止。止之内谓之天，止之外谓之王教。王教在性外，而性不得不遂。故曰，性有善质而未能为善也"（《实性》）。

董仲舒认为"王"是天之所立以教民的。他说："民之号取之瞑也。使性而已善，则何故以瞑为号？以瞑言者，弗扶将则颠陷猖狂，安能善？"因此他又说："天生民性，有善质而未能善，于是为之立王以善之，此天意也。民受未能善之性于天，而退受成性之教于王。王承天意以成民之性为任者也。今案其真质而谓民性已善者，是失天意而去王任也。万民之性苟已善，则王者受命尚何任也？"（《深察名号》）董仲舒把封建社会统治阶级的社会秩序和道德标准说成是"王道"，又把"王道"和"王"的统治说成是"天意"的表现。这是他的"奉天"的理论的又一作用。

第十节　董仲舒的封建主义的社会和伦理思想

儒家讲所谓"五伦"：君臣、父子、兄弟、夫妇、朋友，这就是封建社会中五种人与人的关系。这五种关系，除朋友一种外，都是统治与被统治的关系。董仲舒更于五种关系之中，提出君臣、父子、夫妇三种，特别强调其统治与被统治的关系。这就是所谓"三纲"：君为臣纲，父为子纲，夫为妻纲。

董仲舒把他的自然观中关于阴阳的理论，作为他的社会、伦理思想中的"三纲"的根据。他说："王道之三纲，可求于天。"（《基义》）他说："凡物必有合。合，必有上必有下，必有左必有右，必有前必有后，必有表必有里。有美必有恶，有顺必有逆，有喜必有怒，有寒必有暑，有昼必有夜，此皆其合也。阴者，阳之合；妻者，夫之合；子者，父之合；臣者，君之合。物莫无合，而合各有阴阳。阳兼于阴，阴兼于阳；夫兼于妻，妻兼于夫；父兼于子，子兼于父；君兼于臣，臣兼于君。君臣、父子、夫妇之义，皆取诸阴阳之道。君为阳，臣为阴；父为阳，子为阴；夫为阳，妻为阴。阴道无所独行，其始也不得专起，其终也不得分功，有所兼之义。是故臣兼功于君，子兼功于父，妻兼功于夫，阴兼功于阳，地兼功于天。"（《基义》）照表面上看，好像董仲舒在这里讲到事物的对立面统一的辩证法。其实，他所讲的"合"是配合，不是对立的统一。（董仲舒在《天道无二》中说："一而不二者，天之行也。"这里所谓"一"也是"专一"，不是统一。）他认为，有一个东西，就必有另一个东西跟它相配。这个东西是主；跟它相配的东西是从。阳是主，阴是从；君是主，臣是从；父是主，子是从；夫是主，妇是从。这个主、从的关系是不能互相转化的，是永恒不可变的。他也说"阳兼于阴，阴兼于阳"等等，照表面上看，他似乎认为阴阳、君臣等，可以互相"兼"。这似乎是讲到对立面互相渗透的辩证法。其实，联系下文，就可知他所说的阳对于阴的"兼"，是包括的意思；阴对于阳的"兼"，是被包括的意思，即所谓"所兼"。阳可以兼阴，阴则只能为阳所兼。这就是他所说的，"阴道无所独行，其始也不能专起，其终也不得分功，有所兼之义"。这就是说，即使阳在阴的配合下而有了功，这功也是阳的功，阴不能分享。上面讲过，董仲舒在自然观方面，认为阳永远统治着阴。把这个理论应用到社会、伦理思想中，他断言，君永远统治着臣，父永远统治着子，夫永远统治着妇，这是"道"。"天不变，道亦不变"，这是典型的形而上学的思想。

董仲舒的这种思想，后来发展成为封建社会中"纲常名教"的理论。"纲"就是"三纲"。这个理论只管"名"，不管有这个"名"的"实"是个什么样的"实"。照这个理论，君、父、夫是臣、子、妻的统治者。不管为君、为父、为夫者实际上是怎样的人，他们都有这些"名"所给他们的权利；他们的臣、子、妻，对于他们都有绝对服从的义务。所以这个理论称为"名教"。封建社会的统治阶级认为"名"是永恒不变的，所以"名教"也是永恒不变的。这种理论，就其阶级根源说，是统治者压迫被统治者的思想上的武器；就其认识论的根源说，这也是形而上学思想的表现。

在中国哲学史中，伦理学中的动机论和效果论的争辩，表现为"志"和

"功"的问题。"志"是行为者的主观的动机,"功"是行为的效果。主张动机论的注重"志";主张效果论的注重"功",这在第一册第七章、第二册第十二章中已经讲过。董仲舒的伦理学说明确地主张"动机论"。他的主张是"正其谊不谋其利;明其道不计其功"(《汉书·董仲舒传》)。(《对胶西王越大夫不得为仁》篇作"正其道不谋其利,修其理不急其功"。)董仲舒的这两句话,后来封建社会的唯心主义哲学家经常引用,有很大的影响。董仲舒又说:"《春秋》之听狱也,必本其事而原其志。志邪者不待成;首恶者罪特重;本直者其论轻。"(《精华》)《公羊传》讲到《春秋》"书法"中"及"与"暨"的区别说:"及犹汲汲也,暨犹暨暨也。及,我欲之;暨,不得已也。"(隐公元年)何休注说:"举及、暨者,明当随意善恶而原之。欲之者,善重,恶深;不得已者,善轻,恶浅;所以原心定罪。"这就是说,如果一个人有为善或为恶的动机,主动地为恶或为善,这样,他所为的善就应该受到更大的赞扬("褒"),他所为的恶也应该受到更大的惩罚("贬")。如果是一个人没有为善或为恶的动机,被迫不得已而为善或为恶,他所为的善就应该受到比较小的赞扬,他所为的恶也应该受到比较小的惩罚。这就是所谓"原心定罪",也就是董仲舒所说的"本其事而原其志"。

董仲舒说:"志邪者不待成",就是说,只要一个人有了邪志,就应该马上加以惩罚,不必待其成为行为。《公羊传》说:"《春秋》贬陈侯之弟招。"为什么贬?"言将自弑君也。今将尔,词曷为与亲弑者同?君亲无将,将而必诛焉"(昭公元年)。就是说,不但已经弑君的要诛,就是将弑君的也要诛。

董仲舒说:"《春秋》之好微,与其贵志也。……是故君弑,贼讨,则善而书其诛。若莫之讨,则君不书葬,而贼不复见矣。不书葬,以为无臣子也;贼不复见,以其宜灭绝也。"(《玉杯》)这是公羊家为《春秋》定的例。这就是说,如果一个国的国君被人杀了,这个国的人就应该讨贼,把弑君的人也杀了。如果是没有讨贼,《春秋》就不记载那个被杀的国君是什么时候葬的,那个弑君的贼的名字以后也就不再见于《春秋》。为什么不记载那个君的葬?因为既然贼还没有讨,就可以认为那个国没有臣子。为什么贼的名字不再见于《春秋》?因为那个贼应该灭绝,所以就认为他已经灭绝了。这是公羊家从他们的主观见解为《春秋》定了许多例。《春秋》的记载不一定都合于这些例,那就是说,有许多地方是"例外"。公羊家就利用这些"例外"发挥他们的"春秋大义"。

《春秋》昭公十九年记载:"夏五月戊辰,许世子止弑其君买。"又记载:"冬,葬许悼公。"《公羊传》说:"贼未讨何以书葬?不成于弑也。曷为不成于弑?止进药而药杀也。止进药而药杀则曷为加弑焉尔?讥子道之不尽也。……止进药而药杀,是以君子加弑焉尔。曰:'许世子止弑其君买',是君子之听(判罪）止也；'葬许悼公'是君子之赦止也。赦止者，免止之罪辞也。"许悼公有病，他的太子名叫止的，叫他吃药。可是药吃错了，许悼公因此而死。按其效果说，世子止是弑父，所以《春秋》给他"加弑"。但是，世子止的动机并不是弑父，并没有弑父之志，所以《春秋》又把他赦了。董仲舒曾经根据这种原则治狱。《汉书·艺文志》著录有《公羊董仲舒治狱》十六篇。这部书现已不存在。《太平御览》有一条引董仲舒说："《春秋》之义，许止父病，进药于其父而卒。君子原心，赦而不诛。"（《太平御览》卷六四〇）

《春秋》宣公二年记载："秋九月乙丑，晋赵盾弑其君夷獋。"六年记载："春，晋赵盾、卫孙免侵陈。"《公羊传》说："赵盾弑君，此其复见何？亲弑君者，赵穿也。亲弑君者赵穿，则曷为加之赵盾？不讨贼也。"公羊家认为赵盾本来没有弑君之志，《春秋》于加以弑君之罪之后，又使赵盾复见，这就是说，又把他赦了。董仲舒说："夫名为弑父而实免罪者，已有之矣。亦有名为弑君而罪不诛者，逆而距之，不若徐而味之。"（《玉杯》）这段话所说的两件事，前者是指许世子止，后者指赵盾。董仲舒论赵盾说："是故训其终始，无弑之志。挂恶谋者，过在不遂去，罪在不讨贼而已。臣之宜为君讨贼也，犹子之宜为父尝药也。子不尝药，故加之弑父；臣不讨贼，故加之弑君，其义一也。所以示天下废臣子之节，其恶之大若此也。故盾之不讨贼为弑君也，与止之不尝药为弑父，无以异。盾不宜诛，以此参之。"（《玉杯》）就是说，赵盾和许世子止的情况是一类的。《春秋》既然赦免了许世子止，当然也要赦免赵盾。赵盾之名复见，就是赦免的表示。董仲舒认为，就许世子止和赵盾这两个例看，《春秋》是"贵志"，就是说，在判断一个行为的善恶的时候，着重的是行为者的动机，不是行为的效果。

在中国哲学中，义和利问题，还包含着道德行为和物质利益的关系问题。对这个问题，董仲舒也作了回答。他说："天之生人也，使人生义与利。利以养其体，义以养其心。心不得义不能乐，体不得利不能安。"（《身之养莫重于义》）这里所说的"义"，是指道德的原则，"利"是指物质生活的利益。从这几句话看，董仲舒认为义和利，对人说来都是不可缺少的。但是，他接着又说："体莫贵于心，故养莫重于义。义之养生人大于利。"（《身之养莫重于义》）这是说，归根到底，义比利更为重要。他论证说："夫人有义者，虽贫能自乐也，而人无义者，虽富莫能自存。……民不能知而常反之，皆忘义而殉利，去理而走邪，以贼其身而祸其家。此非其自为计不忠也，则其知之所不能明也。"（《身之养莫重于义》）董仲舒这里所说的也是"义利之辨"的一个方面，虽还不是儒家最后的意思，不过他仅说到此。这个问题直到宋明道学才讨论清楚。

志和功，义和利，是儒家伦理学的两对范畴。另外一对范畴是"经"和

"权"。"经"是一般的原则，"权"是原则的灵活运用。孔丘说："可与共学，未可以适道；可与适道，未可与立；可与立，未可与权。"（《论语·子罕》）这里所说的"道"就是一般的原则，所谓"权"，就是原则的灵活运用。孟轲说："男女授受不亲，礼也；嫂溺则援之以手者，权也。"（《孟子·离娄上》）在这里，所谓"礼"是指一般的规范，权是指规范的灵活的运用。孔丘和孟轲所谈的都是关于"经"和"权"的问题，公羊家对于这个问题更作了有系统的讨论。

在春秋的时候，郑国的"相"祭仲为宋国所执。宋国向祭仲提出要求，叫他把当时郑国的国君公子忽驱逐出去，立宋国的外甥公子突为君。祭仲答应了这个要求，回国以后，果然照办。《公羊传》认为，《春秋》以祭仲为贤，因为他"知权"。《公羊传》说："祭仲不从其言，则君必死，国必亡；从其言，则君可以生易死，国可以存易亡。少辽缓之，则突可故出，而忽可故反，是不可得则病，然后有郑国。古人之有权者，祭仲之权是也。权者何？权者，反于经然后有善者也。权之所设，舍死亡无所设。行权有道。自贬损以行权，不害人以行权。杀人以自生，亡人以自存，君子不为也。"（桓公十一年）照《公羊传》的说法，如果祭仲答应了宋国的要求，公子忽虽然暂时出亡，但过一些时候，仍然可以回来为君。即使不能回来，也无非是祭仲自己蒙了逐君之罪。如果他不答应宋国的要求，他自己必定要死，郑国也必定要亡。在这种情况下，祭仲权其轻重，答应了宋国的要求。他的这种行为，虽然不合乎忠君的原则，但是可以使郑国不至于灭亡，这就是所谓"反于经然后有善"。

春秋时候，还有一个故事。晋国同齐国打仗，齐国败了，齐顷公被围。他的一个将，逢丑父，冒充齐顷公受擒，使齐顷公得以逃脱。晋军判逢丑父以"欺三军"之罪，把他杀了（成公二年）。董仲舒认为，逢丑父虽然杀其身以生其君，但是不算是"知权"。董仲舒在《春秋繁露》里，提出了这个问题。"丑父欺晋，祭仲许宋，俱枉正以存其君，然而丑父之所为难于祭仲，祭仲见贤，而丑父犹见非，何也？"董仲舒回答说："是非难别者在此。此其嫌疑相似，而不同理者，不可不察。夫去位而避兄弟者，君子之所甚贵。获虏逃遁者，君子之所甚贱。祭仲措其君于人所甚贵，以生其君，故《春秋》以为知权而贤之。丑父措其君于人所甚贱，以生其君，《春秋》以为不知权而简之。其俱枉正以存君相似也，其使君荣之与使君辱不同理。故凡人之有为也，前枉而后义者，谓之中权；虽不能成，《春秋》善之，鲁隐公、郑祭仲是也。前正而后有枉者，谓之邪道，虽能成之，《春秋》不爱，齐顷公、逢丑父是也。"（《竹林》）这就是说，祭仲的行为是"反于经然后有善"，所以他的行为算是"中权"。这种行为，就其道德价值说，是善的行为。逢丑父的行为是反于经不能有善，所以不能算是"中权"。这种行为，就其道德价值说，是恶的行为。

公羊家认为人必须在一定条件下才可以行权。上边所引的《春秋公羊传》所说的，"权之所设，舍死亡无所设"；这是说，必须在有关生死存亡问题上，才可以行权。譬如孟轲所说的，"嫂溺则援之以手"，如果不援之以手，她就要淹死了，所以就顾不得"男女授受不亲"的礼了。这是行权第一个条件。上边所引《公羊传》所说的"行权有道"等，都是行权的条件。

董仲舒又为行权划出了一定的范围。他说："夫权虽反经，亦必在可以然之域。不在可以然之域，故虽死亡，终弗为也。"（《玉英》）这就是说，行权有一定范围（"可以然之域"），如果超过了这个范围，虽然死亡攸关，也不可以行权。这就比《公羊传》所说的更加严格了。董仲舒说："故诸侯在不可以然之域者，谓之大德；大德无逾闲者谓正经。诸侯在可以然之域者谓之小德；小德出入可也。权，谲也，尚归之以奉巨经耳。"（《玉英》）孔丘①说："大德不逾闲，小德出入可也。"（《论语·子张》）董仲舒引孔丘②的这段话解释经权。经是大德，在不可以然之域，就是说，不在可以行权的范围之内，这是在任何情况下都必须遵守的。权是小德，小德是在可以行权范围之内的。在这个范围之内，可以行权。行权必然要违反一些原则，但违反这些原则的目的，是为了合乎更高的原则（"尚归之以奉巨经耳"）。

董仲舒讨论了伦理学中的三对范畴，志和功，义和利，经和权。在志和功这两个对立面中，董仲舒认为志是主要的，功是次要的。在义和利这两个对立面中，董仲舒认为义是主要的，利是次要的。在经和权这两个对立面中，董仲舒认为经是主要的，权是次要的。

第十一节　董仲舒的历史观

本书第二册讲过，秦朝用邹衍的"五德转移，治各有宜"的说法，为它的统治找根据。这个说法的根本意思，汉朝的统治阶级还在利用。不过在实际应用的时候，有不同的意见。例如，汉所代表的是水德，或土德，或火德，在当时成为争论的问题。这种争论是很难解决的，因为无论怎么说，总都是主观的穿凿附会。

董仲舒另提出一种新的说法，以说明历史上的变化。照他的说法，一年十二

---

① 孔丘，《论语·子张》原作子夏，参看《论语译注》中华书局 2006 版，第 227 页。——编者注

② "孔丘"宜作"子夏"。——编者注

个月之中，有三个月可以作岁首（正月）。这三个月是子月（现在农历的十一月）、丑月（现在农历的十二月）和寅月（现在农历的正月）。每一个朝代都要重新规定以这三个月中的某月为岁首。这就是所谓"改正朔"。如果一个朝代以子月为岁首，这就是所谓"建子"。在这个月里，"大统气始施化物，物始动，其色赤"，所以"建子"的朝代就以赤色为上色（"尚赤"），这就是"易服色"。这样的一套，称为"正赤统"。如果一个朝代以丑月为岁首，这就是所谓"建丑"。在这个月里，"天统气始蜕化物，物始芽，其色白"，所以"建丑"的朝代就以白色为上色（"尚白"）。这样的一套，称为"正白统"。如果一个朝代以寅月为岁首，这就是所谓"建寅"。在这个月里，"天统气始通化物，物见萌达，其色黑"，所以建寅的朝代就以黑色为上色（"尚黑"）。这样的一套，称为"正黑统"。这就是所谓"三统"或"三正"。照董仲舒的说法，夏朝"建寅"，代表"正黑统"；商朝"建丑"，代表"正白统"；周朝"建子"，代表"正赤统"。继周的朝代必须"建寅"，代表"正黑统"。如此循环下去，周而复始。

董仲舒认为，每一个"新王受命"，建立新朝代以后，必需封其以前二代的后人为王，在其封地的范围之内，继承前二代的"正朔""服色"等。孔丘"受命"做"新王"；《春秋》代表"一王之法"。"故《春秋》应天做新王之事，时正黑统，王鲁，尚黑，绌夏，亲周，故宋。"（《三代改制质文》）《春秋》是鲁史，所以《春秋》做新王之事，即是以鲁为王。《春秋》继周的"赤统"，所以"尚黑"。周原来封夏之后于杞，殷之后于宋，各于其所封之地，行其"正朔"等。《春秋》既为"新王"，则推上去，以杞为后的夏，就不能称王了；这就是"绌夏"。为殷之后的宋，就离当时统治的王，《春秋》，远了；这就是"故宋"。周是《春秋》以上的前王，《春秋》仍封其后人，使继承"赤统"；这就是"亲周"。照董仲舒的说法，继周的王，并不是秦而是《春秋》。秦虽在事实上成了统一中国的王朝，但大不承认，是不合法的，不能算数的。这一套荒唐的幻想，就是上面所引第一科的"三指"的意义。

照董仲舒的说法，一个新的朝代，必须改正。"改正之义，奉元（苏舆云：疑作奉天）而起。……所以明乎天统之义也。其谓统三正者，曰：正者，正也。统致其气，万物皆应而正，统正，其余皆正，凡岁之要，在正月也。"（《三代改制质文》）这就是说，一个"新王"建立新朝代，这是新奉"天命"，统治老百姓，"改正"所以承"天统"，一种"正"承一种"天统"之气，能够"统致其气，万物皆应而正"。这是"天人感应"的神秘主义的又一种表现。

照董仲舒的说法，"三统"是"三而复"。还有"再而复""四而复""五而复""九而复"的各种东西，随着朝代的改变而改变。但改变是循环的，"复"

就是循环。

董仲舒一方面说："新王必改制"，因为照他所说，一个新朝代的王，是新受天命而来统治老百姓的。这个新王必须照着他所说的"三统"的次序有所变革，以表示自己是新受天命，这样才合乎"天志"。但是所改的，主要的是"徙居处，更称号，改正朔，易服色"等一些表面上的事情。此外，主要的是"有不易者"（《三代改制质文》）。董仲舒说："若夫大纲人伦、道理、政治、教化、习俗、文义，尽如故，亦何改哉？故王者有改制之名，无易道之实。"（《楚庄王》）这就是说，地主阶级用以维护剥削制度的整个上层建筑，是永恒的。整个上层建筑的基本原则就是"道"。董仲舒说："道者万世无弊，弊者道之失也。"（《汉书·董仲舒传》）就是说，道是不会错的，只有在失了道的时候才会有错。为什么"道"会有这样大的权威呢？董仲舒说："道之大原出于天。天不变，道亦不变。"（《汉书·董仲舒传》）所以他说："春秋之于世事也，善复古，讥易常。"（《楚庄王》）因此必须"法古"，而"法古"也就是"奉天"。这就是他所说的"奉天而法古"。

董仲舒认为，自然界的最高原则（"天"）是不变的；社会的最高原则（"道"）也是不变的。他虽承认有可变的东西，但其变也是循环的。这是典型的形而上学的宇宙观。这种形而上学的宇宙观，表现在董仲舒的历史哲学中就是唯心主义的历史循环论。

董仲舒的三统说的历史观，表面上类似于五德说的历史观，其实有根本的不同。五德说的历史观认为五行以相克相胜的原则，推动朝代的转变。五行的相克相胜，是历史转变的动力。一个统治的朝代为其以后的朝代所代替，是出于历史的必然。这种必然是机械的，不以人的意志为转移。这种历史观，在地主阶级争取政权的时候，有其一定的积极作用。在地主阶级已经取得政权以后，它不希望另一个阶级以机械的必然来替代它的统治。"五德转移"的说法对于它就不合适了。于是董仲舒代之以三统说。他所说的"三统"并不是历史转变的动力，只是"新王受命"的一种标志。"新王受命"完全是"天意"的决定；表现"天意"的"道"是永恒不变的。董仲舒吸收了五德说的历史观的一些思想资料，但加以改造，使之为已居统治地位的地主阶级服务。

第十二节　董仲舒的逻辑思想

在《春秋繁露》中，董仲舒接触到了一些逻辑问题。他说："《春秋》辨物之理，以正其名。名物如其真，不失秋毫之末。故名陨石则后其五，言退鹢则先其六。圣人之谨于正名如此。君子于其言，无所苟而已。"（《深察名号》）《春秋》僖公十六年记载："春，王正月戊申朔，陨石于宋，五。是月，六鹢退飞，过宋都。"《公羊传》说："曷为先言陨而后言石？陨石，记闻。闻其磌然，视之则石，察之则五。是月者何？仅逮是月也。……曷为先言六而后言鹢？六鹢退飞，记见也。视之则六，察之则鹢，徐而察之，则退飞。"这就是说，《春秋》的"五石、六鹢之辞"是以认识的程序为根据的。照《公羊传》所说，人对于五石、六鹢的认识，其程序有所不同。《春秋》按照这两个程序不同，有不同的记载。《春秋》的记载是客观情况的反映。董仲舒由此作出推论，认为《春秋》先分析了事物的"理"，根据这些"理"确定名的意义。名必须跟"理"完全相合，没有一点差异。他又说："名生于真，非其真弗以为名。名者，圣人之所以真物也。名之言真也。故凡百讥有黮黮者，各反其真，则黮黮者还昭昭耳。"（《深察名号》）这一段话的最末一句是说，一种事物，如果有了名，本来是不清楚的就可以清楚了。

董仲舒也谈到荀况所说的"共名"和"别名"的分别。共名他称为号；别名他称为名。他说："名众于号。号其大全，名也者，名其别离分散也。号凡而略；名详而目。目者，遍辨其事也；凡者，独举其大也。享鬼神者号一曰祭；祭之散名：春曰祠，夏曰礿，秋曰尝，冬曰蒸。猎禽兽者号一曰田；田之散名：春苗、秋蒐、冬狩、夏狝。"（《深察名号》）这就是说，号指一类事物的共同有的性质，这就是"独举其大"。名指一类事物中的各种事物所特有的性质，这就是"遍辨其事"。例如享鬼神这一类的事，号为祭。祭又依春、夏、秋、冬四时的不同分为四种。猎禽兽这种行为，号为田。田又依春、夏、秋、冬四时的不同分为四种。

董仲舒认为，一种事物如果有了名，原来是不清楚的就可以清楚。这种说法，作为一种逻辑思想，是正确的。如果这个名真是代表这种事物的概念，而这种概念又是反映这种事物的本质，原来是不清楚的确是可以清楚。名代表概念，概念都是一种抽象。毛泽东同志引列宁的话说："物质的抽象，自然规律的抽象，价值的抽象以及其他等等，一句话，一切科学的（正确的、郑重的、非瞎说的）抽象，都更深刻、更正确、更完全地反映着自然。"（《实践论》，《毛泽东选集》第一卷，人民出版社1952年版，第275页）董仲舒所说的名，也都代表一种抽象，但都是任意的、轻率的、瞎说的抽象。它并不反映事物的本质，并不是"生于真"。这种名并不能使我们对于事物的认识更清楚，而是使其更糊涂。例如他说："受命之君，天意之所予也，故号为天子者，宜视天如父，事天以孝道也。号为诸侯者，宜谨视所候奉之天子也。号为大夫者，宜厚其忠信，敦其礼义，使

善大于匹夫之义，足以化也。士者，事也。民者，瞑也。"（《深察名号》）他把
"诸侯"的"侯"了解为"伺候"的"候"；把"大夫"了解为"大于匹夫"；
把士了解为能办事；把"民"说成是"瞑"，是没有觉悟。这些都是真正的
瞎说。

董仲舒还认为名是"天意"的表现。他说："谪而效天地者为号；鸣而命者
为名。名号异声而同本，皆鸣号而达天意者也。天不言使人发其意，弗为使人行
其中；名则圣人所发天意，不可不深观也。"《深察名号》）照他这个说法，名是
"圣人"所制定的，"圣人"制名的根据是"天意"。

董仲舒认为"名"代表一种"理"，人应该由"名"以求理。他说："随其
名号，以入其理，则得之矣。"《深察名号》）因此，他认为名就是是非的标准。
他说："欲审曲直，莫如引绳，欲审是非，莫如引名。名之审于是非也，犹绳之
审于曲直也。诘其名实，观其离合，则是非之情，不可以相谰已。"《深察名
号》）在这里，他也讲到名实的问题。名与实有离合的问题，名与实可合不可
离。唯物主义认为名必须合乎实，要用实校正名。董仲舒恰好相反，他认为实必
须合乎名，要用名校正实。他把名放在第一位，把实放在第二位。

董仲舒把他的关于逻辑的理论很明显地跟他的唯心主义观点结合起来，跟封
建等级制度结合起来，又把这些理论跟他所说的神权结合起来。这是他的神秘主
义的思想在逻辑方面的表现。他的关于逻辑的理论是他的唯心主义、神秘主义体
系的一个组成部分。

第十三节　春秋公羊学和中国社会的两次大转变

在两汉以后，春秋公羊学没有人提了。一直到清朝末年，中国社会的第二次
大转变刚露出苗头的时候，春秋公羊学又出现了。1840 年鸦片战争前后的先进
人物，如魏源、龚自珍，都提倡过春秋公羊学。到"戊戌变法"的时候，康有
为更是以春秋公羊学为他的"变法"的理论根据。"托古改制"这四个字就是他
给孔丘安上的。

春秋公羊学出现在中国社会两次大转变时期，而不在其他时期。汉初出现的
春秋公羊学，为第一次大转变的结尾；清末出现的春秋公羊学为第二次大转变的
开头。这不是偶然的，这是因为春秋公羊学的基本精神是"改制"。

在汉初，董仲舒的春秋公羊学所说的改制，就是为以汉朝为代表的封建社会
制定一套上层建筑，为新出现的全中国封建社会的经济基础服务，使之巩固起

来，稳定下来，使中国社会循着封建社会的发展规律，稳步前进。这种作用是进步的还是反动的呢？

进步与反动是相对的形容词。先进与落后也是相对的形容词。社会的发展进步是按阶段进行的，经过一个阶段，才能进到另一个阶段，好像人走路，走了第一步，才能走第二步。在社会发展史中已出现和将出现的各种社会，就是这种阶段，每一种社会，同在它以前出现的那种社会比，都是先进。同在它以后出现的那种社会比，都是落后。即使共产主义社会也不是例外。共产主义社会也是社会发展史中的一个阶段，它不是社会发展的终点。社会发展是没有终点的。

有人可以说，公羊家所谓改制，无非是"徙居处，更称号，改正朔，易服色"等形式上的东西。董仲舒明确地说："若夫大纲、人伦、道理、政治、教化、习俗、文义尽如故，亦何改哉？故王者有改制之名，无易道之实。"（《楚庄王》）他认为"道"是不能改的，"天不变道亦不变"。不易道而改制，那算什么改制？

要知道公羊家的历史任务是给中国封建社会制定一套上层建筑，他们所说的话，都是就封建社会说的。他们是在封建社会之内而不是在封建社会之外。就封建社会说，最大的变动是改朝换代，他们所说的改制，是就一个新的朝代说的。一个新的朝代所能改的，也就是那些形式上的事情。至于所谓大纲人伦，那都是从属于生产关系一类的东西。如果生产关系没有改变，那些大纲人伦是不能变的。如果变了，社会也就不是封建社会了。在封建社会中，无论什么朝代，对于封建的生产关系是不能改变的，也不知道要改变，因为它们本身就是封建生产关系的产物。

公羊家也并不是没有他们的乌托邦式的空想，何休所说的"三世"，就是封建社会中的乌托邦式的空想。

公羊家为中国社会所制定的上层建筑，是好呢，还是坏呢？所谓好坏也是相对的，一种社会的上层建筑，如果能巩固那种社会的经济基础，它就是好的。如果不能，它就是坏的。上层建筑的好坏，就看它对于经济基础是否合适。公羊家为中国封建社会所制定的上层建筑是不是合适呢？是合适的。上边已经说过，董仲舒所说的"三纲"对于当时中国社会的经济基础是合适的。中国历史中的实践也证明这个上层建筑是合适的。也许太合适了，所以我们在反封建的时候，要批判它，就觉得要多费一点功夫。好比一座房子，如果盖得很坚固，拆的时候就觉得很费力。但不能由此得出结论说，盖房子就不应该坚固，就只能盖地震棚式的房子，以便随时都可以拆掉。

在清朝末年，春秋公羊学第二次出现的时候，就是要开始拆房子的时候。戊戌变法的最激进的代言人谭嗣同称封建的上层建筑为"网罗",声称要"冲决网罗"。(见《仁学》)这是新的经济基础已开始出现的信息。新的经济基础需要新的上层建筑。原来保护落后的经济基础的上层建筑,就成为"网罗",成为束缚人的绳索了。

我们生活在比封建社会更先进的社会,回顾过去,当然说过去封建社会中的一切都是落后的,但不可忘记它也有着先进的时候。

第二十八章 《礼记》与中国封建社会的上层建筑

第一节 《礼记》其书

董仲舒的春秋公羊学以"托古改制"的精神为建设封建社会的上层建筑制定了一个理论性的纲领。其他儒家的人（可能是公羊学派也可能不是）为上层建筑各个领域内的具体节目、条文做了具体的工作。这种工作大部分是取材于他们所掌握的文献资料而予以新的解释，使之有新的内容、新的意义，以为新社会服务。这种解释他们称为"义"。"义"有原理、原则和意义的意思。例如有婚礼，就有婚义为其原理、原则或理论的根据。这些儒家的贡献，不在于重提旧社会的婚礼，而在其赋予新"义"。这也是"托古改制"的一种形式。

用当时的话说，上层建筑可以笼统地称为"礼乐"，更笼统一点可以简称为"礼"。汉朝的这一类讲上层建筑的著作，统称为讲"礼"的著作。这些著作的总集就是《汉书·艺文志》礼类所著录的《礼记》一百三十篇。《艺文志》还著录有《明堂阴阳记》三十三篇，《孔子三朝记》七篇，《王史氏记》二十一篇，《乐记》二十三篇。这五种合起来共有二百一十四篇。现在传下来的有汉朝的两个选本：一是戴德的选本，称为《大戴礼记》；一是戴圣的选本，称为《小戴礼记》。《小戴礼记》似乎是《大戴礼记》的选本，所以两个选本没有重复的篇。现有的《大戴礼记》是《小戴礼记》选剩下来的那些著作。一般所说的《礼记》就是《小戴礼记》。

第二节 关于冠礼和婚礼的"义"

《礼记》中以"义"为题者七篇：《祭义》《冠义》《昏义》《乡饮酒义》

《射义》《燕义》《聘义》。除《祭义》外，其余六篇，都排在一起（第四十三至四十八篇）。这七篇似乎是成为一组，《祭义》所以排在第二十四，因为要同《祭法》（第二十三）和《祭统》（第二十五）排在一起。这一组可能是一个人或一派作的。

这位作者有一个关于礼的概论。他说："夫礼者，始于冠，本于婚，重于丧祭，尊于朝聘，和于乡射，此礼之大体也。"（《昏义》）这个概论，简明扼要地说明了礼在人生和社会中的作用，特别是冠、婚、丧、祭这四种礼在人生中的作用。

一个人的一生之中有两件大事，一件是生，一件是死。死是生的终结，但却是人生中的大事。关于一个人的一生中的这件大事，这个人是无法处理的，因为他已经死了。他虽没有权利处理他自己的这件大事，但有义务处理他的先人的这件大事。他处理他的先人的这件大事；他的后人也要处理他死后的这件大事。这件大事的节文、仪式就是丧、祭礼。丧、祭礼之所以重要，因为它所处理的是人生中的一件大事。

人的生是从他的生日就开始了。从生物学的意义上说是如此。但从社会的意义说，这还不是正式的开始，因为在他还是婴儿或孩子的时候，他还不能作为社会的一个正式成员。我们中华人民共和国的宪法也明文规定，一个人满十八周岁，才能成为国家的公民，才能享受选举权和被选举权，才能结婚。当一个人成年，开始成为社会正式成员的时候，社会或家庭是否应以一种仪式，以表示承认和庆祝呢？古代有这种仪式，这就是冠礼。所以说"礼始于冠"。

古代男子到了一定的年龄，他的家庭就为他举行一种仪式，给他戴上表示一定身份的帽子，好像欧洲封建社会的国君即位，举行"加冕"仪式那样，这就是冠礼。

《冠义》对于冠礼的一个节目解释说："故冠于阼，以著代也。醮于客位，三加弥尊，加有成也。已冠而字之，成人之道也。""阼"是一个房子中的主人的位。在给被加冠的人加冠的时候，让他站在主人的地位，这表示他已经有了做接班人的资格了，"代"就是接班的意思。以后又让他站在客位，向他敬酒，再加帽子。这表示他已经取得了和社会上别的家庭成员对等的地位，所以待以宾客之礼。以后还给起一个"字"，以表示他的名字已成为"讳"，人们不敢随便叫他的名，这表示他已经"成人"了。

已经"成人"，"见于母，母拜之，见于兄弟，兄弟拜之。成人而与为礼也"。被加冠的人于礼成之后，去见他母亲，他母亲也要对他回拜。去见他的弟兄，他的弟兄也要向他下拜，以表示祝贺和敬意，然后他就以"成人"的资格出去拜客。先见国君，以及邻居父老。他们见了他当然也要有一番祝贺。

《冠义》接着说："成人之者，将责成人礼焉也。责成人礼焉者，将责为人子，为人弟，为人臣，为人少者之礼行焉。"就是说，社会或家庭承认他为正式成员，就要求他尽社会或家庭的正式成员的义务，负起正式成员的责任，这才是他的"生"的正式开始。

《礼记》中的《昏义》说："昏礼者，将合二姓之好，上以事宗庙，而下以继后世也，故君子重之。"就是说，男女结婚的作用，是上以继承对于祖先的祭祀（"事宗庙"），下以传种接代（"继后世"），前者的作用是社会的，后者的作用是生物的，后者的作用是主要的，因为"继后世"，所继者不仅是结婚者自己的"后世"，也是祖先的后世。继祖先的后世也是"事宗庙"的主要任务。这是从维护封建的家族制度来说明婚姻的意义。这个意思，在《礼记》别篇中也有发挥。

《哀公问》说："天地不合，万物不生。大昏，万世之嗣也，君何谓已重焉？"《昏义》说："舅姑先降自西阶，妇降自阼阶，以著代也。"《郊特牲》说："昏礼不贺，人之序也。"《曾子问》说："嫁女之家三夜不息烛，思相离也。取妇之家，三日不举乐，思嗣亲也。"

当时婚礼中的这些习惯仪式都有其社会的根源。但照《礼记》诸篇的解释，这些习惯、仪式都与传种接代有关系。"舅姑"是新妇的公婆；西阶是宾客走的台阶，阼阶是主人走的台阶。新妇入门升堂以后，公婆从西阶走下来，这表示公婆把家传给他们的接班人了。婚礼有老一辈向晚一辈"办交代"（"以著代"）的意义。从家族的观点看是如此，从生物学的观点看，人结婚为的是生子生孙以继后嗣。从这些方面看，结婚并不是可贺的事。它是人"预备后事"中的主要的一项。它是跟预备棺材同样可悲。所以"取妇之家，三日不举乐"，"昏礼不贺"。

《礼记》从生物学的观点以解释当时的婚礼；但是它们同时也强调结婚在封建家庭中建立夫权的意义。《郊特牲》说："天地合而后万物兴焉。夫昏礼，万世之始也。……信，妇德也，壹与之齐，终身不改，故夫死不嫁。男子亲迎，男先于女，刚柔之义也。天先乎地，君先乎臣，其义一也。……出乎大门而先，男帅女，女从男；夫妇之义，由此始也。妇人，从人者也。幼从父兄，嫁从夫，夫死从子。夫也者，夫也。夫也者，以知帅人者也。"婚礼是"万世之嗣"，也是"万世之始"。这都是说，结婚是为的传种接代，这两句话中的一字之差，也各有其意义。"万世之嗣"是就过去祖先的生命说的；"万世之始"是就将来自己的生命说的。从生物学的观点看，一个人的生命，是一个千万年生命的一个环节。结婚生子就是要继续千万年以来的生命（"万世之嗣"），也是要使自己的生命延长至千万年（"万世之始"）。这真正可以说是"继往开来"的任务。

以这种生物学的意义为基础，婚礼的习惯、仪式，又给结婚加上了很多的社会的意义。旧日结婚的一种习惯、仪式，是新郎亲自到女家迎接新妇，这就是所谓"亲迎"。照这种的解释，"亲迎"是表示新郎对于新妇的尊敬。《易经》的咸卦䷞，艮下兑上。艮为少男；兑为少女。少男居少女之下，是"取女吉"（卦辞）之象。《彖辞》说："咸，感也。柔上而刚下，二气感应以相与，止而说，男下女，是以亨利贞，取女吉也。"婚礼中的"亲迎"就是表示"男下女"之义。照这个解释，在夫妇关系的长期过程中，至少在开始时，男有象征性的"下女"的一段。但是《郊特牲》的解释不同。它所说的"男先于女"是说，男掌握主动；女处于被动的地位。"亲迎"是表示男的主动权。男到女家，接了女，出了女家的大门以后，这就是正式地"男帅女，女从男"，"夫妇之义"也就从此开始了。夫妇的关系是统治与属从的关系。《郊特牲》所说的夫妇的关系，《大戴礼记·本命》篇有更详细的发挥。

《本命》篇说："男者，任也；子者，孳也。男子者，言任天地之道，如（而）长万物之义也。故谓之丈夫。丈者，长也；夫者，扶也。言长万物也。知可为者，知不可为者。知可言者，知不可言者。知可行者，知不可行者。是故审论而明其别谓之知。所以正夫德也（原作者，依戴震校改）。女者，如也；子者，孳也。女子者，言如男子之教而长其义理者也。故谓之妇人，妇人伏于人也。是故无专制之义，有三从之道。在家从父，适人从夫，夫死从子，无所敢自遂也。故令不出闺门，事在馈食之间而已矣。是故女及日乎闺门之内，不百里而犇丧，事无独为，行无独成之道。参知而后动；可验而后言；宵夜行烛，宫事必量。六畜蕃于宫中，谓之信也。所以正妇德也。"在结婚以后，男女成为夫妇。夫有"夫德"；妇有"妇德"。为夫者能有独立的判断，能"长万物"，能"扶"他的妇。为妇者，只能"伏"于她的夫，做"馈食之间"的事，就是说，"围着锅台转"。这种理论是封建社会束缚妇女的绳索。她们于政权、神权和族权以外，还受夫权的压迫和统治。

《昏义》说："礼本于婚。"这个"本"字又如何解释呢？在儒家的典籍中，有许多地方都说，夫妇是人伦之本。这就是说：在"五伦"中，表面上看起来，似乎君臣、父子这两伦最重要，但它们还不是"五伦"的原始和根本。《昏义》自己说："男女有别，而后夫妇有义；夫妇有义而后父子有亲；父子有亲而后君臣有正。"易传中的《序卦》说："有夫妇然后有父子，有父子然后有君臣，有君臣然后上下礼义有所措。"《礼记》中的《中庸》说："君子之道，造端乎夫妇。"为什么是如此呢？它们所举的理由，都未必充分。最根本的理由，还是在封建社会的经济基础上。上面讲过，封建经济主要是以个体农民为生产单位的个体经济。其基础是农民个体户。在这样的一户中，一个农民是主要劳动力，率领他的妻子儿女进行生产。如果他不结婚，妻子儿女从何而来？没有妻子儿女，他就没有家，没有家，封建经济的生产单位就组织不起来，组织不起来，生产就不能进行。一直到现在，中国有许多地方，还都说结婚是"成家"。夫妇是人伦之始，就是因为它是个体农民的一家一户，是社会生产的最基层单位，是生产关系中最先有的生产关系。所以也是社会关系中最先有的社会关系。其他的生产关系和社会关系都以它为先决条件。这就是"本于昏"的那个"本"字的确切意义。

这是封建社会的经济基础的重要环节，所以封建社会的上层建筑就要巩固这个环节。例如"壹与之齐，终身不改"就是巩固夫妇关系的一种理论和措施。它是巩固封建社会的家庭和社会的一种纽带。当然，在封建社会的生产基础崩溃的时候，纽带就变成绳索。

第三节 关于丧、祭礼的"义"

《礼记》中没有以丧义为题的篇，但讲丧义的地方很多。也有些地方讲生、死的性质，讲生、死是怎么一回事，以作为丧礼的理论基础。《礼运》说："故人者，其天地之德，阴阳之交，鬼神之会，五行之秀气也。"又说："故人者，天地之心也，五行之端也，食味、别声、被色而生者也。""天地之德"和"天地之心"意思相同；"五行之秀气"和"五行之端"意思相同。总而言之，就是"人为万物之灵"的意思。

人是"阴阳之交"，"五行之秀气"，"食味、别声、被色而生者也"。这就是说，人是物质的产物，靠物质的东西的营养，才可以生存。人又是"鬼神之会"。《礼运》在上文说到，人死了以后，"体魄则降，知气在上"，"故天望而地藏也"。照这个说法，人之死是"体魄"和"知气"的分离；人死，"体魄"归于地，"知气"归于天。人之生是"体魄"与"知气"的结合。"体魄"为"鬼"；"知气"为"神"；二者的结合就是"鬼神之会"。《礼运》所说的这个意思，在《礼记》别篇中，有更详细的说明。《檀弓》说：延陵季子于葬其子的时候说："骨肉复于土，命也。若魂气则无不之也。"《郊特牲》说："魂气归于天；形魄归于地。故祭，求诸阴阳之义也。""魂气"就是《礼运》所说的"知气"；"形魄"就是《礼运》所说的"体魄"，也就是《檀弓》所说的"骨肉"。《祭义》说："气也者，神之盛也，魄也者，鬼之盛也。合鬼与神，教之至也。""众生必死，死必归土，此之谓鬼。骨肉毙于下，阴为野土。其气发扬于上，为昭明焄蒿凄怆，此百物之精也，神之著也。因物之精，制为之极，明命鬼神，以为黔首则。百众以畏，万民以服。"照这里所说的，所谓"体魄""形魄"就是人的肉体。人死，肉体归土。所谓"鬼"就是"归"的意思。所谓"知气""魄气"是一种气；这种气是"百物之精"，如稷下黄老学派所说的"精气"。这就是所谓"神"。人活着的时候，"精气"与"形魄"相结合，这就是所谓"鬼神之会"。人死的时候，"精气"与"形魄"分离，精气升于天，形魄归于地，形成了"鬼神之会"的分离。

《郊特牲》又说："鬼、神，阴、阳也。"这是说，"魂气"是由阳气构成的，"形魄"是由阴气构成的。二者结合，形成了人的生命，所以说是"阴阳之交"。人死以后，又还原于阴阳二气，称为鬼神。

以上是《礼记》对人的生死以及鬼神所作的基本的解释。这些解释显然是受了稷下黄老学派的影响。但也可以看出，因为这种说法，实际上是形、神二元论，也可说是一种物活论。他们又夸大了稷下黄老学派的缺点。这里有一个问题，人死以后的魂气，是还原为一般阳气呢？或者是仍然保留张三或李四的个性，成为张三或李四的"灵魂"呢？这就牵涉到，人死后有知或是无知的问题。世俗所谓鬼，就是指张三或李四死后有知的灵魂。《礼记》所谓鬼，显然不是这个意思。照它所说，一个人死后，他的魂气还原为一般的阳气；这就肯定人死后是无知的。《祭法》说："大凡生于天地之间者，皆曰命。其万物，死皆曰折。人死曰鬼。"这就是说，鬼只是人死的名称，犹如"折"是人以外的其他生物死的名称。并不是人死以后还有一种如世俗所谓灵魂的存在叫做"鬼"，正如人以外的其他生物死以后不能还有一种存在叫做"折"。人和其他生物生存的时候，都叫"命"。《大戴礼记·本命》说："分于道谓之命。形于一谓之性。化于阴阳，象形而发，谓之生。化穷数尽谓之死。故命者，性之始也；死者，生之终也；有始则必有终矣。"（原作"命者，性之终也，则必有终矣"。依王念孙校改）下文说："一阴一阳然后成道。"这里所谓道就是阴阳，这里所说的"道""命""性"等概念，都有一定的唯物主义的内容，可以同《祭法》所说，互相参考。

墨翟批评儒家说："执无鬼而学祭祀，是犹无客而学客礼也，是犹无鱼而为鱼罟也。"（《墨子·公孟》）对于墨家的这种批评，荀况和《礼记》各篇的作者们作了详细的解答。他们提出了一种理论，给原来关于丧、葬的一些宗教仪式以新的解释。但是《礼记》各篇的作者们和荀况还有不同。

荀况明确地认为人死后无知，但还是需要丧、祭祀。丧、祭祀的目的，是使生者的情感得到安慰，并不是认为死者有知还能享受。荀况总论丧礼说："礼者，谨于治生死者也。生，人之始也；死，人之终也。终始俱善，人道毕矣。故君子敬始而慎终，终始如一，是君子之道，礼义之文也。夫厚其生而薄其死，是敬其有知而慢其无知也。……故死之为道也，一而不可得再复也，臣之所以致重其君，子之所以致重其亲，于是尽矣。……丧礼者，以生者饰死者也，大象其生以送其死也。故事死如生，事亡如存（据郝懿行校改），终始一也。……故丧礼者，无它焉，明死生之义，送以哀敬而终周藏也。……事生，饰始也；送死，饰终也。终始具而孝子之事毕，圣人之道备矣。刻死而附生谓之墨，刻生而附死谓之惑，杀生而送死谓之贼。大象其生，以送其死，使死生终始，莫不称宜而好善，是礼义之法式也，儒者是矣。"（《荀子·礼论》）荀况关于丧礼的理论，也是《礼记》的作者们所主张的。《礼记》中《问丧》更加以肯定说："此孝子之志也，人情之实也，礼义之经也。非从天降也，非从地出也，人情而已矣。"

荀况一方面坚持无鬼论，一方面又主张厚葬和祭祀，认为这样可使生者的情感得到安慰。《礼记》继承荀况的说法，但是强调生者情感上的安慰。因此，对于人死后有知或无知的问题，采取了两可的说法。

古来用人殉葬，并为死者预备生活用的器具，其意以为，死者灵魂继续存在，还要继续"生活"。但后来这些器具只是一种象征性的东西，称为明器。《檀弓》解释说："之死而致死之，不仁而不可为也，之死而致生之，不智而不可为也。是故竹不成用，瓦不成味，木不成斫，琴瑟张而不平，竽笙备而不和，有钟磬而无簨虡。其曰明器，神明之也。"又说："孔子谓为明器者，知丧道矣，备物而不可用也。"这是从人的理智和情感两方面说明"明器"的意义。专从理智的观点以待死者，断定其无知，这是"不仁"；专从情感的观点以待死者，断定其有知，这是"不智"。折中于二者，为死者"备物而不可用"。为之"备物"，希望死者还能用之，这是生者情感的期望；但是这些物又"不可用"，因为生者的理智明知死者不能用之。

《檀弓》又说："仲宪言于曾子曰：'夏后氏用明器，示民无知也。殷人用祭器，示民有知也。周人兼用之，示民疑也。'曾子曰：'其不然乎！其不然乎！夫明器，鬼器也。祭器，人器也。夫古之人胡为而死其亲乎。'"曾子不赞成仲宪的说法。他认为，并不是在理智上对于死后有知或无知的问题有所怀疑，而是从情感上不忍认为其亲已死。这是说，人死后有知或无知，可以不必简单地肯定，只要情感需要，就应祭祀。刘向《说苑》记载说："子贡问孔子：'死人有知无知也？'孔子曰：'吾欲言死者有知也，恐孝子顺孙妨生以送死也。欲言无知，恐不孝子孙弃不葬也。'"（《辨物》）这是汉朝儒家流行的说法，与《礼记》

的观点是一致的。这种观点，实际上是帮助了有鬼论。因此，后来遭到了无神论者王充的批评。王充指出，儒家的错误，在于为了推行孝道，而"不明死人无知之义"（《论衡·薄葬》）。

《昏义》说："夫礼始于冠，本于昏，重于丧祭，尊于朝聘，和于乡射，此礼之大体也。""朝聘"指诸侯向天子朝拜，天子向诸侯送礼，以及各诸侯之间互助送礼访问。在这种场合下所行的礼，就是朝聘之礼。在民间，一乡的人按时举行宴会，宴会之后举行射箭比赛。在这种场合下所行的叫"乡饮酒礼"和"射礼"。《昏义》的作者用"尊""和"两个字说明这些礼的意义。"尊"指封建社会里的等级制度，在封建社会里有尊、卑、贵、贱各种等级，"尊"就是强调这些等级的分别。有了这些等级的分别，就有由等级分别所发生的矛盾。如果矛盾激化，封建社会就不能巩固。所以封建统治者又要调和矛盾，"和"就是调和矛盾。封建统治阶级既要维持封建等级又要调和由此而发生的矛盾。这就是《昏义》的作者所说的"尊"与"和"的意义。其实朝聘之礼和乡射之礼都有这两方面的意义。《礼记》中的《乡饮酒义》《射义》《聘义》，都是这样说的。《昏义》的作者，把"尊"与"和"分开来说，这是"互文见义"。

《昏义》说，"重于丧祭"就是说：礼以丧祭为重点。为什么丧祭是重点呢？因为这两项礼都是关于人死的事。死是人生中的一件大事，一个人在一生中只能死一次，所以特别重要。这就是荀况所说的"一而不可再复也，故君子重之"。

这里反映出一个真正的哲学问题，那就是不死的问题。人都是要死的，可是又都不愿意死，希望不死，特别是个体的不死。究竟有没有不死呢？在西方哲学中，这是一个被广泛讨论的问题。康德把"上帝存在""灵魂不死""意志自由"，作为三大哲学命题。

其实，这又何必讨论呢？自然本来已经替一切的生物解决了这个问题；自然本来已经为一切生物安排了不死的办法。植物的开花结果，动物的繁殖生育，都是传种接代的办法。有了这种办法，各种生物都是不死的，而且是个体的不死。一个人所生的子女，确切就是他自己身体的延伸。人的结婚，就是实行这种办法，《昏义》说："昏礼者，将合二姓之好，上以事宗庙，而下以继后世也。"这就是老老实实地承认，照着自然所规定的办法，人就可以不死。

或者可以说，个体的不死，不但需要肉体的延伸，还需要意识的继续。照《礼记》中所说的，丧、祭礼的意义就在于此。丧、祭礼的主要意义是"事死如事生，事亡尤如事存"。（《中庸》）死者虽然死了，但又活在他子孙的心中。本来有奇才异能、丰功伟绩的人，都是社会所不能遗忘的。他们都活在人们的心中。可是，并不是每一个人都有奇才异能、丰功伟绩，他们不能活在人们的心中。如果他们的子孙对他们行丧祭礼，他们也活在他们子孙的心中。

由男女结婚所得的不死，是一切生物所同的。但人以外的其它生物，对于这点并没有自觉和理解。人有自觉和理解。《昏义》就表示这种自觉和理解，而且是更明确地说明这种自觉和理解。人为万物之灵，其灵就灵在这些地方。

第四节　关于孝的理论

儒家认为，结婚的功用，主要的是生子生孙，以继承祖先的生命和事业，为其"万世之嗣"。子孙若能完成这样的任务，就是能"嗣亲"，即为孝子贤孙。孝子"嗣亲"之道，谓之孝道。照儒家的说法，孝子"嗣亲"之道，可分为两方面：一为肉体方面，一为精神方面。其肉体方面，又可分为三方面：一方面是养父母的身体。另一方面须生子生孙以续传父母的生命，这一方面特别重要，孟轲说："不孝有三，无后为大。"（《孟子·离娄上》）再一方面是慎重保护自己的身体，因为这是父母的遗体。《祭义》说："天之所生，地之所养，无人为大。父母全而生之，子全而归之，可谓孝矣。不亏其体，不辱其身，可谓全矣。故君子顷步而弗敢忘孝也。"专从这方面说，为了保护父母之遗体，什么危险一点的事都不可做了。这也不然，因为还有精神方面的孝。

精神方面的孝包括"先意承志，谕父母于道"（《祭义》）。就是说，要能顺从父母的意志，但于其有错误的时候，也要尽力规劝。更主要的是继承发展祖先的事业。《中庸》说："舜其大孝也欤！德为圣人，尊为天子，富有四海之内，宗庙飨之，子孙保之。"又说："武王周公，其达孝矣乎！大孝者，善继人之志，善述人之事者也。春秋脩其祖庙，陈其宗器，设其裳衣，荐其时食。……践其位，行其礼，奏其乐。故其所尊，爱其所亲。事死如事生，事亡如事存；孝之至也。"

这几个"其"字都是指祖先父母。当春秋祭祀的时候，子孙们把祖先的庙堂收拾一新，摆开祭祀用的器皿，把祖先父母穿过的衣服都陈列出来，献上合乎时令的食品。子孙们站在从前祖先父母站过的位置上，行他们所行的礼，奏他们所奏的乐，尊敬他们所尊敬的人，亲爱他们所亲爱的人。他们已经不在了，但是子孙们仍然像他们在世一样，侍奉他们。这就使他们仍然活在子孙们的心中。

这种精神方面的孝是"大孝""达孝"，较肉体方面的孝更为重要。《祭义》说："孝有三：大孝尊亲；其次弗辱；其下能养。"这就是说，大孝的人，能使父母因自己而受到人们的尊敬；其次是不使父母因自己而受人们的辱骂；再其次是能养活父母的身体。前二者是精神方面的孝，这是首要的。后者是肉体方面的孝，这是次要的。

封建社会的国，是家的放大。人们对于国家的道德是忠。忠是孝的放大，是以孝为基础的。

《大戴礼记·本命》篇说："资于事父以事君而敬同。贵贵，尊尊，义之大者也。……资于事父以事母而爱同。天无二日，国无二君，家无二尊，以治之也。"《孝经》说："资于事父以事母而爱同；资于事父以事君而敬同。故母取其爱，而君取其敬，兼之者，父也。故以孝事君则忠，以敬事长则顺。忠顺不失，以事其上，然后能保其禄位而守其祭祀，盖士之孝也。"这就是说，"父"是家庭的最高主宰，"子"对之只有服从。"君"是国家的最高主宰，"臣"对之只有服从。《礼记》和《孝经》用这样的理论，把"孝"和"忠"联系起来，也就是把族权和政权联系起来。

孝道虽然也反映了人生的一些普遍的问题，表现了人生中的一些普遍的愿望，但是，作为封建社会的上层建筑是以"家"为出发点的。封建社会的经济基础，以个体农民生产户为基本生产单位。这些户是封建社会生产的基层组织，封建社会的上层建筑，都以巩固这种组织为目的。孝是其中的一个主要部分，孝是以家为基础的。没有封建社会中的家，也就没有封建社会中的孝。孝，真正是一种封建道德。

但在中国哲学中，这个家的内容也逐渐扩大。如《礼记·礼运》篇说："圣人以天下为一家，以中国为一人。"到了宋明道学，张载的《西铭》就以宇宙为一家，以乾坤为父母，人的一切道德行为，都是向乾坤尽孝。这就把孝道的范围扩充到最大的限度。但这并不说明这些哲学家们已经打破了家的范围，只是说明他们还是用封建社会的家的观念来理解世界和宇宙。只有封建社会的经济基础变了，人们才可以完全不需要以家为基础的上层建筑。

封建社会的上层建筑随着封建社会一去不复返了，但是传种接代和继志述事仍然是人生的大事。没有传种接代，人类就要灭亡；没有继志述事，社会就不会发展。每一个个人总是社会的一个成员，人类的一个成员，再扩大一点说，是宇宙的一个成员。这样，他就承继为个人、为社会、为人类传种接代的义务，担负继志述事的责任。不过在不同的社会制度中，这些义务和责任将以不同的形式表现出来。

第五节　礼是变动的

《礼记》中有一篇题名为《礼运》。"运"就是运动变化的意思，这篇一开始就用孔丘的话说："大道之行也，与三代之英，丘未之逮也，而有志焉。大道之行也，天下为公，选贤与能，讲信修睦。故人不独亲其亲，不独子其子，使老有所终，壮有所用，幼有所长，矜寡孤独废疾者皆有所养。男有分，女有归。货，恶其弃于地也，不必藏于己；力，恶其不出于身也，不必为己。是故谋闭而不兴，盗窃乱贼而不作，故外户而不闭。是谓大同。今大道既隐，天下为家。各亲其亲，各子其子，货力为己。大人世及以为礼，城郭沟池以为固。礼义以为纪，以正君臣，以笃父子，以睦兄弟，以和夫妇，以设制度，以立田里，以贤勇知，以功为己。故谋用是作而兵由此起。禹、汤、文、武、成王、周公，由此其选也。此六君子者，未有不谨于礼者也。以著其义，以考其信，著有过，刑仁讲让，示民有常。如有不由此者，在势者去，众以为殃。是谓小康。"这就是说，有两种社会：一种叫"大同"，一种叫"小康"。照它所描写的大同社会就是原始共产主义社会，在这种社会中，人们还没有私有财产，还没有家庭，还没有阶级的对立，还没有道德，也还没有战争。在小康的社会中，有私有财产，有家庭，有阶级的对立，有战争。当时的"圣人"能用"礼"加以制约调和，也能使这种社会继续存在。

也可以说，按狭义的礼说，大同社会是"无礼"的社会。小康社会是"有礼"的社会。但就广义的礼说，无礼也是一种礼。所谓大同社会也是一种社会，也有它的社会秩序，像《礼运》所描写的那样。从无礼的社会到有礼的社会，这就是"礼运"。

《礼运》所描写的大同那一段，在中国近代史中经常为当时的先进人物所引用，认为是社会进步的理想。康有为引用它，孙中山也引用它，其实，他们所理想的和《礼运》所描写的并不是一回事。他们所理想的是经过社会主义革命才能实现的共产主义社会。《礼运》所描写的是原始共产主义社会。一个是对于未来的向往，一个是对于过去的回忆，真正的共产主义社会和原始共产主义社会表面上有类似之处，但本质上是不同的。原始共产主义社会是还没有私有财产，还没有阶级，没有战争的社会。真正共产主义社会是已经消灭了私有财产，消灭了阶级，消灭了战争的社会。从"尚未有"到"已有"这中间要经过许多阶段，许多环节。这就叫"发展"。"发展"有进步、进化的意思。《礼运》把原始共产主义社会作为理想的社会，称为"大同"，把封建社会的"小康"看做是退步、退化。所以不能说它认识到礼是发展的。它认识到礼是变动的，但没有认识到这个变动是发展的。

能够认识到礼是变动的，能够以"礼运"作为它的标题，这就是很了不起的了。在儒家的传统中，禹、汤、文、武、成王、周公等，都是圣人，他们的政治都是最完善的，称谓"至治"。而《礼运》认为他们的时代却是"大道既隐"的时代，这也是很不容易的。

《礼运》于最初二段以下就专讲"小康"社会的礼了。它大概认为，"大同"是一去不复返了，那就只好专讲"小康"了。它所讲的是它所认为贯穿各种礼之中的根本原则，《礼运》这一篇是关于礼的通论，如果用《昏义》《祭义》等题目为例，这一篇可以称为《礼义》。

《礼运》说："夫礼，先王以承天之道，以治人之情。"又说："圣人作则……人情以为田。"又说："故礼义也者，人之大端也……所以达天道，顺人情之大窦也。"又说："故圣王脩义之柄、礼之序，以治人情。故人情者，圣王之田也。"《礼运》认为，礼是"顺人情"的，也是"治人情"的。这就是说，人情是礼的基础，也是礼的教育的对象。好比一块农田，农民种植农作物必须以农田为基础，但管理农作物又必须以农田为管理的对象。

什么是人情？《礼运》说："何谓人情？喜、怒、哀、惧、爱、恶（去声，下同）、欲，七者弗学而能。"下文又把这七情归结为二种，一种是"欲"，一种是"恶"。《礼运》说："饮食男女，人之大欲存焉。死亡贫苦，人之大恶存焉。故欲恶者，心之大端也。"《礼运》认为，礼必须顺人情，就是说，必须顺从人的欲恶。礼又治人情，就是说必须管理人情，使之有一定的节制。

《礼运》认为，治人情必须有个标准，这个标准就是人义。它说："何谓人义？父慈、子孝、兄良、弟弟、夫义、妇听、长惠、幼顺、君仁、臣忠十者谓之人义。"这里所说的是人与人的关系，就是所谓"人伦"。在人伦之中，每个人都有他的一定的地位，一定的责任。这一定责任的完成就叫"义"。《礼运》说："故圣王脩义之柄、礼之序，以治人情。""义"是道德的原则；礼是道德原则的节目和秩序。"圣王"把道德的原则作为一个把柄，以制定表现这个原则的节目或秩序，用以"治人情"。

《礼运》认为"义"是"礼"的基础，礼是义的表现。它说："故礼也者，义之实也，协诸义而协，则礼虽先王未之有，可以义起也。"就是说，礼是以义为根据的，"圣王"可以根据义来制定新的礼，也可以根据义改变旧的礼。在这后半句它没有明说，但是它有这个意思，因为它在上文说，礼是"变而从时，协于分艺"。义的一个意思就是宜。"变而从时"，就是说它宜于一个时代，时代变了它也要跟着变。"协于分艺"，就是说它必须和"分艺"相合。这八个字，就是"礼运"的基本内容。

什么是"分艺"？向来的注解都不能解决问题，可以说都不得其解。照字面上讲，"艺"就是技艺或技术，"分"就是范围、程度。下文说："义者，艺之分，仁之节也。""协于分艺"就是"变而从时"的注解。就是说，礼要宜于时。时是一个空泛的名词，更确切一点说，就是宜于当时的技艺、技术，下文接着说："其居人也曰养。其行之以货力辞让饮食，冠昏丧祭射御朝聘。"这里所说的技艺、技术，都是与"养"有关系的。如"货力""饮食"之类。可见，如果没有"货力""饮食"，"冠昏"等礼都是不能行的。

《礼运》在开始的几段中说："昔者先王未有宫室，冬则居营窟，夏则居橧巢。未有火化，食草木之实，鸟兽之肉，饮其血，茹其毛。未有麻丝，衣其羽皮。后圣有作，然后脩火之利，范金合土，以为台榭宫室牖户，以炮以燔，以亨以炙，以为醴酪，治其麻丝，以为布帛，以养生送死，以事鬼神卜帝，皆从其朔。"这里所说的，是人类社会在经济方面发展的过程。礼亦表现这个过程，这就是所谓"皆从其朔"，"朔"就是"初"的意思。

照这样的解释，《礼运》认为，礼是随时代的变动而变动的。时代的变动以经济的发展为其主要内容，经济的发展，是随着生产技术发展而发展的。这就把"礼运"的原则建立在一个坚定的基础之上。这个道理是太好了，对于汉朝人说是太高了，我不相信汉朝的"礼运"能达到这样的高度。这个解释未必正确，但很新奇，所以也写在这里，以备一说。

《礼记》的别篇中，也有认为"中"是礼的标准。《孔子闲居》中说："礼乎礼，夫礼所以制中也。"礼为人情定下一个中道。就个人说，感情的发泄，必须恰到好处，这就是"中"；超过"中"就是太过，压制感情使之不能发泄，这就是不及。太过是不对的，不及也是不对的。就社会说，有些人的感情发泄太过，有些人的感情不能发泄，制礼的人，定出一个平均数，这个平均数就是"中"。《礼记》中的《三年问》说，照丧礼的规定，一个人要为他的父母服丧三年。为什么是三年呢？这是一个平均数，有些不孝的子孙，他们的父母刚死就被忘记，这是不对的。有些孝子贤孙，终生悲痛，这也是不对的。制礼的人以三年作为一个平均数，这个平均数就是三年，实际上是二十五个月，是过了三个年头。

《三年问》和《荀子》中的《礼论篇》的一段，字句完全相同，可能是从《荀子》中抄过来的。

第六节　《乐记》

儒家重视艺术的政治作用，特别是音乐的政治作用。孔丘认为乐和礼同样重要。关于乐，他曾评论说："《韶》尽美矣，又尽善也"，"《武》尽美矣，未尽善也"（《论语·八佾》）。这是说，好的音乐，不仅要有艺术性（美），而且要有政治性（善）。但是他还没有提出一套关于乐的一般原则的理论。荀况于《礼论》之外又作《乐论》，论乐的起源、性质及其在政治上的作用，用以反驳墨家的"非乐"。到汉武帝的时候，"河间献王好儒，与毛生等共采周官及诸子言乐事者，以作《乐记》"（《汉书·艺文志》）。《汉书·艺文志》著录《乐记》二十三篇。小戴《礼记》中的《乐记》就是从这二十三篇中选出来的；原来是十一篇，合为一篇（孔颖达疏引郑玄说）。这十一篇原来有"乐本""乐论""乐情"等题目。《乐记》所讲关于乐的理论，又见于《史记》中的《乐书》和刘向《说苑》中的《修文》篇。其中可能包括一些先秦时代讲乐的思想材料，但基本上是秦到汉初的儒家的作品。

《乐记》开始说："凡音之起，由人心生也。人心之动，物使之然也。感于物而动，故形于声。声相应，故生变。变成方，谓之音。比音而乐之，及于戚羽旄，谓之乐。"这是关于乐的起源（"乐本"）的理论。《乐记》认为，人心受了外物的感动，就有对于外物的知觉。《乐记》说："物至知知，然后好恶形焉。"此句中上一个知字指人的能知的官能，下一个知字指认识的活动。由对于外物的认识而有对于外物的喜好和厌恶。好恶引起喜怒等情感；人有不同的情感，即发出不同的声。《乐记》说："是故其哀心感者，其声噍以杀。其乐心感者，其声啴以缓。其喜心感者，其声发以散。其怒心感者，其声粗以厉。其敬心感者，其声直以廉。其爱心感者，其声和以柔。六者非性也，感于物而后动。"这些声，有高、下、清、浊的不同。不同的声的配合变化，合乎一定的规律（"变成方"）就成为音。用乐器奏出音，并且配上舞，就成为乐。

照《乐记》这里所说，"声""音""乐"三个不同的概念，指三种不同的东西。感于外物而发出不同的声，这是人和禽兽所共同的。音是人所特有的。乐是文化更进一步的产物。《乐记》说："是故知声而不知音者，禽兽是也。知音而不知乐者，众庶是也。唯君子为能知乐。"它所谓乐包括与音乐相配的跳舞。

《乐记》认为，人的音、声，是外物的反映，特别是政治生活的反映，因为政治对于人的影响是直接的、普遍的、深刻的。《乐记》说："凡音者，生人心者也。情动于中，故形于声。声成文谓之音。是故治世之音安以乐，其政和。乱世之音怨以怒，其政乖。亡国之音哀以思，其民困。声音之道，与政通矣。"这就是说，一个时代或一个国家的人的声音是其时或其国的政治的反映。

《乐记》认为，人心受外物的刺激而有一定的情感，由一定的情感而发出一定的音、声，反过来也可以用一定的音、声使人有一定的情感。这就是乐的教育的功用，也就是其政治作用。

《乐记》说："是故先王之制礼乐也，非以极口腹耳目之欲也，将以教民平好恶而反人道之正也。"《乐记》所说的"人道之正"，这个"正"，就是封建统治阶级的政治标准。"礼""乐"都是巩固封建统治和封建社会秩序的重要工具，二者配合起来，就能发生更有效的作用。礼的作用是分别封建社会中的等级差别。封建统治阶级的思想家也顾虑到，专注重等级分别，会使阶级的矛盾更加强化。他们认为乐注重和谐，有缓和阶级矛盾的作用，可以跟礼相辅而行。《乐记》说："乐者为同；礼者为异。同则相亲；异则相敬。乐胜则流；礼胜则离。合情饰貌者，礼乐之事也。礼义立则贵贱等矣；乐文同则上下和矣。……乐由中出，礼自外作。乐由中出故静；礼自外作故文。大乐必易；大礼必简。乐至则无怨；礼至则不争。揖让而治天下者，礼乐之谓也。"这一段话明确地说明，在巩固封建统治这个总目的之下，礼、乐的作用是相反而又相成的。礼的作用是分别贵、贱的等级；乐的作用是缓和上、下的矛盾。一是"为异"，一是"为同"。专讲等级差别，会使阶级矛盾强化（"礼胜则离"），专讲缓和矛盾，会使等级不分（"乐胜则流"）。所以必须乐以"合情"，礼以"饰貌"；二者相辅而行。《乐记》认为，"礼自外作"，这是从荀况的观点说的。孟轲认为，人的性本善，生来都有"辞让之心"，这就是"礼之端也"。从这个观点出发，礼也是"由中出"。《乐记》认为，礼是"圣王"所制定以"节人之欲"，所以是"自外作"。乐是人的情感的表现，所以是"由中出"。《乐记》也承认，统治总是统治，专靠礼乐还是不行，也要依靠暴力。"揖让而治天下"，不过是那么说而已。为了巩固封建统治，礼、乐之外，还要加上政、刑。《乐记》说："故礼以道其志，乐以和其声，政以一其行，刑以防其奸。礼、乐、刑、政，其极一也。所以同民心而出治道也。"又说："礼节民心，乐和民声，政以行之，刑以防之。礼、乐、刑、政，四达而不悖，则王道备矣。"归结起来，封建统治阶级统治老百姓，还是需要两手。礼、乐是"文"的一手；政、刑是"武"的一手。

《乐记》又说："天高地下，万物散殊，而礼制行矣。流而不息，合同而化，而乐兴焉。……故圣人作乐以应天，制礼以配地。礼乐明备，天地官矣。天尊地卑，君臣定矣。卑高已陈，贵贱位矣。动静有常，大小殊矣。方以类聚，物以群分，则性命不同矣。在天成象，在地成形。如此则礼者，天地之别也。地气上齐，天气下降，阴阳相摩，天地相荡。鼓之以雷霆，奋之以风雨，动之以四时，暖之以日月，而百化兴焉。如此则乐者，天地之和也。化不时则不生，男女无辨则乱升，天地之情也。及夫礼乐之极乎天而蟠乎地，行乎阴阳而通乎鬼神，穷高极远而测深厚。乐著大始，而礼居成物。著不息者，天也。著不动者，地也。一动一静者，天地之间也。故圣人曰礼云乐云。"《乐记》关于自然界的秩序和运动的说法是从《易传》取过来的。上所引的一段，有许多字句是直接从《周易·系辞》抄来的。照《乐记》说法，总起来说，礼是自然界（"天地"）秩序在社会生活中的体现，乐是自然界的运动在社会生活中的体现。分别地说，乐取法于天，礼取法于地（"乐由天作，礼以地制"），因为照当时的科学知识，天动，地静（"著不息者天也，著不动者地也"）。天地的动、静，相反相成，封建社会中的礼、乐也是相反相成。

《乐记》认为，礼、乐是自然界的秩序和运动在社会生活中的体现，由此以证明，封建统治阶级的这两个工具是合理的，其存在是永恒的。他们企图用自然现象说明社会生活。因此把自然现象社会化，甚至于神秘化了。《乐记》认为，既然礼、乐来源于天地的秩序及其化生万物的作用，那么，礼、乐也可以翻过来感动天地万物的变化。它说："夫歌者，直己而陈德也。动己而天地应焉，四时和焉，星辰理焉，万物育焉。"这就是天人感应的神秘主义。

《乐记》所讲的，主要的是音乐的政治标准及其政治作用。在这个中心思想上，它和荀况的《乐论》是相同的，但在《乐论》中，没有天人感应一类的思想。这是荀况的唯物主义精神的表现。不过他在《礼论》中讲到礼、乐的作用时也说"天地以合，日月以明"等，这是他的儒家思想的包袱。

《乐记》又说："人生而静，天之性也。感于物而动，性之欲也。……夫物之感人无穷，而人之好恶无节，则是物至而人化物也。人化物也者，灭天理而穷人欲者也。于是有悖逆诈伪之心，有淫佚作乱之事。……此大乱之道也。是故先王之制礼乐，人为之节。"这一段为后来宋、明道学家所经常引用。"天理""人欲"两个名词并且成为道学中的重要术语。《乐记》在这里所谓"天理"可能是指人的"大性"，即未被外物感动的心理状态。但这样也就把"天性"和"外物"对立起来，把"理"和"欲"对立起来，所谓"天理"，也有道德的意义，其内容也就是封建道德。

乐的本质是"和"。《乐记》中没有明确的词句，以说明这个正式的定义，它讲得最多的是乐的起源和乐的社会作用，特别是后者。因为它不是讲美学，而是讲上层建筑，所以它着重说明音乐是上层建筑的一个主要部分。但是《乐记》讲和的地方也是很多的。它说："大乐与天地同和，大礼与天地同节。"又说："乐者天地之和也，礼者天地之序也。和故百物皆化，序故群物皆别。"又说："然后发以声音，而文以琴瑟，动以干戚，饰以羽旄，从以箫管，奋至德之光，动四气之和，以著万物之理，是故清明象天，广大象地，终始象四时，周还象风雨，五色成文而不乱，八风从律而不奸，百度得数而有常，小大相成，终始相生，倡和清浊，迭相为经，故乐行而伦清，耳目聪明，血气和平，移风易俗，天下皆宁。"

从这些话看起来，《乐记》认为乐的本质是"和"，这是不成问题的。特别是"小大相成，终始相生，倡和浊清，迭相为经"，这些话说明了乐的"和"是怎样的一个"和"。乐是利用声的大小清浊不同，互相调配，以构成一个"和"。这是一个比较纯粹的"和"。作为一种上层建筑，它可以使人"血气和平，移风易俗"，以达到"天下皆宁"的目的，这是乐的社会作用。

《乐记》认为礼乐的本源是人情，它说："是故君子反（返）情以和其志，广乐以成其教，乐行而民乡方，可以观德矣。德者性之端也，乐者德之华也，金石丝竹乐之器也，诗言其志也，歌咏其声也，舞动其容也，三者本于心，然后乐器从之。是故情深而文明，气盛而化神，和顺积中而英华发外，惟乐不可以为伪。"又说："乐也者，情之不可变者也，礼也者，理之不可易者也。乐统同，礼辨异，礼乐之说，管乎人情矣。"这是说，"礼""乐"都是本于人情，但"声"是人情的直接表现，有什么情才能发出什么声；没有那种情，就不能发出那种声。所以礼还可以作假，而乐却不能作假（"不可以为伪"）。

第七节　《中庸》

《礼记》中的《中庸》，相传为孔丘之孙子思所作。司马迁说："子思作《中庸》。"（《史记·孔子世家》）荀况以子思、孟轲为一派（见《荀子·非十二子》）。《中庸》的思想，也确近似孟轲的思想，但《中庸》所反映的社会情况，有些明显地是秦朝统一以后的景象（见本册第二十八章第一节）。《中庸》所论命、性、诚、明诸点，也都比孟轲所讲的更为详细，似乎是孟轲思想的发挥。《汉书·艺文志》于《诸子略》儒家著录《子思》二十三篇；又于《六艺略》礼类著录《中庸说》二篇。可能《子思》中有《中庸》一篇，但《礼记》中的《中庸》显然是礼类中的《中庸说》。它可能是发挥《子思》中的《中庸》的思想，但并非一个人的著作，也不是一个时期的著作。

《中庸》也认为，"修身"是"治国""平天下"的根本。它说："知所以修身，则知所以治人；知所以治人，则知所以治天下、国家矣。"《中庸》也讲"慎独"。它说："莫见乎隐，莫显乎微，故君子慎其独也。"它讲的更多的是"诚"。这可见，《中庸》所讨论的问题跟《大学》所讨论的，有许多是相同的。但《中庸》发挥更多的是孟轲的观点。它从孟轲的观点提出了一些自然观方面的看法，作为它的"修身"的理论根据。

《中庸》首段说："天命之谓性，率性之谓道，修道之谓教。"这是说明人性的来源，及其与"天"的关系。孟轲说："心之官则思，思则得之，不思则不得也。此天之所与我者。"（《孟子·告子下》）心是天之所与，性亦是天之所与。心、性与天的关系如此，所以孟轲说："尽其心者，知其性也。知其性则知天矣。"（《孟子·尽心上》）《中庸》所说，与孟轲所说意思相同。"率性"就是顺性；顺性而行，就是"道"。照这个说法，"性"是人生来就有的道德品质，而"天"也有道德的意义。《中庸》的这两句"开宗明义"的话，简要地肯定了孟轲的唯心主义观点。照荀况的理论，人性是从"天"（自然）来的，但人性是恶的，所以人只能"化性起伪"，而不能"率性"而行。

"修道之谓教"的"修"是修房修路之修。将道修立起来就是教。《中庸》说："道也者，不可须臾离也。可离非道也。"道既是不可须臾离的，又何待于修？《中庸》对于这个问题有两点回答。

就第一点说，《中庸》认为，一般人不能须臾离道；他们时时都在行道；但他们并不自知其是如此。他们是"日用而不知"。他们是"终身由之而不知其道"。《中庸》说："人莫不饮食也，鲜能知味也。""教"的功用，就在于使人了解"道"是人所不可须臾离者，使人意识到他时时都在行道，就是在使人知味。《中庸》认为，道本来是人所不可须臾离的。人本来都时时在行道，就此方面说，道无须修，但就人的认识方面说，道则须修。

就第二点说，《中庸》认为一般人虽都时时在行道，但他们都不能尽道。"率性之谓道"，所以尽道就是尽性。《中庸》说："惟天下至诚，为能尽其性。"这不是不学而能的。教的功用，就是使人能"尽性"。能尽性则能尽道。《中庸》说："苟不至德，至道不凝焉。"尽性的人有至德；有至德就有至道；道或者无须修，但要有至道则须修。

"圣人"所知的道，也就是一般人所不可须臾离的道，不过是一般人由之而不知。"圣人"所得的至道，也就是一般人所不可须臾离的道，不过是将其行之至其极致。《中庸》说："君子之道费而隐。夫妇之愚，可以与知焉。及其至也，虽圣人亦有所不知焉。夫妇之不肖，可以能行焉。及其至也，虽圣人亦有所不能焉。""君子之道，造端乎夫妇，及其至也，察乎天地。"《中庸》认为，"造端乎夫妇"，是一般人所本来行的，此无须乎修而至。"察乎天地"，则须修而至。

《中庸》所说的"道"，是有其具体内容的。《中庸》说："天下之达道五，所以行之者三。曰，君臣也，父子也，夫妇也，昆弟也，朋友之交也。五者，天下之达道也。知、仁、勇三者，天下之达德也，所以行之者一也。"这里所谓"达道"，就是封建社会中的五种人与人的社会关系，即所谓"五伦"。这里所谓"达德"，就是封建社会中的个人的道德品质。《中庸》所说"率性之谓道"的

"道"，包括此二者。照"率性之谓道"的含义就是认为，所谓"五达道"和"三达德"，都是人性中所固有，也是人实际上或多或少都有的，但是人有之而不知，行之而不尽，所以需要"修"之。"修道"就是"教"，这个"教"指教育和教化。

《中庸》认为，这个道是本于人性的，不照着这个道就是违反人性。在封建社会中，人确实都在"君臣"等"五伦"的关系之中，照着这些关系所要求的规范生活，这些都是平常的事。平常的事称为"庸"。《中庸》就是要求封建社会中的人，都照着封建统治阶级的标准，过这样的日常生活。"所求乎子"，"以事父"，"所求乎臣，以事君"；"所求乎弟，以事兄"；"所求乎朋友，先施之"。这里所谓"求"，都是照着封建统治阶级的标准而办的。这就是所谓"庸德之行，庸言之谨"。在这种标准和要求下，封建社会中的人都安于他们的现状，"素富贵，行乎富贵；素贫贱，行乎贫贱；素夷狄，行乎夷狄；素患难，行乎患难。君子无入而不自得焉"。封建社会中的人，也都要安于他们的阶级地位，"在上位，不陵下；在下位，不援上；正己而不求于人，则无怨。上不怨天，下不尤人"。这样，封建社会就可以巩固起来。

《中庸》说："道之不行也，我知之矣。知者过之，愚者不及也。道之不明也，我知之矣，贤者过之，不肖者不及也。"在封建社会中，有些人还不能达到或者违反统治阶级的道德标准。例如，父母死要服丧三年。也有人认为太短，而要超过三年，《中庸》不能不承认这些人是"知者"和"贤者"，但是认为这些人是"太过"，是"偏至"。《中庸》认为，"太过"和"不及"都是一样地错。它要求，不要"太过"，也不要"不及"。无过，无不及，就是所谓"中"。

《中庸》说："喜怒哀乐之未发谓之中；发而皆中节谓之和。中也者，天下之大本也；和也者，天下之达道也。致中和，天地位焉，万物育焉。"喜、怒、哀、乐未发的时候，心无所偏倚，也无过、不及，所以谓之中。这是指一种情形，以为中之例证，并不必是说，只此是中。"发而皆中节"，亦是中。所以谓之和，因为照儒家的说法，和就是中的功用。孔丘说："君子和而不同；小人同而不和。"（《论语·子路》）同与异是反对的；和则包含异。合众异以成和。不过众异若成为和，则必须众异皆有一定的量度，各恰好如其量，无过亦无不及，此所谓得其中，亦即所谓中节。众异各得其中，然后可成为和。所以说"发而皆中节谓之和"。此亦是举一种情形，以为和之例证。并不是说，只此是和。

《中庸》认为，这种社会中的"和"是跟自然界中的"和"相适应的。它说："万物并育而不相害；道并行而不相悖；小德川流，大德敦化；此天地之所以为大也。"它认为自然界也是一个大和。所以说："致中和，天地位焉，万物育焉。"这个和并不是普通社会中人与人之间的和，所以，《易传》称之为"太和"；乾卦《彖辞》说："大哉乾元"，"保合太和，乃利贞"。《易传》和《中庸》都以它们所谓自然界的"太和"作为它们所主张的和的根据。《中庸》和《易传》的说法，有似于西方资产阶级哲学家所说的预先和谐论。

《中庸》又认为"修身"也须"知天"。它说："故君子不可以不修身。思修身不可以不事亲。思事亲不可以不知人。思知人不可以不知天。""天"的特点是什么呢？《中庸》说："天地之道，可一言而尽也。其为物不贰，则其生物不测。天地之道，博也，厚也，高也，明也，悠也，久也。""天地之道"的特点是"不贰"和"悠久"，总起来说，就是"诚"。"不贰"就是专一；专一是"诚"。"悠久"就是"无息"，"无息"也是诚。《中庸》说："至诚无息。"《中庸》又说："诚者，天之道也；诚之者，人之道也。诚者，不勉而中，不思而得，从容中道，圣人也。诚之者，择善而固执之者也。"这是说，"诚"是"天道"的本然，所以"不勉而中，不思而得"。"圣人"也可以达此境界。但就一般人说，则需"勉"而后"中"，"思"而后"得"；这样努力于为"诚"，即所谓"诚之"；这是"人道"。"择善而固执之"下文说："博学之，审问之，慎思之，明辨之，笃行之。……果能此道矣，虽愚必明，虽柔必强。"这样一系列的工夫，都是"明"的过程。下文接着说："自诚明谓之性，自明诚谓之教。诚则明矣，明则诚矣。"照《中庸》的说法，"天命之谓性"；性是自"天"而来，由这一方面说"明"的过程，也就是"性"的发展的过程；这是自"诚"而"明"。这也就是"率性之谓道"；但又有"修道之谓教"的过程。从这一面说，"道"又需有"教"以"修"之；这是自"明"而"诚"。这不是两个过程，而实是一个过程的两个方面。最后都达一个结果，所以说"诚则明矣；明则诚矣"。

《中庸》说："诚者，物之终始，不诚无物。是故君子诚之为贵。诚者，非自成己而已也，所以成物也。成己，仁也；成物，智也；性之德也，合内外之道也，故时措之宜也。"

由成己而成物，就是孔丘所说的，"己欲立而立人，己欲达而达人"（《论语·雍也》）。也就是孟轲所说的，"强恕而行，求仁莫近焉"（《孟子·尽心上》）。照《中庸》的说法，由此可以逐渐消灭"人""己"的界限，最后达到"合内外之道"。就是说对于有这种修养的人，主观和客观的分别已不存在。这当然只是一种主观的精神境界。

《中庸》认为，这是"性之德"。"教"不能于性外更有所加，不过助性使得尽量发展而已，性的尽量发展，即所谓尽性。《中庸》说："唯天下至诚，为能尽其性。能尽其性，则能尽人之性；能尽人之性，则能尽物之性；能尽物之性，则可以赞天地之化育；可以赞天地之化育，则可以与天地参矣。"照《中庸》的说法，人物之性都是由"天"之"所命"，同出于一源。所以能尽自己的性的人，也能"尽人之性"，"尽物之性"。照《中庸》的逻辑，也可以说，人尽其性，也就是尽人之性，尽物之性，因为它们都同出于一源。至诚的人，既无内外之分，人己之见，就达"万物一体"的境界。所以《中庸》认为他能"赞天地之化育"，"与天地参"。这和荀况的人与天地参的观点根本不同。荀况的观点是以"明于天人之分"为前提，区别"所以参"和"所参"两个方面。他首先肯定"天有其时，地有其财"这些客观条件，进而认为"人有其治"，能与客观世界相斗争，相配合，这是唯物主义的思想。上述《中庸》的观点，其实质却是以主观包括客观，这正是孟轲的主观唯心主义的发挥。

"至诚"怎么能"参天地之化育"？《中庸》又说："唯天下至诚为能经纶天下之大经，立天下之大本，知天地之化育。"《中庸》说："凡为天下国家有九经。"又说："中也者天下之大本也。"此所谓"大经""大本"，就是指此说。知天地之化育，就是赞天地之化育。"鸢飞戾天，鱼跃于渊。"这都是天地之化育。人的生活中，一举一动，亦都是天地之化育。人若了解其一举一动都是天地之化育，则他的一举一动，就都是赞天地之化育。能赞天地之化育，即可以与天地参。若不了解其一举一动都是天地之化育，则他的一举一动，都是为天地所化育。为天地所化育，即只是天地中之一物，不能与天地参。道家常说："物物而不物于物。"（《庄子·山木》）《中庸》所说的"赞天地之化育"，跟道家的意思有相同之处。为天地所化育者，就是"物于物"。赞天地之化育者，则能"物物而不物于物"。

所以照《中庸》的说法，全诚的人并不必须做与众不同的事。就他的行为说，他可以只是"庸德之行，庸言之谨"。但就他的主观境界说，他可以自己觉得与宇宙同其广大，同其悠久。他可以自己觉得，如《中庸》所说，"博厚配地，高明配天，悠久无疆"。

《中庸》的主题是"极高明而道中庸"。它的最后目的是要达到"合内外之道"的精神境界。在其中主观、客观的界限消失了，个体与天地合一了，万物都一体了，这是"极高明"。但是这种极高明就在极平凡的生活之中。

人们的日常生活都是极平凡的，不离于冠、婚、丧、祭、饮食、男女之中，这些都是极平凡的事。因为极平凡，所以人们都不能离开它们；也正因为人们都不能离开它们，所以极平凡。所谓"道也者不可须臾离也，可离非道也"，"人莫不饮食也，鲜能知味也"。饮食是极平凡的事，谁能不饮食？问题在于你能不能够知道饮食的味道。

《中庸》的目的就是要把饮食的味道讲出来。人生日用的事，当你不知道它的真正味道的时候，它就是极平凡。当你真正知道它的味道的时候，它就是极高明。

某些人有奇才异能，某些人有奇节异行，这都是非常可贵的。但不是人人都能有的，因为这都需要有特殊的主观和客观的条件。《中庸》说的"中庸之道"，是人人都能行的，而且是人人已经或多或少地在行的。所以人人都能于其中得到一个"安身立命之地"。

照《中庸》所讲的，要达到"极高明而道中庸"，最需要的是"诚"。诚就是实实在在、老老实实，没有虚假。《中庸》说："诚者，天之道也。"自然的规律和现象都是实实在在、老老实实的，刮风就是实实在在、老老实实地刮风；下雨就是实实在在、老老实实地下雨。人不能这样实实在在、老老实实，所以要"思诚"，要"诚之"。你要饮食，也要想到别人也要饮食，还要努力使别人都能得到饮食。努力可能失败，但是你要尽你所能，不能有一点虚假。是不是真正地没有虚假，别人不能知道，只有你自己知道，因为这是你自己的精神境界。如果有虚假而装作没有虚假，这是欺人，如果有虚假而自以为没有虚假，那就是自欺。诚需要不欺人也不自欺。不自欺比不欺人更难。所以《大学》说："所谓诚其意者，毋自欺也。"究竟自欺不自欺，只有你自己知道。就是在这些地方要特别注意，这就叫"慎独"。

这些道理，后来的宋明道学，更加发挥。

《中庸》是封建时代的哲学著作，其中当然有些封建的杂质，剥去这些杂质可以看出来，它所讲的中庸之道，既有不少的辩证法因素，也有不少的实践价值。

《中庸》引用孔丘的话说：（舜）"执其两端用其中于民。"一般的讲法，"两端"就是"过"和"不及"。从辩证法的观点看，还可以做广泛一点的了解。

从辩证法说，一个统一体一分为二，分成两个对立面。这两个对立面互相排斥，而又互相关联。就是说，它们是矛盾的统一。矛盾着的双方互相依存又互相转化。两方面之中，必有一方面是主要的，他方面是次要的。其主要方面决定这个统一体的性质。但这种情形是不固定的，矛盾的主要方面和次要方面如果互相转化了，这个统一体的性质，也就随着变化。这两个对立面经常变化。如果它们的量变还能保持着相对的平衡，这个统一体就能保持着原来的性质，保持着相对的稳定。暂时的平衡，即所谓常态，用《中庸》的名词即所谓"庸"。当它们的量变超过了一定的限度，这个统一体的相对的平衡，所谓常态，就不能维持了。它就要改变性质，成为一个新的事物。合乎这个一定的限度，就是"中"。

他们的这个思想，在实践中也有指导的意义。毛泽东同志说："'过'的即是

'左'的东西，'不及'的即是右的东西。依照现在我们的观点说来，过与不及乃指一定事物在时间与空间中运动，当其发展到一定状态时，应从量的关系上找出与确定其一定的质，这就是'中'或'中庸'，或'时中'。说这个事物已经不是这种状态而进到别种状态了，这就是别一种质，就是'过'或'左'倾了。说这个事物还停止在原来状态并无发展，这是老的事物，是概念停滞，是守旧顽固，是右倾，是'不及'。孔子的中庸观念没有这种发展的思想，乃是排斥异端树立己说的意思为多，然而是从量上去找出与确定质而反对'左'右倾则是无疑的。这个思想的确是孔子的一大发现，一大功绩，是哲学的重要范畴，值得很好地解释一番。"（《毛泽东书信选集》人民出版社 1983 年，第 146—147 页）

"执其两端用其中于民。"这个"中"并不是两端间的一个等距离的地方，孟轲说："子莫执中。执中为近之。执中无权，犹执一也。"如果静止在两端中间的等距离的地方，那就是无权。"中"是随着空间、时间上的情况变化而变化的。它是变动的，不是死的，所以它又和"时"分不开，《中庸》引孔丘的话说："君子之中庸也，君子而时中。"

《中庸》引孔丘的话说："道之不行也，我知之矣，知者过之，愚者不及也。道之不明也，我知之矣，贤者过之，不肖者不及也。""愚者不及"，"不肖者不及"。这是很容易理解的。"知者过之"，"贤者过之"这就不容易理解了。但是，必须理解这一点，才可以看出"中"和"庸"的关系。

曾看见报上说，有一位农民有急病，要往大城市进医院。到了车站，没有经过这个站停靠的列车，站长作出决定，把一列经过这个站不该停的车停下来，让病人上车走了。报上大加赞扬，说这位站长真能急群众之所急，为群众创造方便，真是了不起。这件事可能是了不起，但是不足为训，不足为法。在一条铁路线上各列车的运行，都是互相制约的。一次列车误了点，其余的列车都要误点，全铁路的列车都不能正常运行，原来的列车时刻表都得打乱。这就耽误了许多人的事，有的人可能耽误了大事。如果每个站长，都可以随意把列车停下来，列车的运行就不能正常进行，甚至成为不可能。这个站长为一个人创造了方便，可是为许多人创造了不方便。方便转化成它的对立面，不方便。所以，这个站长的行为，不足为法，就是说，不能成为正常的规律，也就是说，不能成为"庸"。这就叫"贤者过之"，"之"是指中庸之道。这位站长，不能说不是一个贤者，他所做的决定，比对于站长的一般的要求，看起来还要高。但是，不能成为"庸"，也就是不合乎"中"。把"中"和"庸"联系起来，二者的意义就都更清楚了。

任何东西，都不仅只包含一对对立面，就是说，都不仅是一对矛盾构成的。一个东西，如果能够存在，能够发展，它所包含的那些对立面，都必须各自保持一定的限度，不能多，也不能少。好像一位中医开一服药方，其中的药味都有一定的分量，不能随意加减。这才能分出君臣佐使，互相补充，互相配合，成为一股战胜疾病的力量。一定的分量就叫"节"，一服药的药味，都合乎一定的分量，就叫"中节"。由各味药互相配合而形成的战斗力量就叫"和"。这个力量的作用是与疾病作斗争，是战斗，但一服药的内部必须是一个"和"。未有内部不和，而能对外战斗者。"中"与"和"联系起来，二者的意义，才更明显。

辩证法的中心是发展。一切事物都是流动的，变化的，这就是发展。这一点，《中庸》没有完全认识到。也不是完全不认识，因为它也讲"时中"，认为"中"是随着情况的变动而变动的。它讲"时中"，讲"中庸"，讲"中和"，从这些方面看起来，它对于对立面的对立和互相转化，量变和质变，常态和变革，这些辩证法的要点，都有一定程度的认识。虽不能说它所讲的就是辩证法，但它对于辩证法有相当深的认识。在古代这就很难能可贵了。

以上《中庸》讲完了。怎样讲《中庸》，还需要有几点说明。

《中庸》在讲到几个要点的时候，都称引"子曰"。我不认为"子曰"下边的那一句或几句话，真是孔丘说的。在汉朝人的著作中，称引"子曰"的地方太多了，大概都是依托。《中庸》所称引的"子曰"也是依托。不过这个依托也不是完全没有意义。它说明《中庸》对于这些要点特别重视，所以用"子曰"以加重语气。

本书第一册第四章讲孔丘，完全以《论语》为根据，但是也引用了《中庸》的一些话。这是用以说明儒家思想的后来的发展，并不是说孔丘原来就有与《中庸》完全相同的思想。从春秋末到汉初经过二百多年的时间，儒家思想是有发展的。例如"过犹不及"这四个字，在《论语》中，不过是孔丘评论两个学生的话，是就事论事。在《中庸》中，这四个字就上升为讲一般规律的话了。《中庸》说："道之不行也，吾知之矣，贤者过之，不肖者不及也。道之不明也，吾知之矣，智者过之，愚者不及也。"它把"过犹不及"作为"道"的说明，这四个字的应用的范围，大得多了，意义也深得多了，这就是发展。

本书第一册第四章说，孔丘讲"中"是形而上学反辩证法的观点。本章又说《中庸》有辩证法的思想。两种说法似乎有矛盾，其实不然。我是把孔丘和《中庸》分开讲的，孔丘是孔丘，《中庸》是《中庸》，其间虽有关系，但不完全一致。这里还有一个区别。对于客观辩证法有所认识，这是一；怎样应用这个认识，这是二。这其间也是有分别的。关于"中"的思想，包括有对于量变到质变的认识，这不能不说是对于客观辩证法有所认识。怎样应用这个认识呢？革命的人可以应用这个认识以加速质变，打破常态，他就反对"中"。保守的人也可以应用这个认识，以延缓质变，维持现状。孔丘就是这样保守的人。他认为"礼"就是"中"的具体规定。他所说的"礼"就是"周礼"，就是奴隶社会的制度。孔丘用"中"作为"周礼"的根据，所以他的思想总起来说是形而上学的思想。他的对于客观辩证法的认识，为其形而上学思想所掩盖了。《中庸》是为封建社会"制法"，它当然也主张维持封建社会的现状。但是，它没有像孔丘那样的问题。

毛泽东同志是用传统的说法，不分别孔丘和《中庸》，所以我可以把他评论孔丘的话，引以评论《中庸》。

第八节 《大学》

《礼记》中《大学》《中庸》两篇，在以后宋明道学中，有很大的影响。《大学》，朱熹以为系曾参所作，王柏以为系子思所作。这都是推测之辞，在宋、元以前，没有这样的说法。《大学》说："大学之道，在明明德，在亲民，在止于至善。知止而后有定，定而后能静，静而后能安，安而后能虑，虑而后能得。物有本末，事有终始，知所先后，则近道矣。古之欲明明德于天下者，先治其国。欲治其国者，先齐其家。欲齐其家者，先修其身。欲修其身者，先正其心。欲正其心者，先诚其意。欲诚其意者，先致其知。致知在格物。物格而后知至，知至而后意诚。意诚而后心正，心正而后身修，身修而后家齐，家齐而后国治，国治而后天下平。自天子以至于庶人，壹是皆以修身为本。其本乱，而末治者，否矣。其所厚者薄，而其所薄者厚，未之有也。此谓知本，此谓知之至也。"

此段所说，是《大学》的主要思想，后来称为《大学》的三纲领（明德、亲民、止至善）、八条目（格物、致知、诚意、正心、修身、齐家、治国、平天下）。"修身"是"齐家""治国"的根本；孟轲、荀况都是这样主张（见《孟子·离娄》、《荀子·君道》）。但是《大学》把儒家思想中的这些先后次序，更明确地排出来，并肯定地说："自天子以至于庶人，壹是皆以修身为本。"照《大学》的意思，也可以说，三纲领、八条目都是"修身"的内容。"格物""致知""诚意""正心"是"修身"的方法，也就是属于"明德"的事。"齐家""治国""平天下"是"修身"的功用，也就是属于"亲民"的事。"修身"达到最完全的程度，就是"至善"。

《大学》的这些主要思想本来是很清楚的，它所说的"修身"的方法，首先是要"格物"。"物"怎样"格"？所要"格"的是什么"物"？这都是首先要解决的问题。但是，《大学》没有说明。宋明道学以《大学》为其基本经典之一，但是对"格物"的解释，道学家中各有不同。道学中的程、朱和陆、王两大派，都以对于"格物"的不同的解释，作为他们的不同的哲学见解的根据。这些争执和辩论，我们现在不讨论。我们现在的任务，是说明《大学》三纲领、八条目的本来意义。

这是比较困难的任务，因为后来在这方面争执、辩论很多。它们虽不同，但都自以为是《大学》本来的意义。我们不但要说明《大学》的本来意义，还需要证明这是《大学》的本来意义。

如果把《大学》和《荀子》比较，就看出其间不仅有些意思基本上相同，而且有些字句也是相同的。我认为照这个方向解释《大学》，可能得到它的本来意义。

《大戴礼记》中的《劝学》篇，与《荀子·劝学》篇文同。《礼记》中的《学记》也是用荀况的观点。《学记》说："古之教者……九年知类通达，强立而不反，谓之大成。夫然后足以化民易俗，近者悦服而远者怀之，此大学之道也。""强立而不反"即《荀子·不苟》篇所谓"长迁而不反其初，则化矣"的意思。这是跟荀况的性恶论有联系的。孟轲认为人性善，教育的目的和作用，是教人"复其初"。荀况认为人性恶，教育的目的和作用是教人"不反其初"，即不复返其初。《学记》讲"大学之道"，《大学》也讲"大学之道"。二者所用的名词是相同的。荀况说："今人主有能明其德，则天下归之，若蝉之归明火也。"（《荀子·致士》）"明其德"是发扬德的光辉。"明其德"相当于《大学》所说的"明明德"；"天下归之"，相当于《大学》所说的"亲民"。

荀况说："凡以知，人之性也。可以知，物之理也。以可以知人之性，求可以知物之理，而无所疑（俞樾云："疑训定"）止之，则没世穷年，不能遍也。……故学也者，固学止之也。恶乎止之？曰，止诸至足。曷谓至足？曰，圣也。"（《荀子·解蔽》）《大学》也教人"学止之"。"恶乎止之"？荀况说："止诸至足。"《大学》说："止于至善。"《大学》说："为人君，止于仁。为人臣，止于敬。为人子，止于孝。为人父，止于慈。与国人交，止于信。"荀况以圣为"至足"；又说："圣也者，尽伦者也。"《大学》所说"为人君止于仁"等，也是"尽伦"之义。

荀况说："闻修身，未尝闻为国也。君者，仪也；仪正而景（影）正。君者，槃也；槃圆而水圆。君者，盂也；盂方而水方。君射则臣决。楚庄王好细腰，故朝有饿人。故曰，闻修身，未尝闻为国也。"（《荀子·君道》）荀况认为，统治者是一国的仪表，所以在上者能修身，则国及天下的人皆修其身。《大学》说："尧舜帅天下以仁，而民从之。桀纣帅天下以暴，而民从之。其所令反其所好，而民不从。是故君子有诸己而后求诸人，无诸己而后非诸人，所藏乎身不恕，而能喻诸人者，未之有也。故治国在齐其家。……《诗》云：'其仪不忒，正是四国'；其为父子兄弟足法，而后民法之也。"这里所说的"法"，就是荀况所说的"仪"。

《大学》在这里提出"恕"；"恕"是推己及人。必须"恕"才可以"喻诸人"；这也是荀况的思想。荀况说："圣人者，以己度者也。故以人度人，以情度情。"（《荀子·非相》）这就是所谓"恕"。荀况又说："五寸之矩，尽天下之方也。"（《荀子·不苟》）《大学》也说："所谓平天下在治其国者，上老老而民兴孝，上长长而民兴弟，上恤孤而民不倍；是以君子有絜矩之道也。所恶于上，毋以使下；所恶于下，毋以事上；所恶于前，毋以先后；所恶于后，毋以从前；所恶于右，毋以交于左；所恶于左，毋以交于右；此之谓絜矩之道。""絜矩之道"，即"操五寸之矩，尽天下之方"之道。

荀况说："故人心譬如槃水，正错（措）而勿动，则湛浊在下，而清明在上，则足以见须眉而察理矣。微风过之，湛浊动乎下，清明乱于上，则不可以得本（原作大，依王先谦校改）形之正也。心亦如是矣。故导之以理，养之以清，物莫之倾，则足以定是非，决嫌疑矣。"（《荀子·解蔽》）《大学》说："所谓修身在正其心者，心有所忿懥，则不得其正；有所恐惧，则不得其正；有所好乐，则不得其正；有所忧患，则不得其正。"心有所好乐等，就如"微风过之，湛浊动乎下，清明乱于上，则不可以得本形之正也"。心不能"正错（措）而勿动"，就不能"定是非，决嫌疑"。《大学》所说的"正心"，也就是荀况所说的"正心"。

荀况继续说："小物引之，则其正外易，其心内倾，则不足以决庶理矣。故好书者众矣，而仓颉独传者，壹也。好稼者众矣，而后稷独传者，壹也。……自古及今，未尝有两而能精者也。"《荀子·解蔽》）这是说，如果心不专一，就乱而不正。《大学》说："心不在焉，视而不见，听而不闻，食而不知其味。"这也是说心不专一的结果。要想避免这样的结果，对于所求的东西，必须专一而真实求之。《大学》说："《康诰》曰：如保赤子。心诚求之，虽不中，不远矣。未有学养子而后嫁者也。"慈母对于赤子，真实爱护之，这就是诚的具体的例。

《大学》说："所谓诚其意者，毋自欺也。如恶恶臭，如好好色，此之谓自慊。故君子必慎其独也。小人闲居为不善，无所不至，见君子而后厌然，揜其不善而著其善。人之视己，如见其肺肝然，则何益矣？此谓诚于中，形于外，故君子必慎其独也。"荀况也说："君子至德，默默而喻，未施而亲，不怒而威。夫此顺命以慎其独者也。善之为道者，不诚则不独，不独则不形，不形则虽作于心，见于色，出于言，民犹若未从也，虽从必疑。"（《荀子·不苟》）荀况和

《大学》都说"慎独"。"独"有两方面的意思。一方面是专一之意。人若能对于一事物真实求之，自能对于其事物专一求之。另一方面是内外一致之意。"诚于中"自然"形于外"；不诚于中，外虽有形也不能发生什么作用。

《大学》认为，心必须有所诚求，方能不乱而正。此所以"欲正其心者，先诚其意"。诚意系由"知止"得来。这就是"知止而后有定"云云之义。所以"欲诚其意者，先致其知"。"物有本末，事有终始；知所先后，则近道矣"。"致知"即知此。《大学》说："自天子以至于庶人，壹是皆以修身为本。其本乱，而末治者，否矣。其所厚者薄，而其所薄者厚，未之有也。此谓知本，此谓知之至也。""知本"是"知之至"，知修身为本，而专一真实以修身，即"知至而后意诚"。《大学》又说："德者，本也；财者，末也。外本内末，争民施夺。"知德为本即专一真实，以"明明德于天下"，也就是"知至而意诚"。

关于"格物"，《大学》没有明确的解释。《尔雅·释诂》说："格者，至也。"郑玄注："格，来也；物，犹事也。"《尔雅》释"格""来"都为"至"。"来"也有"至"的意思，"至物"或"来物"，都是说与外在的事物相接触。《大学》认为，这是"致知"的首要条件。这正是荀况的思想。《荀子》中没有"格物"一词，但荀况明确地认为，人要获真知识不能离开外物。荀况说："吾尝终日而思矣，不如须臾之所学也。吾尝跂而望矣，不如登高之博见也。……君子生非异也，善假于物也。"（《荀子·劝学》）"假物"是说凭借外物（古时假、格二字互通，"格物"也可以了解为"假物"）。荀况又说："凡观物有疑，中心不定，则外物不清，吾虑不清，则未可定然否也。……水动而景摇，人不以定美恶；水势玄也。……有人焉，以此时定物，则世之愚者也。彼愚者之定物，以疑决疑，决必不当。夫苟不当，安能无过乎？"（《荀子·解蔽》）这是说，要获得知识，不能受感觉到的表面现象所迷惑，要用思维正确地反映外物，才能得到外物的真象。这里提到"观物"和"定物"，也就是说，获得正确的认识，不能离开外物。荀况又说，君主个人的耳目所知是有限的，要统治天下，必须以自己亲近的人为门户，所知才全面。"其知惠（慧）足使规物，其端诚足使定物。"（《荀子·君道》）这是说，求知的目的，在于确定事物的性质。《荀子·尧问》篇发挥这个思想说："不闻即物少至，少至则浅。彼浅者，贱人之道也。"又说："士至而后见物，见物然后知是非之所在。"这里提到"至物""见物"，也是说，必须和外物接触，然后才知道正确和错误。荀况的这些话，综合起来，就是《大学》所说的"致知在格物"，"物格而后知至"。这样用荀况的观点解释《大学》，可能近于其原来的意义。

《大学》虽然用了荀况的一些意思和字句作为思想资料，但它有自己的中心思想和独立见解。正因为如此，所以它能在后来被宋明道学奉为基本经典，成为《四书》之一。

《大学》的中心思想的第一点，是把格物和修身结合起来。荀况所讲的格物，完全是知识方面的事。为什么要有知识？《大学》认为，知识为的是修身。它说："自天子以至于庶人，壹是皆以修身为本。其本乱，而末治者，否矣。其所厚者薄，而其所薄者厚，未之有也。此谓知本，此谓知之至也。"（依《礼记》原本，非朱熹章句本）《大学》认为，最重要的知识是"知本"，知道"自天子以至于庶人，壹是皆以修身为本"。所谓"知之至"不是说，能够"知本"就算有完备的知识，只是说"知本"是最重要的知识。有了这种知识，就知道一切知识都是为修身服务的。为修身而求知识，一切知识都有了一个目标，一个方向。

有了这个知识，就要认真地在这个"本"上下工夫，一切为了这个"本"，这就叫"诚意"。《大学》在"此谓知之至也"这一句下面，紧接着就说："所谓诚其意者，毋自欺也。如恶恶臭，如好好色，此之谓自慊，故君子必慎其独也。"（依《礼记》原本，非朱熹章句本）就是说，知道修身为本了，就要实心实意去修身，不能有一点假，好比一个人闻见恶臭，就真实地厌恶它，见了好色，就真实地喜欢它，没有一点虚伪，也用不着造作。他是否真是如此，只有他自己知道，这就叫"独"。他就是要在这些地方注意，这就叫"慎独"。

《大学》的中心思想的第二点，是把修身、齐家、治国、平天下结合起来。《大学》自以为它所讲的是"大学之道"。"大学"是对于"小学"而言。小学所教的是生活的技术，如礼、乐、射、御、书、数之类。大学所讲的是人生的道理，人怎样可以成为一个道德上完全的人，"完人"。《大学》提出了"三纲领""八条目"而归结为以"修身为本"。"修身"就是把自己修养成为一个"完人"。

从表面上看，好像格物、致知、诚意、正心、修身是属于"明明德"的事，齐家、治国、平天下是属于"亲民"的事，把二者都做到最完全的地步，就是"止于至善"。所以，三纲领只是二纲领，只是两件事。在这两件事中，一件是对内，是对于主观世界的修养；一件是对外，是对于客观世界的治理。这样的了解是把内、外隔绝，把主观和客观对立起来。这是不对的，也不是《大学》的意思。

《大学》说："古之欲明明德于天下者，先治其国。"它说"明明德于天下"，可见"明明德"不是一个人在书房里瞑目静坐就可以达到的，它说"修身为本"，但是，绕了几个弯子才说到修身。可见它是认为，人是不能离开家、国、天下而单独成为"完人"的。他不但不能离开家、国、天下而单独地修养，他甚至也不能离开家、国、天下而单独存在。他必须生活于家、国、天下之中，投身于家、国、天下的事务之中，尽他的义务，尽他的责任。所谓格物、致知、诚意、正心，这些工夫也是不能离开家、国、天下的事务，单独去做的。这些事务就是"物"，首先需要接触这种"物"，然后致知、诚意、正心那些工夫才有着落。

所以，"明明德"和"亲民"并不是两回事，内、外是不能分开的，主观和客观是不能对立起来的。"止于至善"就是把这一件事做到最完全的地步。所以"三纲领"只是一纲领，表面上看起来是三件事，其实是一回事。做这件事，从何处下手呢？大概地说，无论从何处下手都可以。人总是在家、国、天下中生活的，他在生活中的一举一动，都可以对家、国、天下有关系，有影响。比如说一个人随地吐一口痰，就可能成为一个地区的环境污染，可以表现一个地区的精神文明。更重要的是表现在人与人的关系上。道德问题，都是从人与人的关系中产生出来的，如果只有一个人，那就没有什么道德问题。人与人的关系，中国封建社会称为"人伦"。《大学》讲"止于至善"就是举人伦中的事为例，它说："为人君，止于仁。为人臣，止于敬。为人子，止于孝。为人父，止于慈。与国人交，止于信。""止"就是标准的意思。一个人总在人伦中占一种地位，在哪一种地位，就照着哪一种地位的标准去做，那就是"修身"，也就是"齐家、治国、平天下"了。一个人不必是一个家长，也不必是一个国君，他至少是一个"国人"，那他就要"止于信"。"止于信"就是"修身"，就是"齐家、治国、平天下"。

《大学》的中心思想的这一点所讲的，就是个人与社会的关系。说它把个人与社会结合起来，还不十分确切。因为社会和个人本来是一体的，没有离开社会而单独存在的个人，也不可能有。希腊哲学家亚里士多德在他的《政治学》中说，一只手只有在一个人的身体上，才能成为手。如果离开了人的身体，它就不能发生手的作用，也就不成其为手了。《大学》所谓家、国、天下都是指社会而言，不过随其范围的大小，划三个圈子，一圈包一圈。它是以个人为中心，向内延伸到他的主观世界，向外延伸到他的客观世界。这就是以修身为中心，向内延伸到正心、诚意、致知，向外延伸到齐家、治国、平天下。这都是修身。所以，"三纲领""八条目"虽然名目繁多，但归根到底只是一回事。

再重说一遍，《大学》认识到一个真理，那就是，个人是不能单独存在的，没有单独存在的个人。所以，也没有只管个人的那种修身。一个人要修身，他必须在家、国、天下中去修，那就是说，他必须齐家、治国、平天下。所以，修身和齐家、治国、平天下就是一回事。

第二十九章 董仲舒哲学体系的对立面——淮南王刘安的黄老之学

汉武帝定孔子为一尊。董仲舒春秋公羊家的哲学体系，成为当时中央政权的统治思想。在汉初流行的黄老之学，仍然继续存在。它以神仙家的形式流行于宫廷之中。上册讲过，黄老之学的一派，流为神仙家。这一派得到秦始皇、汉武帝的信仰。在武帝的时候，作为哲学体系的黄老之学，则得到地方政权的宣传，一直成为和中央政权对立的一面旗帜。

第一节 黄老之学与神仙家

秦始皇和汉武帝都喜欢神仙这一套。自称为能使人成仙的人叫"方士"。秦始皇信奉神仙方士。司马迁说：始皇"东游海上，行礼祠名山大川及八神，求仙人羡门之属"。又说："而宋毋忌、正伯侨、充尚、羡门高，最后皆燕人，为方仙道，形解销化，依于鬼神之事。驺衍以阴阳主运显于诸侯，而燕、齐海上之方士传其术不能通。然则怪迂阿谀苟合之徒自此兴，不可胜数也。"（《史记·封禅书》）

有个方士卢生向秦始皇说："真人者，入水不濡，入火不蒸，陵云气，与天地久长。今上治天下，未能恬淡，愿上所居宫毋令人知，然后不死药殆可得也。"（《史记·秦始皇本纪》）方士所说的"真人"是长生不死的神仙。汉武帝时，有一个方士李少君，向武帝说："丹沙可化为黄金。黄金成以为饮食器，则益寿。益寿而海中蓬莱仙者乃可见，见之以封禅则不死，黄帝是也。臣尝游海上，见安期生。……安期生仙者，通蓬莱中，合则见人，不合则隐。"（《史记·封禅书》）照李少君的说法，炼金术可以使人长生不死，并假托黄帝，宣扬神仙方术迷信。这里又提到仙人安期生。《史记·乐毅列传》说：乐臣（巨）公学黄帝、老子，其本师号曰河上丈人，河上丈人教安期生，后来又传至乐巨公，乐巨公又教盖公。按司马迁的叙述，安期生是汉初黄老学派所推崇的人物之一。当时的方士，把安期生说成是一个长生不死的神仙。他所教的盖公，就是教曹参"清静无为"的那个人。《史记·封禅书》又记载说，武帝时，齐人公孙卿对武帝说，黄帝采首山之铜，铸鼎于荆山下，鼎铸成后，有龙从天而下，黄帝便骑龙上天成仙了。武帝听了以后说："嗟呼！吾诚得如黄帝，吾视去妻子，如脱蹑耳！"这是当时的神仙方术之士，假托黄帝宣扬长生不死的又一种说法。

秦始皇、汉武帝对于神仙迷信的信仰，也是黄老之学所流行的原因之一。

汉朝初，部分地恢复了分封制，分封功臣、子弟为王。这些王时常叛乱，最大的一次是景帝时候的七国之乱。由七个王国联合起兵，要用武力推翻中央政权。汉景帝平定了这次叛乱。但仍然部分地保留分封制。到武帝的时候，还有些分封的王国作为地方政权与中央政权相对立。

这些地方势力的统治集团在其本国是当权派，但对当时的中央政权说是不当权派。当时的地方政权和中央政权的对立，实际上是地主阶级内部当权派和不当权派的对立。董仲舒春秋公羊家体系和黄老之学体系的对立，是地主阶级内部对立的两派在思想战线上的反映。在这个时候，不当权派在思想上的代表人物是淮南王刘安，他也是神仙迷信的一个代表人物。

第二节 刘安其人和《淮南子》其书

刘安是汉高祖的孙子。他的父亲刘长被封为淮南王。刘长在其本国内，用皇帝的仪仗，自称东帝，汉文帝把他废了，并把他所受封的土地分为三个王国，刘安被封为淮南王。到了景帝的时候，这三个王国中的其他两个王国，都参加了七国之乱，刘安没有参加。但是后来还是因叛乱失败而自杀。

淮南王刘安是代表当时地方割据势力和神仙迷信的一个人物。汉武帝时，他企图叛变，事败自杀。他在当时的贵族中，是比较有学问的。为了夺取汉王朝的政权，他招纳了许多"宾客"，并叫他们写了不少的书。《汉书·艺文志》的《诸子略》著录：《淮南内》二十一篇；《淮南外》三十三篇。此外，"又有中篇八卷，言神仙黄白之术"（《汉书·淮南王传》）。这"内""中""外"三部分包括了汉初黄老之学的各方面内容。可以说是汉初黄老之学的论文总集。现在"中""外"两部分都失传了。只有《淮南内》二十一篇还保存下来。这部书亦名《淮南鸿烈》或称《淮南王书》，简称为《淮南子》。

《汉书·淮南王传》说，刘安招集宾客方术之士数千人，著书立说。当时参加的人，据高诱《淮南鸿烈叙目》说，有苏飞、李尚、左吴、田由、雷被、毛被、伍被、晋昌以及诸儒大山、小山等。这些著书的"宾客",不一定在政治上都是跟刘安一致的。在这些著书的人之中,左吴、伍被劝谏刘安不要起兵反对中央政府;伍被在刘安起兵时到中央政府告密(见《汉书·淮南王传》)。但他们都是因某些原因不得志于中央,聚集于淮南,依附刘安。他们在学术上发展了黄老之学思想,与官方的儒家学说作斗争;这在学术上与中央的官方哲学成为对立面。他们反对定儒家为一尊,这在政治上与中央统一思想的政策成为对立面。

《汉书·艺文志》把《淮南子》列入杂家,大概是因为《淮南子》和《吕氏春秋》一样,成于众人之手。但成于众人之手,是杂家所以为杂的一个条件,有了这个条件,可以成为杂家,也可以不成为杂家。杂家的人,自觉地要搞一个拼盘式的思想体系。有一点这样菜,有一点那样菜,齐齐整整地摆在一个盘子里,看起来也许很好看,但吃起来各有各的味道。杂家的人,从这一家取一点,从那一家取一点,把它们抄在一部书里边,但读起来各家还是各家。这是因为它没有一个中心的思想,把一部书的内容贯串起来,它实在是不成为一部书。凡是一部书,无论多么大的书,总要有一个中心思想,贯串于其中,这才成为一个体系。杂家之所以杂,就在于它不能成为一个体系。

凡是大思想家、哲学家,都是以自然、社会和人生,为其研究对象。杂家的人,着重在收集各家之长,必然要以各家的学说为其对象。好像一个学绘画的人,他不注重于描写自然和生活,而着重于临摹别人的画稿,这样的思想家或画家,一定是第二流的。这是杂家的一个重要标志,这在第二册第二十四章中已经讲过。

从这两个标准看,都不能说刘安是杂家,他有一个中心思想,那就是黄老之学。他自以为他的书"观天地之象,通古今之事,权事而立制,度形而施宜。原道德之心(原缺德字,依顾千里校补),合三王之风"(《淮南子·要略》,以下只注篇名)。他所说的未免夸大其词,但他的意思是说,他的书是以客观实在为对象,这就不是杂家。

刘向不懂得《淮南子》,也不懂得黄老之学。现在流传下来的《淮南子》是经过刘向编辑的。高诱说:"光禄大夫刘向校定撰具,名之淮南,又有十九篇者,谓之淮南外篇。"(《淮南鸿烈解序》)据说还有中篇论"神仙黄白之术"(《汉书·淮南王传》)《汉书·艺文志》没有著录。这些内、外、中之分,大概都是后人加上的,如果照黄老之学的分法,现在流传下来的《淮南子》,应该称为淮南外,神仙黄白之术的那些篇应该称为淮南内。因为黄老之学以治身为内,以治国为外。晋朝葛洪所作的《抱朴子》分内、外篇,以讲修炼的部分为内篇,以讲哲学政治的为外篇。这倒是合乎黄老之学的精神的。

有人说，黄老之学本身就是杂家，认为先秦本来没有道家，司马谈所说的道德家就是杂家。这是不知杂家之所以为杂的特点。司马谈所说的道德家就是汉初的黄老之学，这是不错。但他的意思是说，道德家兼有别家的长处，并不是说道德家是一个拼盘，不过他确实是用了两个不适当的字。他说：道德家"采儒墨之善，撮名法之要"（《史记·太史公自序》），"采""撮"这两个字是不适当的。大概司马谈对杂家之所以为杂者，也没有搞清楚。

《淮南子》自以为有一个出发点，它说："欲一言而寤，则尊天而保真；欲再言而通，则贱物而贵身；欲叁言而究，则外物而反情。"（《要略》）就是说，说来说去，它是以"贵身""保真"为主。这也正是司马谈所认为道德家的特点。从这方面看，《淮南子》所讲的，正是司马谈所说的道德家的思想内容。《淮南子》所体现的，正是黄老之学的体系。

《淮南子》继承道家的传统，从《原道训》开始。

汉朝人著书，都有一个"自序"，列在全书之末。《淮南子》的自序叫"要略"，说明全书及各篇的大旨。全书从《原道训》开始。《要略》说："《原道》者，卢牟六合，混沌万物，象太一之容，测窈冥之深，以翔虚无之轸。""以翔虚无之轸"是黄老之学的一个重要目的，像屈原的《离骚》和《远游》所说的那样。

《淮南子》又说："故言道而不言事，则无以与世浮沈；言事而不言道，则无以与化游息。"这说明它与先秦道家的不同。先秦道家自认为是要超乎"尘世"之表；社会的具体事物是他们所企图避免不谈的。《淮南子》认为，"言道"只是它的思想的一个方面；其他一方面是"言事"。它认为社会之中的事物，与"尘世"之表的主观境界同样重要。《淮南子》不但不逃避社会，而且还企图解决其中的问题。

第三节　《淮南子》关于"气"的唯物主义的理论

《淮南子》同先秦道家一样，以"道"作为其体系的最高范畴。但是其间也有不同。先秦道家讲道，虽然也讲宇宙的发生和发展的过程，但主要是从本体论方面讲的，就是说，它主要讲的是宇宙的构成。《淮南子》讲道，虽然也讲宇宙的构成，但主要是从宇宙形成论讲的，就是说，它主要讲的是宇宙的发生和发展的过程。

《淮南子》继承稷下黄老学派，提出了一个倾向于唯物主义的宇宙形成论。但是《淮南子》不出于一人之手，所以它的宇宙形成论，在《原道训》中所讲的，跟在《天文训》和《俶真训》中所讲的，很有不同。《原道训》说："夫道者，覆天载地，廓四方，柝八极，高不可际，深不可测，包裹天地，禀授无形，原流泉浡，冲而徐盈，混混滑滑，浊而徐清。"对于"道"的这样了解，是继承稷下黄老学派的唯物主义传统的。照这里所说，道是像泉水一样涌出来，原来是混沌的，后来从其中分化出来澄清的一部分（"浊而徐清"）。它又形容这种混浊的情况说"甚淖而滒，甚纤而微"，就是说，道的原始情况，有点像稀饭汁一样。（高诱注说："滒亦淖也，夫馈粥多沈者谓滒。"）又说："（道）横四维而含阴阳"，这样的道是混沌未分的气，也就是原始的物质。《精神训》说："古未有天地之时，惟像无形，窈窈冥冥，芒芠漠闵，澒濛鸿洞，莫知其门。有二神混生，经天营地，孔乎莫知其所终极，滔乎莫知其所止息。于是乃别为阴阳，离为八极，刚柔相成，万物乃形。"《淮南子》比较明确地说，道是阴阳二气尚未分化的物质实体。

在这里《淮南子》没有说，这样的原始物质是有始的。但《天文训》说："天坠未形，冯冯翼翼，洞洞漏漏，故曰太昭。道始于虚霩，虚霩生宇宙，宇宙生元气（原作生气，依庄逵吉校补），元气（原作气，依庄逵吉校补）有涯垠。清阳者薄靡而为天，重浊者凝滞而为地。清阳之合专（抟）易，重浊之凝竭难，故天先成而地后定。"这里所说的"太昭"，是天地尚未分化出来的时候的情况。照这个说法，在还没有天地的时候，只有混沌的元气。后来元气发生分化，有一部分轻清的，上浮为天；有一部分重浊的，下沉为地。关于天地发生的这样的唯物主义学说，先秦已经有了萌芽。《楚辞·天问》说："遂古之初，谁传道之？上下未形，何由考之？冥昭瞢暗，谁能极之？冯翼惟像，何以识之？"《淮南子》所说的宇宙发生论，正是《天问》所说的。不过《淮南子》对于阴阳如何剖判，讲得很明确。

照《天文训》所说的，元气之上，还有所谓"虚霩""宇宙"等，这又是些什么东西呢？关于这个问题，《俶真训》有比较详细的说明。

《俶真训》说："有始者，有未始有有始者，有未始有夫未始有有始者。有有者，有无者，有未始有有无者，有未始有夫未始有有无者。所谓有始者，繁愤未发，萌兆芽蘖，未有形埒垠堮，冯冯（原作无无，依李哲明校改）蠕蠕，将欲生兴而未成物类。有未始有有始者，天气始下，地气始上，阴阳错合……欲与物接而未成兆朕。有未始有夫未始有有始者，天含和而未降，地怀气而未扬，虚无寂寞，萧条霄霿，无有仿佛，气遂而大通冥冥者也。有有者，言万物掺落……可切循把握而有数量。有无者，视之不见其形，听之不闻其声，扪之不可得也，望之不可极也。……浩浩瀚瀚，不可隐仪揆度，而通光辉者。有未始有有无者，包裹天地，陶冶万物，大通混冥。深闳广大，不可为外；析豪剖芒，不可为内。无环堵之宇，而生有无之根。有未始有夫未始有有无者，天地未剖，阴阳未判，四时未分，万物未生，汪然平静，寂然清澄，莫见其形。"

这段话显然是以《庄子·齐物论》中的一段话为根据而加以发挥的。但是这一发挥使这一段话跟《齐物论》原来的意义大不相同。在《齐物论》中，所谓"有始者""有无者"等，都是虚构的逻辑概念（即后来玄学家所谓名理）。其目的在于论证"万物一齐"的相对主义。《淮南子》所谓"有始者""有无者"等，是确指一些特殊的东西，具有宇宙发生论的意义。这些东西，可能只是作者想像中所有的，但并非虚构的逻辑概念。

照《天文训》所讲的，道并不就是元气。道从"虚霏"这种状态开始（"道始于虚霏"）。由"虚霏"生出"宇宙"。这以后才有元气。这是一种"有生于无"的思想的发挥。《淮南子》也说："是故有生于无，实出于虚。"（《原道训》）不过《淮南子》所谓"无"不是一个虚构的逻辑概念。《淮南子》所谓"无"是"虚霏"和"宇宙"，实际上是没有任何东西的时间和空间。这样的理论也是错误的，因为它把物质和时、空分裂开来。这样的理论，认为元气有一个开始，也就是说，物质存在有一个开始。这也是错误的，因为物质的存在是无始无终的。认为物质存在有一个开始，那就会导致唯心主义的结论。但《淮南子》的倾向还是唯物主义的。它企图以此唯物地说明宇宙发生的程序，从而否定了上帝创世说，具有无神论的性质。汉朝的一些唯物主义者，关于宇宙发生的问题，都有类似《淮南子》的说法。

《淮南子》还用气的学说，进一步说明了万物构成和发生的物质原因。《天文训》认为，作为原始物质的元气，含有两个对立物：阳气和阴气。阳气的性能"清阳而薄靡"，造成了天；阴气的性能"重浊而凝滞"，造成了地。阳气具有热的性能，热气积聚产生火，火气之精者形成为太阳；阴气具有寒的性能，寒气积聚产生水，水气之精者形成为月亮。阳气的性能主发散，阴气的性能主吸收。天气（阳）激发，就成为风；地气（阴）凝聚，就成为雨。阴阳二气相冲激，就成为雷霆；阳气胜，发散出来成为雨露；阴气胜，凝聚起来成为霜雪。这是说，天体和气候的变化，都是由阴阳二气的运动形成的。《天文训》还认为，阳气清妙，积聚起来则上升；阴气重浊，积聚起来则下沉；火是阳气构成的，所以向上升；水是阴气构成的，所以向下流；鸟类属阳，所以高飞；鱼类属阴，所以潜行。这是企图用阴阳二气的性能，说明其他自然现象的差别。《淮南子》认为人也是由阴阳二气构成的。阳气形成为人的精神；阴气形成为人的肉体（见《精神训》，参看下文）。人死以后，精气升天，形骸归地。

从以上这些材料看，《淮南子》认为，各种自然物都是由阴阳二气构成的；万物所以千差万别，是由于阴阳二气具有各种不同的性能。所以《本经训》说："阴阳者承大地之和，形万殊之体，含气化物，以成垺（高诱注：形也）类。"用气说明世界的物质构成，这是稷下黄老学派的一个基本观点。万物都由气构成，但万物为什么又有不同的差别和性能？稷下黄老学派没有回答这个问题。《淮南子》用阴阳的学说试图作解答。从以上的材料中还可以看出，它明确地认为气是有数量的。《天文训》说："气有涯垠。"气也是有质量的，阳气的质量是"清阳"，阴气的质量是"重浊"。因为质量不同，所以它们有飞扬和下降，发散和凝聚等不同的物理性能。这样，就明确地肯定了气的物质性。稷下黄老学派仅仅认为气是一种细微的东西，以至于人的感官不能直接觉察到。这样的气，很容易被了解为一种非物质性的东西。《淮南子》对气所作的说明，克服了这个弱点，大大地丰富了气的概念。这样的物质的气的概念，一直为后来的唯物主义者所继承。这在中国古典唯物主义发展史上是一个重要的贡献。

从以上的材料中还可以看出，《淮南子》所讲的气，是没有意识和意志的，也没有道德的属性；气的运行和变化，是按着本身所具有的物质的物理性能而进行的；万物的形成和差别，是阴阳二气的物理性能机械地互相作用的结果，而不是体现某种道德的目的。这就跟董仲舒的唯心主义的目的论鲜明地对立起来。关于这一点，从下面的材料中更可以看出来。

在董仲舒的体系中，阳气是尊贵的，阴气是卑贱的；阳主德，阴主刑。就一年四季的形成说，他认为阴气的运行常居空位，四时的变化是阳气盛衰所决定的（董仲舒的这种说法，在上章中已有详细的说明）。这是一种目的论的思想。《淮南子》提出了一种与董仲舒不同的说法。《诠言训》说："阳气起于东北，尽于西南。阴气起于西南，尽于东北。阴阳之始，皆调适相似，日长其类，以侵（渐）相远，或热焦沙，或寒凝冰。"这种说法，与五行相配，则如下图：

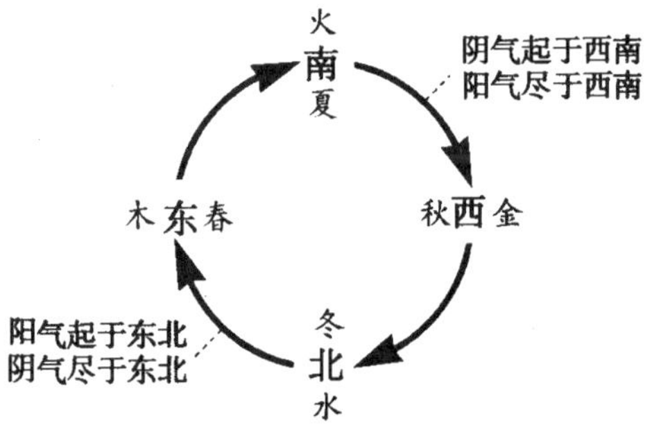

这图是说，阳气从东北兴起，向南运行。行到东方与木结合，形成春天，行

到南方与火结合，形成夏天。行到西南，阳气的作用就尽了。阴气接着从西南兴起，向北运行。行到西方与金结合形成秋天，行到北方与水结合，形成冬天。行到东北，阴气的作用尽了。阳气接着又从东北兴起。这样反复交替运行，便形成了一年四季的变化。这种说法表明，阴阳二气的运行，对四时的形成，起同等的作用；四时的变化，不仅受阳气的支配，也同样受阴气的支配。这就排斥了阳尊阴卑，阳居实位而阴居虚位的说法。《天文训》说："夏日至，则阴乘阳，是以万物就而死；冬日至，则阳乘阴，是以万物仰而生。昼者阳之分，夜者阴之分。是以阳气胜则日修而夜短，阴气胜则日短而夜修。"这是用阴阳二气互相消长说明四时和昼夜的不同以及万物兴衰的过程。《天文训》又解释说，阳气跟火是一类的，具有热的性质，主发散，所以阳气盛的时候，天气暖热，万物生长。阴气是跟水一类的，具有冷的性质，主吸收，所以阴气盛的时候，天气寒冷，万物衰亡。在阴阳二气运行的过程中，阳气经东方木至南方火；阴气经西方金至北方水，这就是所谓"日长其类"。《淮南子》用阴阳二气的物理性能说明四时的变化和万物盛衰的原因。这就和董仲舒的"阳气仁而阴气戾"的目的论的思想相对立起来。《淮南子》关于四时形成的解释，成为后来一般的说法。

从以上所讲的，可见《淮南子》关于气的理论是唯物主义的。在董仲舒的体系中，"天"是最高范畴；在《淮南子》的体系中，"道"是最高范畴。它所谓"道"是一种混沌未分的气；万物都从"道"分化出来，这是唯物主义自然观。从《天文训》所提供的材料看，《淮南子》关于气和宇宙形成的理论，是和当时的科学知识，特别是天文学的知识，有密切的联系，从某种意义说，是对先秦以来的天文科学的发展作了一次哲学的总结。《天文训》也是研究我国古代科学史的一篇重要文献。当然，它对自然现象的形成和天体运行的说明，还没有摆脱古代"术数"的影响，还夹杂某种神秘主义的成分。这也是和当时科学发展的一般水平相适应的。

第四节　《淮南子》关于天人关系的反目的论的理论

天人关系问题，是汉代哲学战线中的一个尖锐的问题。董仲舒在这个问题上，把自然拟人化，认为天是有意志的，由此建立他的唯心主义的、目的论的宇宙观。《淮南子》在这个问题上，跟董仲舒的目的论是对立的。

《原道训》论述道和万物的关系说："夫太上之道，生万物而不有，成化像而弗宰；跂行喙息，蠉飞蠕动，待而后生，莫之知德，待之后死，莫能之怨；得以利者不能誉，用而败者不能非；收聚畜积而不加富，布施禀授而不益贫。"这是对老聃所说的道"生而不有，为而不恃，长而不宰"的思想进一步的发挥。道生长万物，但不主宰万物；万物对道也没有什么恩怨的情感。这就是说，道是没有意识和目的的。因此，《泰族训》又说："天致其高，地致其厚，月照其夜，日照其昼，列星朗，阴阳化，非有为焉，正其道而物自然（原作"阴阳化，列星朗，非其道而物自然"，依王念孙校改）。故阴阳四时，非生万物也；雨露时降，非养草木也；神明接，阴阳和，而万物生矣。故高山深林，非为虎豹也；大木茂枝，非为飞鸟也；流源千里，渊深百仞，非为蛟龙也。致其高崇，成其广大，山居木栖，巢枝穴藏，水潜陆行，各得其所宁焉。"这是说，在自然界中，事物的生长变化，都是自然如此的，并不体现某种预定的目的，像恩格斯讥笑目的论时所说的，"猫被创造出来是为了吃老鼠，老鼠被创造出来是为了给猫吃"（《自然辩证法》，人民出版社 1955 年版，第 18 页）。阴阳二气的运动，没有生长万物的意志，阴阳二气运行的结果，万物自然就产生了。高山深林，并不是为了虎豹藏身而设，而是由于它适合于野兽生活条件，所以虎豹便栖居在山林之中了。《淮南子》在这里提出了事物自然适应，"各得其所宁"的理论，以说明自然界中事物相互依赖的关系，由此驳斥了目的论。

《淮南子》还指出，自然现象的变化，对人类来说，同样是没有目的的。它说："天有明，不忧民之晦也；百姓穿户凿牖，自取照焉。地有财，不忧民之贫也；百姓伐木芟草，自取富焉。……天地无予也，故无夺也。日月无德也，故无怨也。"（《诠言训》）这是说，日月的光明和地上的物资，并不是天地因爱人而赐给人类的。人类自己努力于生产，从事于劳动，向天地取得自己所需要的东西。天地对人类没有恩德；人类对天地也无需感谢。这就更加有力地否定了自然有意志的说法，表现了无神论的倾向。《淮南子》进一步打击了汉代的官方哲学的神秘主义目的论。《淮南子》中的这些论点，后来又得到王充的进一步的发展，成为反对神秘主义目的论的重要武器。

先秦道家特别是庄周一派，以天道自然的理论，否定了当时宗教所讲的意志的天；但另一方面，他们认为人在自然面前不能也不应有所作为，又抹杀了人的主观能动性，由此陷入了机械的宿命论。《淮南子》在这个问题上，改造了先秦道家的理论，对"无为"做了新的解释。

《原道训》说："所谓无为者，不先物为也；所谓无不为者，因物之所为。所谓无治者，不易自然也；所谓无不治者，因物之相然也。"这是说，"无为"不是无所作为，而是遵循事物的客观条件和规律。《原道训》在上文说："是故禹之决渎也，因水以为师；神农之播谷也，因苗以为教。夫萍树根于水，木树根于土，鸟排虚而飞，兽蹍实而走，蛟龙水居，虎豹山处，天地之性也。两木相摩而燃，金火相守而流，圆者常转，窾（空）者主浮，自然之势也。……陆处宜牛马，舟行宜多水，匈奴出秽裘，干越生葛缔；各生所急，以备燥湿；各因所处，以御寒暑；并得其宜，物便其所。由此观之，万物固以自然，圣人又何事焉?"这是说，万物的存在和运动都有它自己的规律和自然的趋势，人是不能违背的。不违背自然的趋势，就叫"无为"。《主术训》说："禹决江疏河，以为天下兴利，而不能使水西流；稷辟土垦草，以为百姓力农，然不能使禾冬生；岂人事不至哉? 其势不可也。夫推不可为之势，而不修道理之数，虽神圣人不能以成其功，而况当世之主乎! 夫载重而马羸，虽造父不能以致远；车轻马良，虽中工可使追逮；是故圣人举事也，岂能拂道理之数，诡自然之性，以曲为直，以屈为伸哉?"这是说，自然的规律不是人所能创造和改变的；违背了客观规律，任何有才能的人办事也不会成功。这是把客观规律摆在第一位的唯物主义观点，对道家的因循自然的思想作了积极的解释。

正是依据这种积极的理解，《淮南子》进一步批判了在自然面前消极无所作为的思想。它认为，所谓"无为"，并不是"寂然无声，漠然不动，引之不来，推之不往"（《修务训》）。这样的"无为"是荒谬的；"无为"并不是抹杀人的主观努力，叫人"四肢不动，思虑不用"，而是说，叫人去掉主观的成分，服从客观的规律，按照客观的规律办事。它说："夫地势，水东流，人必事焉，然后水潦得谷行。禾稼春生，人必加功焉，故五谷得遂长。听其自流，待其自生，则鲧禹之功不立而后稷之智不用。若吾所谓无为者，私志不得入公道，嗜欲不得枉正术，循理而举事，因资而立功（原脱功字，依王念孙校补），推（原作权，依王念孙校改）自然之势，而曲故不得容者。事成而身弗伐，功立而名弗有，非谓其感而不应，迫而不动者。若夫以火熯井，以淮灌山，此用己而背自然，故谓之有为。若夫水之用舟，沙之用鸠，泥之用辐，山之用蔂，夏渎而冬陂，因高为山，因下为池，此非吾所谓为之。"（《修务训》）这就是说，如果遵循客观规律去办事（"循理而举事"），凭借客观的条件求得成功（"因资而立功"），推动事物照自然的趋势前进（"推自然之势"），不掺入主观的歪曲（"曲故不得容"），不以主观的偏见代替客观的道理（"私志不得入公道"），这样就是无为。如果违反事物的自然趋势，不遵循客观的规律，专凭主观意见任意行动（"用己而背自然"），这就是有为；这样的"有为"，必定要失败。这里不仅批判了主观主义，同时也批判了因循自然的宿命论的观点。这种对无为和有为的解释，是黄老，不是老庄。

《淮南子》这里所讨论的问题，是人和自然的关系问题的一个方面，也是主观和客观的关系问题的一个方面。对这个问题，先秦的唯物主义哲学家荀况和韩非，已开始作了正面的回答。但是，用更丰富的事例以论述这一唯物主义的思想，这要归功于《淮南子》。从它所提出的论证看，它对生产活动、科学知识都十分重视。正因为如此，所以《淮南子》在这个问题上能得到比较正确的结论。在《淮南子》这部著作中，并没有完全摆脱道家的消极无为思想的影响，对人的主观能动性还没有给予足够的重视，但是它对"无为"所作的新的了解，明确地标志着汉代黄老之学的特点。

《淮南子》关于天人关系的看法，还表现在它所讲的"天人感应"的理论中。在这个问题上，《淮南子》继承了阴阳五行家的机械感应论，最后陷入了神秘主义。

《泰族训》说："圣人者，怀天心，抱地气，磬然能动化天下者也。故精诚感于内，形气动于天，则景星见，黄龙下……逆天暴物则日月薄蚀，五星失行。……天之与人有以相通也。故国危亡而天文变，世惑乱而虹蜺见，万物有以相连，精祲有以相荡也。""万物有以相连"是一个正确的命题；由此而推出"天之与人有以相通"，这在字面上看也是正确的，但其含义是"天人感应"，这就是错误的了。但《淮南子》与董仲舒还是不同的。

这里所谓"天心"，就是稷下黄老学派以下所说的宇宙间的精气。人的精神是"天之有"；形骸是"地之有"；这就是所谓"怀天心，抱地气"。"圣人"的精气充足，故能感动宇宙间的精气。

照《淮南子》所说，不仅居于统治地位的"圣王"能如此，被统治的下层的人也能如此。《览冥训》说："昔者师旷奏白雪之音，而神物为之下降，风雨暴至。平公癃病，晋国赤地。庶女叫天，雷电下击。景公台陨，支体伤折，海水大出。夫瞽师庶女，位贱尚菜，权轻飞羽，然而专精厉意，委务积神，上通九天，激厉至精。由此观之，上天之诛也，虽在旷虚幽间，辽远隐匿，重袭石室，界障险阻，其无所逃之亦明矣。"由此可见，《淮南子》所说的"天人感应"，是以稷下黄老学派的精气说为根据的。它认为无论如何贫贱的人，只要"专精厉意，委务积神"，就可以"上通九天，激厉至精"。因为人身中所有的精气，跟自然界中的精气，是同一种的东西。所谓"上天之诛"是"激厉至精"的结果，与承认有意志之天是有所不同的。

下文说："昔者雍门子以哭见于孟尝君。已而陈辞通意，抚心发声。孟尝君为之增欷歍唈、流涕狼戾不可止。精神形于内，而外谕哀于人心。此不传之道。"这是说，不仅天人之间可以感应，人与人之间也可互相感应，其原因也是由于人都有同样的精气。下文接着说："夫物类之相应，玄妙深微，知不能论，辩不能解。故东风至而酒湛溢，蚕珥丝而商弦绝，或感之也。画随灰而月运阙，鲸鱼死而彗星出，或动之也。故圣人在位，怀道而不言，泽及万民。君臣乖心，则背谲见于天，神气相应，征矣。故山云草莽，水云鱼鳞，旱云烟火，浤云波水，各象其形类，所以感之。夫阳燧取火于日，方诸取露于月。天地之间，巧历不能举其数。手征忽恍，不能览其光。然以掌握之中，引类于太极之上，而水火可立致者，阴阳同气相动也。"这是《淮南子》对于"天人感应"的总的解释，这种解释完全以同类东西的机械的感动为根据。

《淮南子》的机械的感应论，是和它所讲的天道自然的理论相一致的。它认为万物都由阴阳二气所构成，都具有阴阳的性质。同类性质的事物自然相感应，并不是受某种意志和目的的支配。《泰族训》说："故天之且风，草木未动，而鸟已翔矣；其且雨也，阴曀未集，而鱼已唅矣。以阴阳之气相动也。故寒暑燥湿，以类相从；声响疾徐，以音相应也。"这是说，天将起风是阳气发散的表现；鸟类属阳，所以相应而起飞。天将下雨，是阴气凝聚的表现；鱼类属阴，所以相应而喘息。它们之间的感应，是由本身所固有的物理性能机械地引起的。《览冥训》说："若夫以火能焦木也，因使销金，则道行矣。若以慈（磁）石之能连铁也，而求其引瓦，则难矣。物固不可以轻重论也。夫燧之取火于日，慈石之引铁，蟹之败漆，葵之乡（向）日，虽有明智，弗能然也。……唯通于太和，而持自然之应者，为能有之。"这是说，同类事物相感应，是一种自然的法则，是人的主观智力所不能达到的。

关于机械的感应，《地形训》还说："土地各以其类生。是故山气多男，泽气多女，障气多暗，风气多聋。……皆象其气，皆应其类。故南方有不死之草，北方有不释之冰。……磁石上飞，云母来水，土龙致雨，燕雁代飞，蛤蟹珠龟，与月盛衰。是故坚土人刚，弱土人肥，垆土人大，沙土人细，息土人美，耗土人丑。食水者善游能寒，食土者无心而慧，食木者多力而奰，食草者善走而愚，食叶者有丝而蛾，食肉者勇敢而悍，食气者神明而寿，食谷者知慧而夭，不食者不死而神。"这里所讲的"感应"大部分出于虚构。可是这种说法认为，人和生物的体质、性格是依赖于它们所处的自然环境的，一个生物和它所处的自然环境有一种机械的感应关系，这就是所谓"皆象其气，皆应其类"。这种说法，意味着人和生物的存在并不体现某种目的，由此否定了目的论。

这样的机械感应论意识到自然现象之间以及人和自然环境之间存在着一定的联系，因而含有合理的因素。但是，囿于这种机械感应论，终究不可能正确地把握客观世界的内在联系，以认识人和自然的关系。因此，《淮南子》在解释世界的过程中不可避免地夹杂不少主观的虚构，特别是在说明社会现象和自然现象的关系时导致错误，乃至陷入唯心主义和神秘主义。这种情况在《天文训》中可以比较清楚地看到。

上面讲过，《天文训》开始以阴阳二气的运行、作用，说明世界的形成，自然的变化。这里，比较多地表现出朴素唯物主义的倾向。在这个前提下，它进一步说明自然现象的相互联系，得出具有一定合理性的结论："物类相动，本标相应。"可是，再向前跨一步，就显出了这种观念的局限性。它接着说："虎啸而谷风至；龙举而景云属；麒麟斗而日月食；鲸鱼死而彗星出；蚕珥丝而商弦绝；贲星坠而勃海决。"这些"联系"，就是它求助于主观幻想的表现。依照这样的推论，最后全于对社会现象的解释，终于陷入了根本的错误："人主之情上通于天，故诛暴则多飘风；枉法则多虫螟；杀不辜则国赤地；令不收则多淫雨。"由此，甚至不得不在某种程度上肯定所谓天的意志，肯定"四时者，天之吏也；日月者，天之使也；星辰者，天之期也；虹蜺彗星者，天之忌也"。

这里，我们看到，在"天人感应"问题上，《淮南子》最后没有克服唯心主义和神秘主义。不过它的基本思想还是一种机械感应论。这种思想和天道自然的思想结合起来，反对了目的论的观点。上章讲过，董仲舒也曾引用机械感应的说法，但是直接地，明确地给以目的论的解释，用以论证其神秘主义的"天人感应"。在这一点上，《淮南子》和董仲舒的体系还是很不相同的。

第五节　《淮南子》中的形、神二元论

《精神训》说："古未有天地之时，惟像无形，窈窈冥冥，芒芠漠闵，澒濛鸿洞，莫知其门。有二神混生，经天营地，孔乎莫知其所终极，滔乎莫知其所止息。于是乃别为阴阳，离为八极。刚柔相成，万物乃形。烦气为虫，精气为人。是故精神，天之有也；而骨骸者，地之有也。精神入其门，而骨骸反其根，我尚何存？"这是说，万物都是由阴阳的配合（"刚柔相成"）而生出的。人之生也是如此。照这里所说，人之为人，包括两部分：一部分是精神，一部分是形体（"骨骸"）。形体是从重浊的阴气来的，所以说是"地之有"；精神是从轻清的阳气来的，所以说是"天之有"。照这里所说，万物都是"刚柔相成"而生，但人的精神特别是一种细微的气，就是"精气"。所以说"烦气为虫，精气为人"。精气在人的形体中，是可随时出入的。"夫孔窍者，精神之户牖也。……故曰，其出弥远者，其知弥少，以言夫精神之不可使外淫也。"（《精神训》）这是说，人的耳目等是身体内部通于外界的孔道；精气可以从其中出入。体内的精气外出的越多，人的聪明就越降低。这对《老子》的解释，完全是用韩非子的说法（参看第二册第二十三章）。这种说法是以稷下黄老学派的理论为基础的。

《俶真训》说："是故神越者其言华；德荡者其行伪。至精亡于中，而言行观于外，此不免以身役物矣。夫言华（原作趋舍，依刘家立校改）行伪者，为精求于外也。精有湫尽而行无穷极，则滑心浊神而惑乱其本矣。"这里所谓神、德、精都是指人所有的精气。这也是说，精气应该停留于人的身体之内，不应该

105

流荡于外。

《原道训》说："夫形者生之舍也，气者生之充也，神者生之制也。一失位则三者伤矣。"照此说，则于形、神之外，还有所谓气。形、神、气三者都保其应有的状况，人的生命就可有正常的发展。如果有一失位，其二者也都要受损伤。但下文还是归结于形、神。下文说："故以神为主者，形从而利。以形为主者，神从而害。……则精神以日耗而弥远，久淫而不返，形闭中距，则神无由入矣。"这也是说，精气不可远离形而久流荡于外。

《淮南子》中关于形、神的理论，也是稷下黄老学派的理论，认为精神是由"气之精者"构成的，但比稷下黄老学派也有一定的进步。照稷下黄老学派的说法，精气处于人的身体中，完全像人住在房子中一样。只要房子清洁，人就愿意住；只要人心中虚静，精气就愿意来。它也说过，人的饥饱可以影响心的情况（见《管子·内业》），但是它所注重的还是人的心理状态。《淮南子》比较注重精气对于身体的依赖。上引《原道训》说，形的"失位"也可以使神、气受伤。《精神训》又说："是故血气者，人之华也；而五藏者，人之精也。夫血气能专于五藏而不外越，则胸腹充而嗜欲省矣。胸腹充而嗜欲省，则耳目清而听视达矣。耳目清、听视达谓之明。五藏能属于心而无乖，则敫志胜（悖乱之志被胜）而行不僻矣。敫志胜而行不僻，则精神盛而气不散矣。精神盛而气不散则理。理则均，均则通，通则神，神则以视无不见也，以听无不闻也，以为无不成也。"又说："夫孔窍者精神之户牖也，而血气（原作气志，依王念孙校改）者五藏之使候也。耳目淫于声色之乐，则五藏摇动而不定矣。五藏摇动而不定，则血气滔荡而不休矣。血气滔荡而不休，则精神驰骋于外而不守矣。精神驰骋于外而不守，则祸福之至虽如丘山，无由识之矣。使耳目精明玄达而无诱慕，气志虚静恬愉而省嗜欲，五藏定宁充盈而不泄，精神内守形骸而不外越，则望于往世之前而视于来事之后，犹未足为也。岂直祸福之间哉？"这里所说的血气，就是《原道训》所说的气。"夫血气能专于五藏而不外越，则胸腹充而嗜欲省矣。"这就是《原道训》所说的，"气者，生之充也"。血气是五藏所直接控制的（"五藏之使候"），所以也可以归于"形"的一方面。

就上面所引的，可见《淮南子》认为精气能否守于体内，还要看人的血气和五藏的情况而定。照这里所说，五藏的情况最为重要。五藏的情况，决定血气的情况；血气的情况，决定精气的情况。《淮南子》虽然仍认为精气可以离开身体而存在，但是，它看到形神的互相影响，主张形神交相养，并且逐渐倾向于精神对身体的依赖。这在形、神问题上是一个进步。

但是，《淮南子》对形、神的看法，也有很大的缺点。它并没有摆脱形、神二元论的立场。《俶真训》又说："是故形伤于寒暑燥湿之虐者，形苑而神壮。

神伤乎喜怒思虑之患者，神尽而形有余。故罢马之死也，剥之若槁。狡狗之死也，割之有濡。是故伤死者其鬼娆，时既者其神漠，是皆不得形，神俱没也。"这是说，形、神是两种东西，可以形受伤而神犹壮，也可以神尽而形有余，因此不可能"形神俱没"。

《淮南子》并且认为，精神比形体重要（"神贵于形"），强调精神对形体的控制作用。由此又有"神制则形从，形胜则神穷"（《诠言训》）的说法。由于强调养神，过分夸大了精神对形体的影响，《淮南子》终于又承认了精神不死。《精神训》说："故形有摩（灭）而神未尝化者，以不化应化，千变万抟，而未始有极。化者复归于无形也；不化者与天地俱生也。夫木之死也，青青去之也。夫使木生者，岂木也？犹充形者之非形也。故生生者未尝死也，其所生则死矣。化物者未尝化也，其所化则化矣。"这是说，形体可以死亡，但精神可以不死。从这段话中可以看出，尽管《淮南子》意识到精神对形体的依赖关系，表现了唯物主义的倾向，但是，由于没有从根本上克服形、神二元论，在很大的程度上保留了精气说的弱点，终于陷入了承认精神不死的唯心主义。正因如此，它的精气说又成了宣扬天人感应的支柱。

总的说，《淮南子》基本上主张人的生是精气与形体的结合；人死则精气归于天，形体归于地。上章讲过，《礼记》的作者们对于人的生死也是持这种看法。但他们要"明命鬼神，以为黔首则"。《淮南子》虽然最后承认了精神不死，但它并没有用以宣扬有鬼论。

汉朝的黄老之学对于人的生死的看法大都如上面所说的。汉武帝时，有一个人叫杨王孙，"学黄老之术，家业千金，厚自奉养生，亡所不致"（《汉书·杨王孙传》）。他将死的时候，遗命裸体入葬（"裸葬"）。他说："且夫死者，终生之化，而物之归者也。归者得至，化者得变，是物各反（返）其真也。反真冥冥，亡形亡声，乃合道情。……且吾闻之，精神者，天之有也；形骸者，地之有也。精神离形，各归其真，故谓之鬼，鬼之为言归也。其尸块然独处，岂有知哉？"又说："故圣王生易尚，死易葬也。不加工于无用，不损财于亡谓。今费财厚葬，留归隔至，死者不知，生者不得，是谓重惑。"（《汉书·杨王孙传》）杨王孙认为，人的生命是由肉体和精神相结合而成的，死亡是生命的终结。人死以后，形、神分离，各回到自然界中。死后无知，厚葬只是浪费财富。杨王孙仍没有摆脱形、神二元论的观点，把精神仍看成是由精气组成的，认为死后精神回到无形的精气中去；这正是稷下黄老学派的理论。但他明确地肯定死后无知，并没有灵魂那样的鬼继续存在，这是一种无神论的理论。

第六节 《淮南子》中反映论的认识论和辩证法思想

《淮南子》有《人间训》。《要略》说："《人间训》者，所以观祸福之变，察利害之反，钻脉得失之迹，标举终始之坛（嬗）也。分别百事之微，敷陈存亡之机，使人知祸之为福，亡之为得，成之为败，利之为害也。"这是说，这一篇的内容，主要的是论证祸福、利害、得失、成败等，相反而经常在一起，并且互相转化。这里表现出《淮南子》中的辩证法思想。这一篇也谈到，人怎样正确地认识这些变化。这也反映《淮南子》中认识论的观点。

《人间训》说："清净恬愉，人之性也；仪表规矩，事之制也。知人之性，其自养不勃；知事之制，其举错不惑。""清净恬愉，人之性也"。这是道家的一般说法，但在此与"仪表规矩，事之制也"对举，这就有说明主观与客观的不同的意义。"仪表规矩"是人依事物的客观规律所制定的行为的标准，是客观规律的反映。这些都是以客观世界为依据的。

《原道训》中有一段话更清楚地表现出这种思想。它说："人生而静，天之性也；感而后动，性之容也（容本作害，依俞樾校改）；物至而神应，知之动也；知与物接而好憎生焉。"它认为，人的思想是由客观世界引起的；人对于外界事物的变化，不能主观臆测，只有顺从它们的本性而加以掌握。"是故天下之事不可为也，因其自然而推之。万物之变不可究也，秉其要趣而归之（原作'秉其要趣之归'，依王念孙校改）"。"不可为"就是说不可凭主观的偏见，任意妄为。它认为，人的心应该像镜子和平静的水面，事先没有一个主观的框框，这就能正确地反映事物的形状。"夫镜水之与形接也，不设智故，而方圆曲直弗能逃也"（《原道训》）。

《淮南子》认为，人的主观世界，应该是"清净恬愉"。《人间训》说："发一端，散无竟，总一笼，周八极（原作周八极，总一笼，依俞樾校改），谓之心。见本而知末，观指而睹归，执一而应万，握要而治详，谓之术。"这是说，人的性虽只是"清净恬愉"，但人的心的能力，可以抓着事物的要点（"一端"）或规律（"一笼"），由"一端"而知"无竟"，由"一笼"而遍"八极"。由于心有这种能力，所以它有一种方法（"术"），看见事物的根本就可以知道它的末梢，看见事物的方向就知道它的归结，拿着一个规律就可以应付千万的变化，掌握一个要点就可以统治所有的细节。《人间训》下文接着说："居知所为，行知所之，事知所秉，动知所由，谓之道。"这是说，人有了这样的"术"，他在行动的时候，遇见事情就知道怎样办；这种知识就是道。

《人间训》说："夫祸之来也，人自生之；福之来也，人自成之。祸与福同门，利与害为邻，非神圣人莫之能分。凡人之举事，莫不先以其知规虑揣度，而后敢以定谋其或利或害，此愚智之所以异也。"这是说：人的行动所以常遇困难，这是因为祸、福、利、害这些东西虽相反而经常在一起，不容易分别。人必须于行动以前，先根据他的知识，对于有关的事物详细考虑，然后才能决定其利害。智者如此，愚人不能；这是愚智之所由分。

《人间训》在下文，从历史的经验中，作出了一些总结。它说："故物或损之而益，或益之而损。"它说：楚国的孙叔敖于将死的时候，嘱咐他的儿子要一个坏的地方，作为封地。这个地方很坏，别人不要，所以能长远维持这个封地。这是"或损之而益"的例证。晋厉公战胜诸侯，"威服四方"，但因胜而骄，后来终于失败。这是"或益之而损"的例证。这条规律本来是《老子》说过的(见《老子》第四十二章)。但《人间训》指出由"损"到"益"，由"益"到"损"的转化的条件。它说"夫孙叔敖之请有寝之丘，沙石之地，所以累世不夺也。晋厉公之合诸侯于嘉陵，气充志骄(此四字原在上文，依刘家立校移此)，所以身死于匠骊氏也"。"沙石之地"和"气充而骄"就是这个事例中的转化的条件。《人间训》又总结说："众人皆知利利而病病也，唯圣人知病之为利，知利之为病也。"

《人间训》又继续作了一些总结。它说："事或欲利之，适足以害之；或欲害之，乃反以利之。""有功者，人臣之所务也；有罪者，人臣之所避也。或有功而见疑，或有罪而益信。""事或夺之而反与之，或与之而反取之。""故物或远之而近，或近之而远。或说听计当而见疏，或言不用计不行而益亲。""或无功而先举，或有功而后赏。""或有罪而可赏，或有功而可罪。""或誉人而适足以败之；或毁人而乃反之以成之。""或贪生而得死；或轻死而得生；或徐行而反疾。""事或为之适足以败之；或备之适足以致之。""或争利而反强之，或听从而反止之。""或明礼义，推道理而不行；或解媾妄言而反当。"这都是"物或损之而益，或益之而损"在各方面的表现。

这些总结，都说明事物的发展和变化是一个对立面互相转化的过程。《人间训》说："夫祸福之转而相生，其变难见也。""转而相生"即对立面的互相转化。这是不容易了解的，所以说"其变难见"。因此"智者离路而得道；愚者守道而失路"。就是说，有智慧的人离开了一般人所走的路，反而合乎大道。愚昧的人死守着大道，反而失去正确的道路。

"祸福之转而相生"是在一定的具体情况下实现的。这种情况，《人间训》称为"时"。它说："夫徐偃王为义而灭，燕子哈行仁而亡，哀公好儒而削，代君为墨而残。灭亡削残，暴乱之所致也，而四君独以仁义儒墨而亡者，遭时之务异也。非仁义儒墨不行，非其世而用之，则为之擒矣。""狂谲不受禄而诛，段干木辞相而显。所行同也，而利害异者，时使然也。"这是说，同样的行为，在不同的情况下，在不同的具体条件的制约下，可以有不同的后果。

在一定的情况和条件下，有利的事转变为不利的事，福转变为祸。在开始转变的时候，这还只是一个萌芽，比较容易防止。明智的人正是要在这个时候，将其消灭。《人间训》说："圣人敬小慎微，动不失时。""是故圣人者常从事于无形之外，而不留思尽虑于成事之内，故祸患弗能伤也。"这也就是《老子》所说的"图难于其易，为大于其细"（第六十三章）的原则的发挥。

《人间训》说："夫事之所以难知者，以其窜端匿迹，立私于公，倚邪于正，而以胜惑人之心者也。若使人之所怀于内者与所见于外者若合符节，则天下无亡国破家矣。"就是说，事情的开端总是不容易觉察的。事情好像是有意地把自己的开端隐蔽起来（"窜端匿迹"）。事情和它的对立面纠缠在一起，也不容易分别。私与公，邪与正，是对立的，可是它们又是互相依存。因此人的主观的想法（"所怀于内者"）和客观的情况（"所见于外者"）不相符合，所以就会碰壁。

《人间训》又指出，事物的现象和它的实际情况经常是不一致的。它说："夫物无不可奈何，有人无奈何。……物类之相摩近而异门户者，众而难识也。故或类之而非，或不类之而是，或若然而不然者，或若不然而然者（原作不若然而然者，依王引之校改）。"这就是说，对于外物，总有办法加以控制（"物无不可奈何"），可是人的知识有困难的时候（"有人无奈何"）。这是因为分不清事物的现象和其实际情况的差别，而往往为其现象所欺骗。《人间训》说："物类相似，若然而不可从外论者，众而难识矣，不可不察也。"

《淮南子》中的辩证法思想是《老子》的辩证法思想的进一步的发展。可以看出，它对事物对立面的转化，采取了比较积极的态度。它的辩证法思想也是和它的认识论理论结合在一起的。在它的理论中，它肯定主观与客观的分别及其间不符合的情况。它又指出，其所以有这样的情况，是由于事物的开端微小难以认识，也由于事物的现象与其实际情况常有差别。因此，它比较重视客观条件，这是《淮南子》中的认识论的反映论。

第七节 《淮南子》的人性论

《淮南子》在有些地方认为人的本性是纯朴的天真。它强调生活环境对于人性的影响。它说："原人之性芜秽而不得清明者，物或堁（尘土）之也。羌、氐、僰、翟，婴儿生皆同声，及其长也，虽重象狄鞮（重译），不能通其言，教俗殊也。……夫素之质白，染之以涅则黑；缣之性黄，染之以丹则赤。人之性无邪，久湛于俗则易，易而忘本，合于若性。"（《齐俗训》）"合于若性"，是说外边的势力可以与人性同化成为性的一部分。照这个说法，人性如一张白纸，染上什么颜色，就成为什么颜色。这是告子的说法，也是墨翟的说法。这不同于孟轲的说法，也不同于荀况的说法。孟轲说人性善，是说人生来有道德的品质。《淮南子》说人性纯朴天真，是说人性如同一面镜子，没有尘垢，既没有仁义的属性，也没有好利争夺的本性，实际上是说，人性是无善无恶的。孟轲认为人的品质是先天的，恶是后天环境的产物。荀况则认为人的善的品质是后天教养的结果，恶是生来具有的。《淮南子》扬弃了这两种说法，接近了善恶都是后天环境影响的结论。这个结论，在《淮南子》中虽然没有明确地表达出来，但它的思想确乎是向这个方向发展的。

《淮南子》中的《修务训》集中地论证了人的品质和才能是后天环境磨练的产物。它批判先秦道家认为人性不可改易、也不应该改易的机械的宿命论的观点。它说："世俗废衰，而非学者多：'人性各有所修短，若鱼之跃，若鹊之驳，此自然者，不可损益。'吾以为不然。"它举马为例说："故其形之为马，马不可化。其可驾御，教之所为也。马，聋虫也，而可以通气志，犹待教而成，又况人乎?"（《修务训》）这是说，马的形状是不可改易的，但马的性格是可以驯服的。人性可以因教而改变，更是如此。

《淮南子》提出论证说："夫纯钧（依王念孙校）鱼肠之始下型，击则不能断，刺则不能入。及加之砥砺，摩其锋锷，则水断龙舟，陆刭犀甲。明镜之始下型，曚然未见形容，及其粉以玄锡，摩以白旃，鬓眉微豪，可得而察。夫学亦人之砥锡也，而谓学无益者，所以论之过。"（《修务训》）这是说，剑和镜，刚从范型出来的时候，也是不利不明的，经过磨练加工，才成为利剑和明镜。人不经过学习和锻炼，不可能成为品质高尚和有才能的人。《淮南子》认为，人的才智都各有优点和缺点，虽圣贤也不能例外。"知者之所短，不若愚者之所修，贤者之不足，不若众人之有余。何以知其然？夫宋画吴冶，刻刑镂法，乱修曲出，其为微妙，尧舜之圣不能及。"（《修务训》）这是因为，有些人在某一方面经过学习锻炼，有些人在这一方面没有经过学习锻炼。《淮南子》指出，有没有后天的学习是人类和其他动物的区别所在。其它动物只是依靠本能而生存；人类通过学习和锻炼以提高自己的才能，所以才能战胜其它动物。它说："其（其它动物）爪牙虽利，筋骨虽强，不免制于人者，知不能相通，才力不能相一也。各有其自然之势，无禀受于外，故力竭功沮。"（《修务训》）依据以上的论证，它得出结论说："今使人生于辟陋之国，长于穷檐漏室之下，长无兄弟，少无父母，目未尝见礼节，耳未尝闻先古，独守专室而不出门户，使其性虽不愚，然其知者必寡

矣。"(《修务训》)

从上面所引的材料看,《淮南子》的人性论含有较多的唯物主义的因素。它倾向于把人的品质和才能看成是后天环境养成的,是后天锻炼和教化的结果。它把后天的学习提到首要的地位,重视感官经验和生活中的实践。这也是《淮南子》关于人和自然的关系的理论在人性论方面的表现。这样的人性论,和董仲舒的说法比较起来也有不同的地方。董仲舒虽然也强调后天的教化,但他仍然肯定了人有先天的"善质",至于教化,则又完全归于"圣王"的身上;"圣人之性"却是不待教化,天生"过善"的。《淮南子》把后天的教养归之于一个人在生活环境中的磨练和对前人经验的继承,并且认为统治者同样需要学习。它说:"自人君公卿,至于庶人,不自强而功成者,天下未之有也。《诗》云:'日就月将,学有缉熙于光明',此之谓也。"(《修务训》)

第八节　《淮南子》中主张"变"的社会、政治思想

在本册中,我们讲到董仲舒的哲学思想的一个基本内容是"奉天而法古"。"奉天法古"也是董仲舒所提出的一个统治者进行统治的最高原则。《淮南子》是不讲"奉天法古"的。它认为作为一个统治者的最高原则,不是"奉天",而是"法道"。《淮南子》把《原道训》列为全书的首篇。"法道"在政治上的意义就是统治者应该无为。无为是《淮南子》的社会政治思想的核心。《主术训》说:"无为者,道之宗。"《淮南子》继承了汉初的黄老之学的无为而治的思想,但给予新的解释,使其具有不同的社会意义。

《诠言训》说:"洞同天地,浑沌为朴,未造而成物,谓之太一。同出于一,所为各异。有鸟,有鱼,有兽,谓之分物。方以类别,物以群分,性命不同,皆形于有。隔而不通,分而为万物,莫能反宗。故动而谓之生,死而谓之穷。皆为物矣,非不物而物物者也。物物者亡乎万物之中。稽古太初,人生于无,形于有,有形而制于物。能反其所生,若未有形,谓之真人。真人者,未始分于太一者也。"意思就是说,"物物者"就是"太一",也就是"浑沌为朴"的气。人也是"有形"之一,也是万物之一。由此方面说,他也是受制于物的。但是他若了解他是分于"太一",了解他的精神是"天之所有",他的形体是"地之所有",了解死则精神复归于天,形体复归于地。这就是"能反其所生",实际上虽"分于太一"而意识上"未始分于太一";这样的人就是所谓"真人"。反就是返,回归的意思。

《淮南子》认为"真人"是真正能做统治者的人。《诠言训》说:"为治之

本，务在于安民。安民之本，在于足用。足用之本，在于勿夺时。勿夺时之本，在于省事。省事之本，在于节欲。节欲之本，在于反性。反性之本，在于去载。去载则虚，虚则平。平者，道之素也；虚者，道之舍也。能有天下者，必不失其国。能有其国者，必不丧其家。能治其家者，必不遗其身。能修其身者，必不忘其心。能原其心者，必不亏其性。能全其性者，必不惑于道。"这是《淮南子》所提出的一个政治纲领，这个纲领，同《大学》所提出的纲领，在形式上很相似，但有不同的内容。其内容的要点是，要"安民"，必"省事"；要"省事"，统治者必先"节欲"。统治者的"节欲""省事"，体现为政治上的"无为"。

《主术训》说："君人之道，处静以修身，俭约以率下；静则下不扰也，俭则民不怨也；下扰则政乱，民怨则德薄。"这里所说的"静"和"俭"是说，统治者要"节欲""省事"，爱惜民力，节省财富。它说："尧之有天下也，非贪力民之富，而安人主之位也。以为百姓力征，强凌弱，众暴寡，于是尧乃身服节俭之行，而明相爱之仁，以和辑之。……衰世则不然。一日而有天下之富，处人主之势，则竭百姓之力，以奉耳目之欲。……人主急兹无用之功，百姓黎民颠颂于天下。是故使天下不安其性。"《淮南子》又指出，"衰世之俗，以其知巧诈伪，饰众无用，贵远方之货，珍难得之财，不积于养生之具"（《齐俗训》）。这样就加深了社会的贫富对立。"故其为编户齐民无以异，然贫富之相去也，犹人君与仆虏，不足以喻（原作论，依王念孙校改）之。"（《齐俗训》）汉武帝时候，有个"学黄老之言"的汲黯，当面批评武帝，说他是"内多欲而外施仁义，奈何欲效唐虞之治乎"？（《史记·汲郑列传》）《淮南子》"省事""节欲"的理论，实际上是对汉武帝的批评，也就是当时的地方政权对于中央政权的批评。这种批评是地方政权对于中央政权斗争的一个组成部分。

《齐俗训》接着又说："夫雕琢刻镂，伤农事者也；锦绣纂组，害女工者也。农事废，女工伤，则饥之本，而寒之原也。夫饥寒并至，能不犯法干诛者，古今之未闻也。……故物丰则欲省，求淡则争止。"这是说，农民的生活不能维持，他就反抗。《淮南子》说："故有仁君明王，其取下有节，自养有度，则得承受于天地，而不离饥寒之患矣。若贪主暴君挠其下，侵渔其民，以适无穷之欲，则百姓无以被天和而履地德矣。食者民之本也，民者国之本也，国者君之本也。"（《主术训》）这是当时的地方政权对于中央政权的揭发和批判。"贪主暴君"实际上指的是武帝。

依据上述的"无为"的了解，《淮南子》批判了先秦老、庄和汉初黄老的无为政治。先秦老、庄所讲的无为，是以"不治"作为"治"天下的最高原则，实际上是对政治的否定。汉初曹参等所行的无为，是不干涉人民的活动，采取一种放任政策。两种无为的性质和意义不相同，但都认为，统治者不要有任何作为。《淮南子》说:"或曰:'无为者,寂然无声,漠然不动,引之不来,推之不往,如此者乃得道之像。'吾以为不然。""且夫圣人者,不耻身之贱,而愧道之不行;不忧命之短,而忧百姓之穷。是故禹之为水,以身解于阳盱之河;汤苦旱,以身祷于桑山之林。圣人忧民,如此其明也,而称以无为,岂不悖哉。"(《修务训》)《淮南子》认为"圣人"所以参加政治,其目的是"欲事起天下之利而除万民之害"(《修务训》),所以不能无所作为。

《淮南子》所了解的统治者的无为,除上面已说过之外,其另一个重要的内容是,集合众人的智慧,发挥众人的力量,以大有作为。《淮南子》说:"君人者不下庙堂之上而知四海之外者,因物以识物,因人以知人也。故积力之所举,则无不胜也;众智之所为,则无不成也。培井之无鼋鼍,隘也;园中之无修木,小也。夫举重鼎者,少力而不能胜也。及至其移徙之,不待其多力者。故千人之群无绝梁,万人之聚无废功。"(《主术训》)统治者自己无为,就可以发挥众人的力量。当然,他所说的众人,还只是地主阶级内部的人,并不是劳动人民群众。

《淮南子》所了解的"无为",其另一意义是继承法家"主逸臣劳"的思想。它说:"人主之术,处无为之事,而行不言之教,清静而不动,一度而不摇。因循而任下,责成而不劳。"(《主术训》)

总之,《淮南子》的无为观念,是主张人主"虚心而弱志",以使群臣并至,各尽其能;凭借这种"积力""众智",实现"无不胜""无不成"的统治。照它说,这样的统治正是遵循"道理之教",顺从"自然之性"的结果(见《主术训》)。

《淮南子》所讲的"无为"也是为刘安所利用,作为削弱君主中央集权专制主义的理论依据,在一定程度上揭露了由于汉帝国的繁荣而带来的社会危机。它所说的"衰世",实际上是对武帝"盛世"的一种讽刺。

董仲舒还提出"法古",作为汉王朝的统治理论。《淮南子》对于"法古"的思想,有明确的批判。它说:"苟利于民,不必法古;苟周于事,不必循旧。""故圣人法与时变,礼与俗化。衣服器械,各便其用;法度制令,各因其宜。故变古未可非,而循俗未足多也。"(《氾论训》)这正是战国时期法家驳斥当时反对变法的人的言论,《淮南子》引以反对汉代官方的复古主义。它认为,所谓礼义,不过是古代统治的陈迹,如同祭神所用的"刍狗土龙"一样,用过以后,就成了"壤土草薊",没有什么值得尊贵的(见《齐俗训》)。《淮南子》又说:"是故世异则事变,时移则俗易。故圣人论世而立法,随时而举事。……是故不法其已成之法,而法其所以为法。所以为法者,与化推移者也。"(《齐俗训》)这就是说,只有一个原则可以为法;这个原则就是"与化推移"。司马谈论道德家说:"有法无法,因时为业;有度无度,因物与合。故曰,圣人不朽,时变是守。"(《史记·太史公自序》)《淮南子》这里说的"与化推移"正是这种思想。

董仲舒"法古"，以《春秋》为他的基本经典，也经常引《诗经》的话，作为他立论的根据。《淮南子》批判说："王道缺而《诗》作。周室废，礼义坏，而《春秋》作。《诗》《春秋》学之美者也，皆衰世之造也。儒者循之以教导于世，岂若三代之盛哉？以《诗》《春秋》为古之道而贵之，又有未作《诗》《春秋》之时。"（《汜论训》）这里所说的儒者，就是指董仲舒这一派的人。这里特别指出《诗》《春秋》都是"衰世之造"。就是说，即使"法古"，《诗》《春秋》也未必足法，即使《诗》《春秋》可以代表"古之道"，那么，在还没有《诗》《春秋》的时候，道又在什么地方呢？这是从根本上动摇了董仲舒"法古"的理论。

当时的中央政府正在罢黜百家，定儒家为一尊。董仲舒更把这个主张正式地提出来，并且给这些措施以理论的根据。这是中央集权专制主义在思想战线的一种表现。《淮南子》站在官方反对派的立场，对于这些措施提出反对。它说："故百家之言，指奏相反，其合道一也（"一"下原有"体"字，依王念孙校删）。譬若丝竹金石之会乐同也，其曲家异而不失于体。"（《齐俗训》）就是说，丝、竹、金、石各种的乐器不同，发出来声音也不一样。但是，必须会合各种不同的声音，才能成为音乐。依据这种理论，《淮南子》批判定一家为一尊的思想。它说："百家异说，各有所出。若夫墨、杨、申、商之于治道，犹盖之一橑，而轮之一辐（两"一"字上有两"无"字，依王念孙校删），有之可以备数，无之未有害于用也。己自以为独擅之，不通之于天地之情也。"（《俶真训》）这里提到杨、墨和法家，没有提儒家。下文说："周室衰而王道废，儒墨乃始列道而议，分徒而讼，于是博学以拟（原作疑，依王引之校改）圣，华诬以胁众，弦歌鼓舞，缘饰诗书，以买名誉于天下。……是故百姓曼衍于淫荒之陂，而失其大宗之本。"（《俶真训》）这是把儒墨看成一类，加以攻击。这是说，各家的学说不同，但各有所本，就某一家说，"有之可以备数，无之未有害于用"，譬如撑伞的骨（橑），轮的辐，有一根可以算一根的数；少一两根却也没有关系，但是若有一家自以为可以垄断真理（"独擅之"），这是不合于客观情况的（"不通于天地之情"）。所以不可定一家为一尊。这里特别对于儒墨提出攻击，以见更不可定儒家为一尊。

《淮南子》又说："天下是非无所定，世各是其所是，而非其所非。所谓是与非各异，皆自是而非人。由此观之，事有合于己者，而未始有是也；有忤于心者，而未始有非也。故求是者，非求道理也，求合于己者也；去非者，非批邪施也，去忤于心者也。忤于我未必不合于人也，合于我未必不非于俗也。至是之是无非，至非之非无是；此真是非也。若夫是于此而非于彼，非于此而是于彼者，此之谓一是一非也。此一是非隅曲也，夫一是非宇宙也。今吾欲择是而居之，择非而去之，不知世之所谓是非者，孰是孰非（孰字上原有"不知"二字，依王念孙校删）。"（《齐俗训》）这是说，真正的是，必无非；真正的非，必无是。这是绝对的是非。可是现在所有的，只是相对的是非。儒家的学说也不过是相对是非中的一家。汉朝中央政府要定儒家的思想为是非的标准，认为儒家所说的就一定是是，别家所说的就一定是非。实际上，他们所说的是，不过是合于己者；他们所说的非，不过是不合于己者。但是，忤于我，未必不合于人；合于我，未必不非于俗。这是对于当时汉朝中央政府统一思想政策的针锋相对的指责。

《淮南子》中的《要略》是全书的总序。在这一篇里，刘安叙述了先秦的各家，认为它们都是在各自所处的历史条件下，为了解决各自的时代所存在的问题，而提出各自的理论。至于刘安自己所著的书，他说："若刘氏之书，观天地之象，通古今之事，权事而立制，度形而施宜，原道德之心，合三王之风，以储与扈冶，玄眇之中，精摇靡览，弃其畛挈，斟其淑静，以统天下，理万物，应变化，通殊类。非循一迹之路，守一隅之指，拘系牵连于物，而不与世推移也。故置之寻常而不塞，布之天下而不窕。"这一段话是针对春秋公羊家为汉制法而言的。意思是说，他的这部书也是在当时的历史条件下为了解决当时的问题而写的（"权事而立制，度形而施宜"）。也是对于传统文化取其精华，去其糟粕（"弃其畛挈，斟其淑静"）。所以能够解决当时各方面的问题（"统天下，理万物，应变化，通殊类"）。并不是死守哪一家的教条（"非循一迹之路，守一隅之指"）。也不是局限于以前的某些具体问题，而不随着历史的发展而发展（"拘系牵连于物，而不与世推移"）。所以，可以施行于一个小的地方，也可以施行于天下（"置之寻常而不塞，布之天下而不窕"）。总而言之，他也是为汉制法。

第三十章　《盐铁论》与"义利之辨"

第一节　地主阶级打击商人的斗争

汉武帝为中国封建社会做了三件大事。第一件是抗击匈奴的南下；第二件是制定一套适合于封建社会的上层建筑；第三件是打击商人。武帝成功地抗拒了匈奴的南下，这就保卫了中原已经建设的封建社会，使之免于被当时比较落后的社会破坏。关于这件事的经过，这里就不谈了，因为这是属于通史范围。关于第二件事，上面第二十七章至二十八章中已经讲过。关于第三件事主要是属于经济政策的，本章的内容是谈汉朝的经济政策及其社会作用和哲学意义。

在封建社会中，地主阶级的主要对立面是农民阶级；地主阶级和农民之间的矛盾是主要的矛盾；这两个阶级之间的斗争是主要的斗争。但是这两个阶级又是互相依存的。这两个阶级是一个矛盾统一体的两个对立面。农民阶级是地主阶级的对立面，但不是封建社会的掘墓人。这是因为农民阶级不是一个新的生产力的代表，它不代表一种新的生产关系，因此也不能改变旧的生产关系。旧的经济基础没有改变，社会性质也不会改变。在中国封建社会中，好几次农民大起义，都成功地推翻了当时的皇帝。但其结果只是一个改朝换帝的变革，并不能改变中国社会的性质，由封建社会进入另一种社会。《水浒传》里边的最激进的人物李逵，也只能希望打到东京，推倒"赵官家"，由"宋公明哥哥"当皇帝。当然这是小说，但是小说也是历史的反映。就历史说，黄巢、朱元璋、李自成不就是这样么？这并不是由于当时农民的阶级觉悟不高，政治水平太低，这是因为历史的发展就是如此。

封建社会的掘墓人是商人。在封建社会中它也许不能称为阶级，但它是资产阶级的前身，它是潜在的资本家。资产阶级取代了地主阶级而成为社会的统治阶级，社会的性质就改变了，它就不是封建社会而是资本主义社会了。汉朝的地主阶级，对于社会发展的规律当然不会有所认识；但是，也许由于阶级本能吧，它

117

对于农民和商人的态度是不同的，它对于农民采取仿佛矛盾的态度，对于商人采取打击的态度。

就汉朝的历史说，地主阶级打击商人的政策分为三个步骤。第一个步骤是"贵粟"；第二个步骤是"均输"；第三个步骤是"算缗"。这并不是说当时的地主阶级有一个预定的计划或策略，有步骤地分段进行。这只是说，当时打击商人的政策有这样的经过。历史中重大事情的发展都有它自己的逻辑。

汉朝一开始就继承了秦朝打击商人的政策。"天下已平，高祖乃令贾人不得衣丝乘车，重税租以困辱之。孝惠、高后时，为天下初定，复弛商贾之律。然市井之子孙亦不得仕宦为吏。"（《史记·平准书》）汉高祖与商人作斗争的办法，主要是从政治上打击商人。汉惠帝和吕后的时候，因为黄老之学盛行，黄老之学的"无为"主张在经济上放任，所以政治上打击商贾的办法也松弛了。虽然那种法令仍然存在，对于商人还有相当的压力，商人的势力还是很大。晁错向景帝说："民者在上所以牧之。趋利如水走下，四方亡择也。"他指出，在当时商人所得的利最大，他说："今法律贱商人，商人已富贵矣。尊农夫，农夫已贫贱矣。故俗之所贵，主之所贱也；吏之所卑，法之所尊也。上下相反，好恶乖迕，而欲国富法立，不可得也。方今之务，莫若使民务农而已矣。欲民务农，在于贵粟。贵粟之道，在于使民以粟为赏罚。"（《汉书·食货志》）

晁错指出，在当时的情况下，在商人与农民的竞争中，商人处在有利的地位，农民的地位非常不利。晁错就这个问题作了一个对比，他说：一个五口之家的农民，有两个劳动力，能够种的地，至多不过一百亩。一百亩的收入，至多不过一百石粮食。他们的一切开支，都靠这一点粮食。一年之间，没有一天可以休息，非常勤苦。此外还有水旱之灾，官府的横征暴敛，当急于用钱的时候，只得把所有的东西半价出卖，或者是借高利贷，以致倾家荡产，卖儿卖女。可是商人呢？男的不种地，女的不织布，可是吃好的，穿好的，所以商人是"无农夫之苦，有阡陌之得"，况且他们可以利用他们的财富结交官府，压迫农民。晁错得出结论说："此商人所以兼并农人，农人所以流亡者也。"（《汉书·食货志》）

晁错所说的，商人对于农民的压迫，实际上就是对于地主阶级的威胁。他所说的要有很多的人务农，就是说地主阶级要有很多的佃户，如果很多的人都弃农经商，它的佃户就减少了。怎样对付商人的威胁呢？晁错认为，地主阶级所掌握的财富是粮食，要提高地主阶级的财富，最好是提高粮食的使用价值。所谓"贵粟"就是提高粮食的使用价值。怎样提高呢？晁错的具体办法是，地主阶级的国家准许人们用粮食买爵赎罪。爵是一种区别人们的政治地位的等级。有粮食的人可以向国家交纳一定数量的粮食，买一定的政治待遇。犯了罪的人可以用一定数量的粮食赎罪免刑。这样，地主阶级的国家，就可以不费一点资本而把粮食的价值提高了。晁错认为，这样可以使农民对于商人处于有利的地位，而其实是使地主阶级对于商人处于有利的地位。因为在封建社会中，掌握粮食最多的是地主阶级。农民固然也有粮食，但是他们的粮食连吃还不够，哪里还有剩余去买爵赎罪呢？

晁错的办法实行了。对于打击商人，究竟发生了多大的作用，这就不很清楚。到武帝的时候，桑弘羊建议用"平准"的办法打击商人。据说，这种办法是管仲在齐国曾经实行的。

《汉书·食货志下》说："至管仲相桓公，通轻重之权，曰：岁有凶穰，故谷有贵贱；令有缓急，故物有轻重。人君不理，则畜贾游于市，乘民之不给，百倍其本矣。故万乘之国必有万金之贾，千乘之国必有千金之贾者，利有所并也。"就是说，市上的货物，特别是粮食，价钱随时不同。商人就利用这种不同，投机倒把，囤积居奇，把粮食掌握在他们手里。用这种办法获得百倍于本钱的暴利。这里称商人为"畜（蓄）贾"，因为他们是靠囤积得到暴利的。这里所说的"民"不一定就是农民，凡是有粮食的人都要受商人的这种剥削。

管仲建议"人君"可以用与商人相同的办法把粮食掌握起来。"民有余则轻之（价低），故人君敛之以轻。民不足则重之（价高），故人君散之以重。"这样"人君"就把"轻重之权"掌握在自己手中。这种办法叫做"平准"。在粮食贱的时候"人君"就用贱价收买粮食；在粮食贵的时候，人君就用贵价把粮食卖出。"使万室之邑必有万钟之臧，臧缰千万；千室之邑必有千钟之臧，臧缰百万……故大贾畜家不得豪夺吾民矣。桓公遂用区区之齐合诸侯，显伯名。"地主阶级的国家从开始就同商人展开了争夺粮食的斗争。这种政策就是这种斗争的体现。齐国用这种办法，掌握了经济上的主动权（"通轻重之权"），为齐桓公的霸业，创造了经济上的条件。

桑弘羊建议用"平准均输"的办法，使大司农诸官（国家的财政机关）"尽笼天下之货物，贵则卖之，贱则买之。如此，则富商大贾无所牟大利，则反本，而万物不得腾跃"（《汉书·食货志下》）。这是用管仲"平准"的办法，而其范围更广，不仅对于粮食"通轻重之权"，而且"尽笼天下之物"。这种办法，可能也有调剂物价的用处，但得到大利的是地主阶级国家。汉武帝用了桑弘羊的这种办法，彻底到什么程度，不得而知，但是武帝往山西、山东巡行一次仅赏赐就用帛百余万匹，钱金以钜万计，皆取自大农（中央财政部）（见《汉书·食货志下》）。

汉武帝又把盐、铁、酒都定为国家的专营，用以扩大财政收入并以此与商人作斗争，这更是直接用经济上的办法，打击商人。

桑弘羊的"平准"和《管子》中所说的"平准"，在理论上和实践上基本上都是相同的。所不同的是,《管子》中所说的"平准"其范围仅及于粮食,桑弘羊所说的"平准"其范围包括所有的货物。他的计划是,把全国的货物都掌握在地主阶级国家的手中,由国家统一调配,使商人不能在货物的流通中牟取暴利。这个计划的要点是用国家资本对付商人的私人资本,用国家的经济力量对付私人的经济力量。

桑弘羊的办法和管仲的办法,何其相似乃尔。可能是管仲在齐国真实行过这种办法,桑弘羊把它搬过来。这是传统的说法。也可能是《管子》中讲"轻、重"的那几篇,本来就是桑弘羊一派的人所作的,托于管仲,在这里就不必深考了。

武帝又实行了盐、铁、酒由国家专卖的制度,由国家垄断这种生活日用品。这亦是用国家资本对付私人资本的办法的一部分。这就使地主阶级的国家同时成为一个经营五金百货的大公司。政府的财政部长("大司农")同时成为这个大公司的总经理。政治和商业合二而一了。经营商业也不是容易的,也需要一些懂行的人。武帝用桑弘羊为大司农。他本来是洛阳一个商人的儿子,对于经商可算是门里出身。又兼用了一个大盐商孔仅和一个大铁商东郭咸阳为大农丞(财政部副部长),专管盐铁专卖的事。原来经营盐铁的大小商人都成了盐铁专卖的大小官吏。

就打击商人这一方面说,武帝没有成功,反而可以说是失败了。他本来的意思是用国家的资本打击商人的私人资本,其结果是商人打进了国家的政权机构。汉高祖的法律,本来是禁止商人做官,可是武帝的办法反而使商人做到大官。商人可能在经济上有点损失,但是在政治上可能得到更多的补偿。

武帝用经济的办法打击商人没有成功,又加上政治的办法,这就是"算缗"。"算"就是抽税,"缗"就是商人的本钱,"算缗"就是抽资本税。凡是在城市中放债、买卖、屯积货物的商人都必须自报本钱,由国家抽税。"率缗钱二千而算一。""一算"是一百二十个钱,就是说每二千钱的本钱抽一百二十个钱。商人的车每辆二算,船一只一算。大概因为商人的车船也是一种运输的工具。这些资本都由商人自报。如不自报或自报不确实的,别人可以揭发,称为"告缗"。被告的人其资本全部没收,分一半给告缗的人,"于是商贾中家以上,大抵破"。

这些办法的显著效果是国家财政收入的增加。武帝是一个能办事的人,也是一个能花钱的人。因为平准法,全国各地都有国家的资本、国家的货物,武帝到处都可以随便使用。因为算缗法,国家"得民财物以亿计,奴婢以千万数,田大县数百顷,小县百余顷,宅亦如之"(以上见《汉书·食货志下》)。这些打击商人的办法,本来是由于地主阶级和商人之间的矛盾,后来转化为政府和民间的矛盾，地主阶级不当权派和当权派之间的矛盾。这个矛盾，就是盐铁会议的主题。

第二节　《盐铁论》的主要内容

汉武帝在经济上与商人作斗争的措施受到一部分地主阶级的反对和批评。特别是盐铁官卖，直接关系到广大群众的利益，所受的批评和反对也更厉害。在汉昭帝始元六年（公元前81年）举行了一个关于盐铁官营的政策的会议。参加这个会议的有政府的桑弘羊等人，有当时郡国所举的"贤良文学"。宣帝时候的桓宽，根据这两方面的辩论，写成《盐铁论》这一部书。桓宽是站在"贤良文学"这一边的，可能对于这方面的论辩，有所增饰发挥，他并不是要作一个会议的记录。他见过参加会议的人，听说过辩论的经过，他的记载可能基本上是合乎当时会议的情况的（参看《盐铁论·杂论》，以下只注篇名）。

《盐铁论》说："惟始元六年，有诏书，使丞相御史与所举贤良文学，语问民间所疾苦。"（《盐铁论·本议》）这几句话说明了当时参加会议的两方面的人所处的地位。丞相、御史（书中统称为"大夫"）是代表政府的，是在朝的当权派；"文学贤良"是在野的反对派。《盐铁论》结尾说："余睹盐铁之义，观乎公卿、文学贤良之论，意指殊路，各有所出。或上仁义，或务权利。"（《杂论》）这几句话说明了当权派和反对派的主要辩论之点。这个辩论虽说是围绕着盐铁官营这个问题进行的，但其根本的分歧是当权的公卿"务权利"，反对派"上仁义"。

当权派（"大夫"）对于盐铁官营的政策提出的说明，总起来说有三层意思。第一层是就国家财政这方面说的。他们说：当时匈奴侵犯中国，中国不能不抵抗，连年用兵，引起财政上的困难。所以要"兴盐铁，设酒榷，置均输，蓄货长财，以佐助边费"，所以"罢之不便也"（《本议》）。

第二层意思是从经济方面说。他们说："古之立国家者，开本末之途，通有无之用。……故工不出则农用乖；商不出则宝货绝。农用乏则谷不殖；宝货绝则财用匮。故盐铁均输，所以通委财而调缓急，罢之不便也。"（《本议》）意思就是说，农、工、商各有作用，不可偏废。这一层意思，其实不是辩论的要点，因为"文学"并不主张废商，只是反对官营商业。

第三层意思是从打击商人，抑制豪强这方面说。他们说："夫权利之处，必在深山穷泽之中，非豪民不能通其利。异时，盐铁未笼，布衣有朐邴，皆盐铁初议也。君有吴王，（此两句各本有异文）专山泽之饶，薄赋其民，赈赡穷小，以成私威。私威积，而逆节之心作。……今放民于权利，罢盐铁以资暴强，遂其贪心。众邪群聚，私门成党，则强御日以不制而并兼之徒奸形成也。"（《禁耕》）

胸邴是胸那个地方的一个大富豪，邴是他的姓。据说："胸山居鲁之东。鲁人有邴氏者，以铁冶致富，积至巨万，贳贷行贾，遍诸郡国。其父兄子孙相约：俯必有拾，仰必有取，不稍纵也。""俯必有拾，仰必有取"，即一弯腰总要拾一点东西，一抬头总要取一点东西，就是说，一举一动都要得点利益。这是邴家的家训，也就是一个商人的心理，他们一举一动都不忘记唯利是图。

吴王濞是汉朝初年分封的一个侯王。他煮海水为盐，开铜矿铸钱，赚了大钱，据说他不向老百姓收税，就能维持他的国家的开支。他有了这种经济基础，所以才闹独立，反对汉朝中央政权。

"大夫"这一段话里的意思就是以胸邴和吴王濞为例以说明盐铁专卖的重要。胸邴是一个开矿炼铁的商人。掌握了铁就能成为一个实行兼并的大奸商。吴王濞掌握了盐铁，就能够破坏汉朝的统一，向中央夺权。参加会议的当权派说，政府行专卖，就是要掌握这些重要的生产资料和生活资料，从经济上保护统一。

"大夫"又引扇水都尉彭祖的话，说："今意总一盐钱，非独为利入也，将以建本抑末，离朋党，禁淫侈，绝兼并之路也。"（《复古》）这几句话，总括了上边所说的三层意思。他认为盐铁官卖也有打击商人的一面，所以也是"建本抑末"。

"文学"说："扇水都尉所言，当时之利权，一切（切字疑有误）之术也，不可以久行而传世。……陛下宣圣德，昭明光，令郡国贤良文学之士，乘传诣公车；议五帝三王之道，六艺之风，册陈安危利害之分，指意粲然。今公卿辩议未有所定，此所谓守小节而遗大体，抱小利而忘大利者也。"（《复古》）意思就是说，扇水都尉所说的那些话，也有一定的道理。不过只是考虑到一时的利益。并不是统治老百姓普遍的、永久可用的办法。现在皇帝召集这个会议，主要的是要讨论统治老百姓的最根本办法，从根本上讨论"安危利害之分"。会议的目的是很明确的。可是执政的公卿们对于这个根本问题没有什么决定，这就是只看见目前的小利，而忘记了地主阶级的根本利益。

什么是地主阶级的根本利益呢！

"文学"说："窃闻治人之道，防淫佚之原，广教道之端，抑末利而开仁义。毋示以利，然后教化可兴，风俗可移也。今郡国有盐铁、酒榷、均输，与民争利。散敦厚之朴，成贪鄙之化。是以百姓就本者寡，趋末者众。夫文繁则质衰；末盛则本亏。末修则民淫；本修则民悫。民悫则财用足；民侈则饥寒生。顾罢盐铁酒榷均输，所以进本退末，广利农业，便也。"（《本议》）这就是说：要统治老百姓，统治者不可以表示出来自己好利，"毋示之以利"，更不可"与民争利"。"示利"和"争利"的结果，在经济上就成为重末抑本，使老百姓趋商离农。由此而产生的政治上的结果就是老百姓都不老实，难于统治。盐铁专卖均输，不但是"示民以利"，而且与民"争利"。

"大夫"倒是说出了地主阶级所以要打击商人的一个主要原因，那就是怕他们"造反"。那些盐铁商人在荒山偏僻的地方，聚集了成千上万的人，冶铁煮盐。这些人都听一个人的指挥。这就是"大夫"所说的"朋党"和"私威"的含义。成千上万的人结成一个组织，共同工作，这就是"大夫"所说的"朋党"；这个组织归一个人指挥，这就是"大夫"所说的"私威"。

"大夫"更具体地描绘这种情况，说："铁器兵刃，天下之大用也，非众庶所宜事也。往者豪强大家得管山海之利，采铁石鼓铸，煮盐。一家聚众或至千余人，大抵尽收放流人民也。远去乡里，弃坟墓，依倚大家，聚深山穷泽之中，成奸伪之业，遂朋党之权。其轻为非亦大矣。"（《复古》）

"朋党"和"私威"简明扼要地说明了资本家的势力之所在。资本家以所掌握的财富为资本，雇佣了成千上万的人，把他们组织起来，大规模地为他们生产更多的财富。他们掌握了社会的经济，支配社会的经济。他们用这种势力对抗地主阶级的统治，终于取而代之。这种人就是资产阶级。资产阶级取代了地主阶级，成了社会的统治者，社会就由封建社会转化为资本主义社会了。商人还不是工业资本家，是工业资本家的前身。他们的"朋党"和"私威"是封建社会的潜在危险，他们是封建社会潜在的掘墓人。这种深远的后果，当然是"大夫"所不可能看到的。他们所看到的是眼前的后果，那就是对于当时统治者的"造反"。其具体的例子，就是胸邸、吴王濞。

"文学"没有对于这个问题提出针锋相对的辩论。他们所注意的是武帝的"平准"政策所引起的社会现象。上面说过，汉初打击商人，禁止商人做官。武帝打击商人，反而使商人打进了国家政权机构。这就鼓励了商人，使商人的世界观流行于社会。商人的世界观的要点就是"言利"。其具体表现，即上面所说的胸邸家族的家教，"惟利是图"。"文学"认为这种世界观流行于社会成为风俗，这才是社会的真正的危险。

"大夫"们所举的例就是平准。桑弘羊等指出平准的好处，他们说："开委府于京师以笼货物，贱即买，贵则卖。是以县官不失实，商贾无所牟利，故曰平准。"这是说，"平准"是打击商人的。"文学"驳斥他们说："县官猥发，阖门擅市，则万物并收。万物并收，则物腾跃。腾跃，则商贾牟利自市。牟利自市，则吏容奸豪，而富商积货储物以待其急。轻贾奸吏，收贱以取贵，未见准之平也。"（《本议》）这是说，"平准"不但不能打击商人，而且帮助了商人。原来在商人掌握国家财权的情况下，商人与官吏成为一体。在政府的平准机构要收买某种货物的时候，他们就先"收贱以取贵"了。汉武帝说："吾所为，贾人辄知，益居其物，是类有以吾谋告之者。"（《汉书·张汤传》）所说正是这种情况。

在商人掌握经济大权以后，商人思想也传开了。"大夫"们夸张都市的富饶，由此得出结论说："富国何必用本，足民何必井田。"（《力耕》）又说："富在术数（计算），不在劳身；利在势居（居于政治上的重要地位），不在力耕。"（《通有》）又说："分土若一，贤者能守之；分财若一，智者能筹之。夫白圭之废著，子贡之三致千金，岂必赖之民哉？运之六寸，转之息耗，取之贵贱之间耳。"（《贫富》）这就是说，致富不靠劳动，只靠运用资金、算筹（"六寸"）在货物的多寡（"息耗"）与物价的贵贱之间，赢取暴利。

商人本来是在交易中赚钱，并不为社会增加财富，但他们认为他们自己发财就是社会增加财富。而盐铁生产，是另外一回事，不过他们都混为一谈。

"文学"批判这种思想说："耕不强者，无以充虚。织不强者，无以掩形。虽有凑会之要（即上所说"势居"），陶室之数（即上所说"术数"），无所施其巧。自古及今不施而得报，不劳而有功者，未之有也。"（《力耕》）这就是说，财富总是从农业生产出来的，如果没有农业，商人也"无所施其巧"。没有"不劳而有功"的事情。"文学"虽是站在地主阶级的立场，但是对于商人思想的这种批判，是正确的。

盐铁官营没有打击了商人，但给劳动人民很大的痛苦。照《汉书·食货志》所记载的，由国家准备生产工具，招募老百姓，自备费用（"自给费"），为国家生产盐铁。在《盐铁论》中，"文学"反映说："故盐冶之处，大傲（杨树达云：当作较）皆依山川，近铁炭。其势咸远而作剧。郡中卒践更者，多不勘（杨树达云：与堪同）责取庸代。县邑或以户口赋铁，而贱平其准。良家以道次发僦，运盐铁烦费，邑或以户，百姓病苦之。"（《禁耕》）照汉朝的制度，劳动人民在二十三岁至五十五岁之间，每年要为国家服役一个月。服役的人一个月换一次，称为卒更，应该服役的人可以雇人代替，每月付钱两千，这就叫践更，在盐铁的官营制度下，所用的劳力实际上是征发劳动人民轮番为官家无偿服役，费用自给。这就是说，地主阶级征发劳动人民无偿地去为它生产盐铁。这就大大地增加了对于劳动人民的剥削。

"文学"也是站在地主阶级的立场同商人作斗争的，也是主张打击商人的。当时他们认为，对于商人可以用"礼"制裁，就是说，用一种制度制裁他们。汉高祖所行的那一种"困辱"商人的办法，"文学"是赞成的。这就是说，他们赞成用政治的方法和商人作斗争，但反对用经济的办法。他们认为用经济的办法，像盐铁官营、平准、均输那种办法，那就是统治者把自己降低到商人的地位，不成体统。更重要的是"示民以利"，其结果会使劳动人民以及社会各阶层都只讲究怎样可以得到自己的利。这样封建社会秩序就不能维持了。如果封建社会的秩序遭到破坏，封建的生产关系也就不能维持了。地主阶级在处于守势的时候，所要首先注意的，就是保护封建生产关系，保护自己的既得利益。这是"文学"的根本思想。

盐铁会议的双方，在批评对方的时候，都说对方的政策的"不便"。可注意的是他们用便不便的这种字眼，因为他们双方所拥护的政策都是为地主阶级的利益着想。他们在这个根本问题上并没有什么不同，不过是从维护地主阶级根本利益出发，什么样政策比较方便，这就是他们所说的便不便这些字眼的实际内容。

"文学"和"大夫"的辩论也是一种思想斗争。但是，这个斗争并不是两个阶级的斗争，而是地主阶级内部在怎样统治老百姓这个问题上的斗争，在怎样打击商人这个问题上的斗争。地主阶级都是要打击商人的。但是怎样打击，用什么方法打击，在这个问题上可以有不同的见解。《盐铁论》所记录的，实质上就是关于这个问题的斗争和辩论。

第三节　"义利之辨"

在这个辩论中，"文学"含蓄地用了一个中国哲学中的传统理论作为武器，以反对"大夫"。"文学"指出，商人的特点是"为利"，统治者"示民以利""与民争利"的政策也是"为利"。与"利"相对立的范畴是"义"。划清这个对立的界限，就叫"义利之辨"。"文学"含蓄地指出，"大夫"的根本错误，就是不知道什么是"义利之辨"。

"义利之辨"的问题，从孔丘就开始了。可以说，就是由他提出来的。一直到宋明道学，它仍然是一个引人注意、引起争论的问题。表面上好像是，讨论者的双方，都在重复他们的前人所已经提出的论点，陈陈相因。其实，这个讨论也是发展的。历代的讨论，并非都是陈词滥调，而是各有重点的。这些不同重点的提出，就是这个问题的发展的过程，也就是中国哲学史在这一方面发展的过程。

孔丘在提出这个问题时说："君子喻于义；小人喻于利。"（《论语·里仁》）孔丘的话，是奴隶主阶级鄙视劳动、鄙视生产、鄙视劳动人民的思想的表现。这里所说君子、小人是有阶级内容的。所谓君子就是奴隶主阶级，特别是奴隶主贵族；所谓小人就是奴隶和其他劳动人民。孔丘的一个学生樊迟说他想要学种地、种菜，孔丘骂他是"小人"，说君子所做的事是统治老百姓的，为什么不学君子所要做的事，而偏要做老百姓（小人）所要做的事呢（见《论语·子路》）？孔丘认为，体力劳动，生产上的事，如种庄稼、种菜之类，都是小人之事；君子要做这种事情就是有失身份，丢了架子，这是最没有出息的事。孔丘的话的意思就是说，只有"君子"才可以懂得什么是"义"；"小人"只能懂得穿衣吃饭，柴米油盐的事，这些都是"利"。孔丘的这两句话的重点是阶级上的分别。

孟轲也强调统治者与被统治者的分别，但讲到义利之辨时，他就不用这个分别了。他说："鸡鸣而起孳孳为善者，舜之徒也。鸡鸣而起孳孳为利者，跖之徒也。欲知舜与跖之分，无他，利与善之间也。"（《孟子·尽心上》）舜和跖是孟轲常说的道德上的两个极端的代表。舜是好人的代表，跖是坏人的代表。为善者不一定就是舜，但他是"舜之徒"，为利者不一定就是跖，但他是"跖之徒"，就是说可以发展成为舜或跖。孟子的这两段话，重点是道德上的分别。

《孟子》的第一章开头就讲"义利之辨"。孟轲向梁惠王说："王曰：'何以利吾国？'大夫曰：'何以利吾家？'士庶人曰：'何以利吾身？'上下交征利而国危矣。万乘之国，弑其君者必千乘之家。千乘之国，弑其君者，必百乘之家。万取千焉，千取百焉，不为不多矣。苟为后义而先利，不夺不餍。未有仁而遗其亲者也，未有义而后其君者也，王亦曰仁义而已矣，何必曰利？"（《孟子·梁惠王上》）万乘之国，千乘之国，说的是当时的诸侯国的国君，千乘之家、百乘之家，说的是国君之下的大臣贵族。万乘之国中有千乘之家，这个千乘之家就是"万取千焉"，千乘之国中有百乘之家，这个百乘之家就是"千取百焉"，他们所取的也不能算不多，但是，好利的人总嫌他所取的少，总要取得更多。所以把"利"放在第一位，千乘之家必然要篡夺万乘之国，百乘之家必然要篡夺千乘之国。至于一般的平民也都想着什么事对于他自身有利，这就叫"上下交征利"。在这种情况下，必然"天下大乱"。因为，如果人人都把"利"放在第一位（"先利"），那就"不夺不餍"，非把别人所有的夺过来，他不会满足。

孟轲向梁惠王说，统治者只有把义放在第一位（先义），这才是符合他的根本利益的。孟轲的这一段话的重点是两种政治（王和霸）的分别。这种进一步的讨论，孟轲在这里没有作。

董仲舒说："正其谊（义）不谋其利，明其道不计其功。"（《汉书·董仲舒传》）董仲舒的这两句话的重点，也是两种政治的分别。

在盐铁会议中，"文学"反对"利"。"文学"辩论的重点是打击商人，反对统治者用经济的办法打击商人。他们说："传曰：'诸侯好利，则大夫鄙；大夫鄙，则士贪；士贪，则庶人盗。'是开利孔为罪梯也。"（《本议》）这一段话好像只是把孟轲的那一段话作了一个概括。所谓"大夫鄙"就是说国君下的大臣贵族也好利。所谓"士贪"，就是说小官也好利。所谓"庶人盗"，就是说庶人也好利，其结果必是"造反"。"文学"认为，盐铁专卖就是为好利开放绿灯，实际上是为老百姓犯罪搭了一个梯子。"文学"说："排困市井，防塞利门，而民犹为非也，况上之为利乎？"（《本议》）这里所说的"排困市井，防塞利门"就是打击商人。因为商人专讲利，打击商人也是"先义而后利"的一种方式。

在"文学"与"大夫"的辩论中，"义利之辨"带上了一些群众性的色彩，成为一种社会上广泛讨论的问题了。这在中国还是第一次，以后还有第二次。

第四节　盐铁会议与《大学》

《大学》有一段说："生财有大道，生之者众，食之者寡，为之者疾，用之者舒，则财恒足矣。……未有府库财非其财者也。孟献子曰：'畜马乘，不察于鸡豚。伐冰之家，不畜牛羊。百乘之家，不畜聚敛之臣。与其有聚敛之臣，宁有盗臣。'此谓国不以利为利，以义为利也。"这一段话如果不与当时的实际政治联系起来，好像只是一种夸夸其谈的泛论。如果同《盐铁论》对照起来，就可以看出来，这一段的思想正是盐铁会议中"文学"们所讲的思想。也许作《大学》的人就是参加盐铁会议的许多"文学"之一。这里所说的聚敛之臣，是确有所指的，那就是桑弘羊和他那一个集团。

汉武帝用桑弘羊所推行的那一套政策，其最显著的效果，就是政府的财政收入大大增加，所以桑弘羊的形象就是一个"聚敛之臣"。

《大学》的作者和参加盐铁会议的"文学"们，都指出要增加财富，就要提高生产，生产提高了，财富自然就增加了。这是一个自明的真理，所以称为"大道"。商人不能生产财富，而只是在社会财富的流通之中，玩些手段，谋取利润，社会财富还只是那么些。社会中这一部分人得的多了，那一部分人就得的少了，所谓平准也无非是在社会财富的流通中，谋取利润。平准即使成功，也无非是使政府多得到一点财政收入。社会的财富就是那么些，政府得的多了，民间就得的少了，这就叫"与民争利"。而办这种事的人就是"聚敛之臣"。

"未有府库财非其财者也"，就是说一个皇帝统治着全国，在全国之中无论哪一个府库里的财，都是他的财。何必把全国的财都聚在"大司农"的手里，由他自己支配才算是他的财呢？这是专对于"聚敛之臣"而说的。

汉武帝办了许多大事，也乱花了许多钱。他把文景两代所积蓄的财富都用尽了，又把那些聚敛之臣所搞来的财政收入都花光了，以致在他的晚年出现了"民穷财尽"之势，所以《大学》的作者感慨地说："长国家而务财用者，必自小人矣。"由此得出结论说："此谓国家不以利为利，而以义为利也。"《大学》的作者，由当时的实际政治中得出了义利之辨的结论。

《大学》对于"聚敛之臣"特别痛恨。在桑弘羊以前就汉朝而论还没有一个像他这样突出的"聚敛之臣"。所以我推测《大学》所说的"聚敛之臣"指的就是桑弘羊。又推测《大学》的作者可能是汉昭帝时候的人。这就把《大学》的时代拉后了一些年。这不过是一种推测，也没有别的证据，以备一说可也。

第三十一章 纬书中的世界图式

在中国封建社会中，对于儒家经典的注释和发挥，称为"经学"。汉朝定孔丘为一尊之后，地主阶级的思想，都以对儒家经典的注释和发挥的形式表现出来。春秋公羊学就是以对于《春秋》的注释和发挥表现出来的。

第一节 谶纬的社会根源

儒家的经典共有六种：《易》《诗》《书》《礼》《乐》和《春秋》，称为六经。西汉中叶以后，又出现所谓"纬"。"纬"是对"经"而言。"经"这个字的最初意义指布的直线；"纬"这个字的最初意义指布的横线。据讲纬书的人的说法，孔丘先作了六经，又恐怕后人不能完全了解，所以又作了一些补充的著作，对经而言，名之为纬。有《易经》就有《易纬》，有《礼经》就有《礼纬》，有《诗经》就有《诗纬》，有《书经》就有《尚书纬》，有《春秋经》就有《春秋纬》，有《孝经》就有《孝经纬》。每一种《纬》又包括许多篇，各有些奇怪的名字。这些《纬》据说都是孔丘所作，其实也是对于经的一种注释和发挥。

又有所谓"谶"，其大部分都是些隐语，据说是预告将来的事情。这是比较早一些时候就有的。譬如在秦始皇的时候，有一个谶语说："亡秦者胡也。"秦始皇认为胡是匈奴，于是就派很多的军队，驻在北方的边境，防备匈奴。可是后来秦朝亡在二世皇帝手里，他的名字叫胡亥。据讲谶的人说，"亡秦者胡也"的"胡"是指胡亥。在王莽时期，有一个谶语说："刘秀当为天子。"刘歆企图应这个谶，就改名为刘秀。据讲谶的人说后来成了皇帝的是另外一个刘秀，即东汉光武皇帝。这些谶语，当然都是有人故意制造散布的。

纬书的主要倾向就是要把六经神秘化，把儒家思想宗教化，把孔丘说成是个超人的教主。其中也有一些据说是预言，例如有一篇《春秋纬》，名《汉含孳》，说孔丘作《春秋》是"为汉制法";孔丘预先知道后来有个汉朝,替汉朝制定了一套政治上的和道德上的原则。这就是谶了。因为纬书中也有些谶语,所以后来往往把谶、纬混为一谈,通称为谶纬,其实二者基本上是不同的。

西汉到了元帝以后,社会危机进一步加深了,阶级斗争日益尖锐化。农民起义不断高涨。当时的统治集团也感觉恐慌起来。成帝时的谷永向成帝说:"陛下承八世之功业,当阳数之标季,涉三七之节纪,遭无妄之卦运,直百六之灾阸。三难异科,杂焉同会。"(《汉书·谷永传》)当时有个甘忠可"诈造《天官历》,《包元太平经》十二卷,以言汉家逢天地之大终,当更受命于天"。哀帝的时候,甘忠可的学生夏贺良也请哀帝"更受命"。哀帝听了他的话,改建平二年为太初大将元年,自号为"陈圣刘太平皇帝"。当然这种自欺欺人的把戏,不会有什么效果。过了一个多月,又取消了(见《汉书·李寻传》)。可是这个把戏为王莽所利用。王莽宣称,他于"未央宫之前殿""得铜符帛图,文曰:天告帝符,献者封侯,承天命,用神令"。他又说:甘忠可、夏贺良的谶书,叫哀帝改元为太初大将元年,"大将元年者大将居摄改元之文也"(《汉书·王莽传》)。这是天命叫他改元做真皇帝。这些荒唐无稽之谈,基本是谶,但也以纬为根据。谷永所谓"三难"的确切意义,现不可知,但可以肯定,他的根据是《易纬》。《汉书·律历志》说:"易九阸曰:初入元,百六,阳九。"孟康注说:"易传也,谓阳九之阸,百六之会者也。"此所谓易传可能是《易纬》。王莽所说的"天告帝符",就是谶语。

西汉末年是汉代社会危机大爆发的时期,是社会动荡不安、阶级斗争尖锐复杂和农民革命进入高潮的时期。在这种情况下,封建统治阶级和它的代言人,为了麻痹农民革命运动,挽救王朝的崩溃,宣扬"受命"和"再受命"等迷信。统治阶级内部,为了争夺政权,也用符命等迷信,作为争夺的根据。在统治阶级中,也有一部分知识分子,在农民不断起义的打击下,不满意汉王朝的腐败的统治,要求进行改革。他们也利用这种迷信的方式,警告当权派,使其对农民起义采取预防的措施。谶纬迷信成为阶级斗争的工具,这是谶纬迷信流行的社会根源。谶纬迷信的广泛流行,标志着汉代地主阶级的削弱和官方的统治思想的没落。

谶完全是宗教迷信。纬书中包括了一些有科学意义的理论,也有一些有哲学意义的理论。本章所要讲的是这些有哲学意义的理论。(以下所引纬书,用黄奭《黄氏逸书考》本)

第二节 《易纬》的宇宙形成论

本书第二册讲到阴阳五行家和易传所提出的两种世界图式。这两种图式各有自己的体系；阴阳家不讲八卦，易传不讲五行。汉初的科学（如《内经》所代表的）以及哲学，都是以阴阳家的世界图式为根据的。《淮南子》的自然观根据这个图式，董仲舒兼用这两种图式。《易纬》也是以易传的"象""数"说明这些图式，用易传的术语和范畴，说明"气"的发展和运行。这就把易传的世界图式和阴阳家的世界图式结合起来。这也就是把易传和当时关于气的理论以及阴阳五行学说结合起来，由此成为以后中国封建思想的一般的世界图式。

汉朝人的周易注和纬书中的《易纬》，都是宣传象、数的。这些易注和纬书都没有完整地保存下来。现有比较完整的《易纬》是《乾凿度》。

《乾凿度》说："昔者圣人因阴阳，定消息，立乾坤，以说天地也。夫有形生于无形，乾坤安从生？故曰：有太易，有太初，有太始，有太素也。太易者，未见气也；太初者，气之始也；太始者，形之始也；太素者，质之始也。气形质具而未离，故曰浑沦。浑沦者，言万物相混成而未相离，视之不见，听之不闻，循之不得，故曰易也。"这是《乾凿度》的宇宙发生论，跟《淮南子》所提出的相类似。它也是以气为万物的根本。

在上面所引的那一段的上文说："孔子曰，易始于太极。太极分而为二，故生天地。天地有春秋冬夏之节，故生四时。四时各有阴阳刚柔之分，故生八卦。八卦成列，天地之道立，雷风水火山泽之象定矣。……皆易之所包也。至矣哉易之德也。"可见上面所引的那一段，就是解释易传《系辞》的。

易纬《乾凿度》说："太易始著太极成。太极成，乾坤行。（郑玄注：太易，无也；太极，有也。太易从无入有。圣人知太易有理未形，故曰太易）老神氏（郑玄注：天英氏）曰性无生（郑玄注：天地未分之时无生），生复体（郑玄注：生与性大道精还复归本体，亦是从无入有），天性情地曲巧未尽大道，各不知其自性，乾坤既行，太极大成（郑玄注：太极者，物象与天同极。天产圣人，虬射万源，立乾坤二体，设用张弛）。"

纬书中有许多话是不可解的。如上面所引《乾凿度》的一段之中就有许多话不可解。不可解，不必强为之解。就其可解的说，《乾凿度》中所说的宇宙发生的各阶段，还是很清楚的。"太易"的阶段，还没有气，郑玄注说："有理未形，故曰太易。""太初"的阶段是"气"之始。郑玄在这里注说："元气之所本始。太易既自寂然无物矣，焉能生此太初哉？则太初者，亦忽然而自生。""太始"是"形之始"。"太初"是"质之始"。照郑玄的解释，形专指天象，质专指地质。照这个解释，"太始"和"太初"也就不分先后了。因为"太初"既然一分为二，那个二是有则俱有，不能分先后了。《乾凿度》说："乾坤相并俱生。"气、形、质都有了，但还没有完全分离，这就叫浑沦。郑玄注说："虽含此三始而犹未有分判。老子曰有物浑成，先天地生。"张惠言说："此易所谓太极也。"张惠言的话是对的。因为《乾凿度》的本文说："太易始著太极成。太极成，乾坤行。……乾坤既行，太极大成。"可见它所说的太极包括"乾坤行"。这是"太易始著"。太易也有乾坤，但是还没有"著"。这就叫"有理无形"。"理"字不是郑玄随便加的，因为《稚书灵准听》说："太极具理气之原。"

郑玄注说："太易，无也。太极，有也。太易从无入有。"后来周敦颐的《太极图说》开头就说"由无极至太极"，就是"从无入有"的意思。朱熹把"由无极至太极"改为"无极而太极"，又说太极"无形而有理"。他把无极作为太极的形容词而不把它作为太易那个阶段，但是从无入有那个意思还没有多大改变。大概纬书的这种宇宙发生论是经过道教而传至周敦颐的。

在上面所引的一段话和郑玄注中，可见后来道学所有的范畴及术语，有一些是在汉朝就有的。"理、气"这一对范畴，纬书中已经明确地提出。"本体"和"自性"都是后来玄学和道学所用的术语。"立乾坤二休，设用张弛"，似乎有体、用对立的意思。虽然不敢说在汉朝也有体、用这对范畴，也许可以说也有这点意思。

当然这些范畴和术语，其内容在汉朝是比较贫乏的，在玄学和道学中就丰富多了。这是当然的，因为从纬书到道学，中间经过了许多斗争和演变。这些斗争和演变，充实了这些范畴和术语的内容。这就是发展。

《乾凿度》接着说："易无形畔。易变而为一。一变而为七。七变而为九。九者，气变之究也，乃复变而为一。（同书另有一段与此文同，郑玄注说："乃复变为一，一变误耳，当为二。二变而为六。六变而为八。则与上七、九意相协。"）一者形变之始。清轻者上为天；浊重者卜为地。物有始，有壮，有究，故三画而成乾。乾坤相并俱生，物有阴阳，因而重之，故六画而成卦。……三画已下为地，四画已上为天，物感以动类相应也。阳气从下生（郑玄注说："以下爻为始也。"），动于地之下，则应于天之下；动于地之中，则应于天之中；动于地之上，则应于天之上。初以四，二以五，三以上，此之谓应。"这是说明易的卦的形成以及卦爻的作用。凡物都有开始（"始"）、壮盛（"壮"）、终结（"究"）三个阶段。这三个阶段相当于阳的发展的一、七、九三个阶段，也相当于阴的发展的二、八、六三个阶段。这就是所谓"乾坤相并俱生"。"物有阴阳"，所以要把三画重起来，"六画而成卦"。卦有六爻，从最下一爻算起，为初爻。初爻至三爻象地；初爻为"地之下"，二爻为"地之中"，三爻为"地之上"。四爻至上爻象天，四爻为"天之下"，五爻为"天之中"，上爻为"天之上"。天地间的事物，同类互相感动。初爻与四爻，二爻与五爻，三爻与上爻，都是同类的，可以互相感动。这就是所谓"相应"。

《乾凿度》接着说："阳动而进，阴动而退。故阳以七，阴以八，为彖。易一阴一阳，合而为十五，之谓道。阳变七之九，阴变八之六，亦合于十五，则象变之数若之一也。"易传《系辞》说："天一，地二；天三，地四；天五，地六；天七，地八；天九，地十。"《乾凿度》说："阳三阴四，位之正也。"阳由一而至九，一为阳之初生，三为阳之正位。（郑玄注说："圆者径一而周三。"）七为阳之彖。（郑玄注说："彖者爻之不变动者。"）九为阳之变。二为阴之初生，四为阴之正位。（郑玄注说："方者径一而匝四。"）八为阴之彖。六为阴之变。因为"阳动而进，阴动而退"，所以阳变则由七到九，阴变则由八到六。周易以变为占，所以阳爻称九，阴爻称六。八、七相加是十五；九、六相加也是十五。这就是所谓"象变之数若之一也"。

《乾凿度》接着说："五音、六律、七变（同书另有一段与此文同，作七宿），由此作焉。故大衍之数五十，所以成变化而行鬼神也。日十干者，五音也，辰十二者，六律也。星二十八者，七宿也。（郑玄注说："四方各七，四七，二十八，周天也。"）凡五十，所以大阂物而出之者也。"这是说：五音配甲、乙、丙、丁等十干，为十。六律和六吕配子、丑、寅、卯等十二辰，为十二；十加十二加二十八，等于五十。这是易传所说"大衍之数"。万物都是从这个数生出来的。

这是汉朝的"象数之学"的宇宙发生论。关于卦象与客观事物的关系，《乾凿度》的说法是不自相一致的。它说："故阴阳有盛衰，人道有得失。圣人因其象，随其变，为之设卦。方盛则托吉；将衰则寄凶。"上几段所引的《乾凿度》开始说："圣人因阴阳，定消息，立乾坤，以统天地也。"专就这一句说，好像是以阴阳的消息为主，由此而立乾坤二卦，下面所说的各段，也好像是说，易卦的"象"和"数"，是客观事物的反映。这和上面所讲的易纬关于"气"的理论联系起来，好像易纬的宇宙形成论是唯物主义的。但是《乾凿度》在这一段归结说："乾坤者，阴阳之根本，万物之祖宗也。"这就倒过来认为易卦的象和数是事物的根本。这就是完全的唯心主义。

第三节 　《洛书》

《乾凿度》又说："阳动而进，变七之九，象其气之息也。阴动而退，变八之六，象其气之消也。故太一取其数以行九宫，四正四维，皆合于十五。"所谓"太一"应该就是易。《乾凿度》说："易变而为一。"所以易可以称为"太一"。

"太一取其数以行九宫"，就是一年四季之中，阴阳之气的盛长（"息"）和衰微（"消"）的过程。

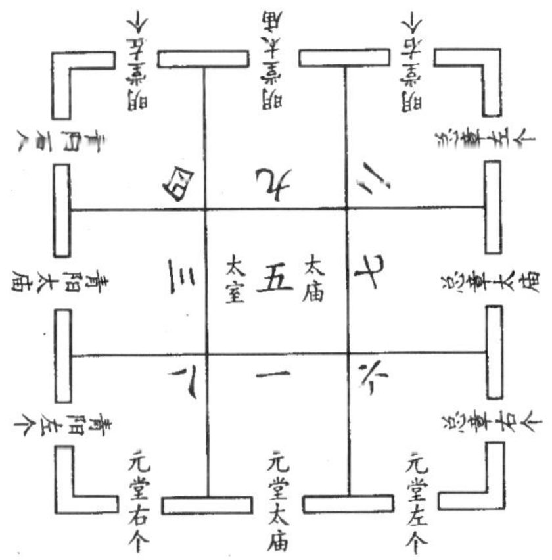

照《礼记·月令》所说，孟春，天子居青阳左个；仲春，居青阳太庙；季春，居青阳右个；孟夏，居明堂左个；仲夏，居明堂人庙；季夏，居明堂右个；中央土，居太庙太室；孟秋，居总章左个；仲秋，居总章太庙；季秋，居总章右个；孟冬，居玄堂左个；仲冬，居玄堂太庙；季冬，居玄堂右个。《大戴礼记·明堂》篇说："明堂者，古有之也，凡九室。……二九四、七五三、六一八。"

所谓"九室"即《月令》所说"青阳左个""青阳太庙"等。"天子"是政治的首领也是宗教的首领。"明堂"是他发号施令的地方，"明堂"的建筑有神秘的意义。它有"九室"相当于天的"九宫"。二、九、四等是世界图式中"九宫"的"数"，也是明堂的九室的"数"。其排列如上图。

二、九、四等"数"从何而来？这要看右图。

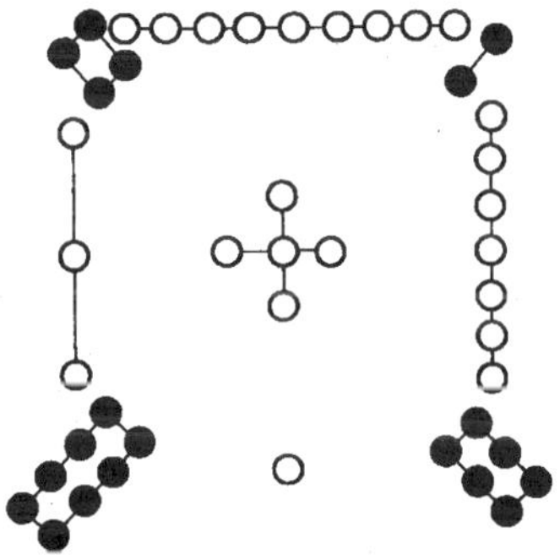

这些数，纵看，横看，都是三排。每排的三个数相加都是十五。从四角看，二加五加八是十五；四加五加六也是十五。后人用黑白点（白点代表阳，黑点代表阴）点画出来，就是所谓"戴九履一，左三右七，二四为肩，六八为足"。在四边的为"四正"；在四角的为"四维"。这些数目，加起来都是十五。这就是所谓"四正，四维，皆合于十五"。这个图象即宋朝的刘牧所谓河图，蔡元定和朱熹所谓洛书。纬书中关于河图洛书的各有好几篇。现存的佚文中，没有这个图。但《乾凿度》有"四正四维皆合于十五"之文，可见其原来是有这个图的。

此等图象，正是希腊毕达哥拉斯学派"以小石排为种种形状以表示数""以数入象"之类（详下）。讲象数的人看来，这些图揭露了宇宙的秘密，有极大的神秘意义。

第四节 "太一"

所谓"太一"在纬书中又称"太乙"。春秋纬《说题辞》说:"群阳精也,合为太乙,分为殊名。故立字一大为天。"就是说:天这个字是"一"字加个"大"字。又说:"元,精气以为天,浑沌无形体。"照这个说法,"太乙"是一种混沌未分的气。照另一种解释,"太乙"并不只是一种物质的实体,也是作为主宰的人格神。上所引"太一取其数以行九宫"下,郑玄注说:"太乙者,北辰之神名也,居其所曰太乙,常行于八卦日辰之间,曰天一,或曰太一。"照郑玄的说法,太乙和太一是"北辰之神"的两个名称,就其不动("居其所")而言,名为太乙,就其运动("常行")而言,名为天一或太一。郑玄又引《星经》说:"天一、太一,主气之神。"照这个说法,"太一"是主北极星的神。春秋纬《合诚图》说:"天皇大帝,北辰星也,含元秉阳,舒精吐光,居紫宫中,制御四方,冠有五采。"又《文耀钩》说:"中宫大帝其北极星下一明者,为太一之先,含元气以斗布常","含元出气,流精生物。"照这些说法,作为万物始基的元气,是从"天皇大帝"(北极神)吐出来的。这就完全是宗教的上帝创世说。纬书不是一个人的作品,也不是一个时期的作品。其中有种种不同的意见,不能一致。其中有宗教迷信,有哲学思想,也有一些占星术,是一个大杂烩。

第五节 八卦方位

《乾凿度》更详细地说:"孔子曰:易始于太极,太极分而为二,故生天地。天地有春秋冬夏之节,故生四时。四时各有阴阳刚柔之分,故生八卦。八卦成列,天地之道立,雷、风、水、火、山、泽之象定矣。其布散用事也,震生物于东方,位在二月。巽散之于东南,位在四月。离长之于南方,位在五月。坤养之于西南方,位在六月。兑收之于西方,位在八月。乾剥之于西北方,位在十月。坎藏之于北方,位在十一月。艮终始之于东北方,位在十二月。八卦之气终,则四正、四维之分明,生长收藏之道备,阴阳之体定,神明之德通,而万物各以其类成矣。皆易之所包也。至矣哉,易之德也。孔子曰:岁三百六十日而天气周。八卦用事,各四十五日,方备岁焉。……孔子曰:乾坤,阴阳之主也。阳始于亥,形于丑。乾位于西北,阳祖微据始也。阴始于巳,形于未,据正立位,故坤位在西南，阴之正也。（郑玄注说："阴气始于巳，生于午，形于未。阴道卑顺，不敢据始以敌，故立于正形之位。"）君道倡始，臣道终正。是以乾位在亥，坤位在未；所以明阴阳之职，定君臣之位也。"以图说明如下：

这是一个空间和时间相配合的世界图式。在这个图式中，坎、震、离、兑四卦配入四方，艮、巽、坤、乾四卦配入四隅。这就是所谓"四正、四维"。乾、坤是"阴阳之主"，不在"四正"，而在"四维"；据《乾凿度》说，这是因为"阳始于亥"，"阴始于巳"。"阴始于巳"，但位不在东南，据《乾凿度》说，这是阳尊阴卑，所以阳可以"祖微据始"，居于它开始的方位，阴则只敢居于它形成的方位。据这个图式，每年的寒暑变化，都是由于八卦所表示的阴阳消长。每卦都起作用；这就叫"用事"。每年三百六十天，每卦"用事"四十五天。这同董仲舒和《淮南子》所说的阴阳之气在时间、空间中的运行的规律，基本上是一致的。但他们是以阴阳五行家的世界图式表达出来；易纬是用易传的世界图式表达出来。

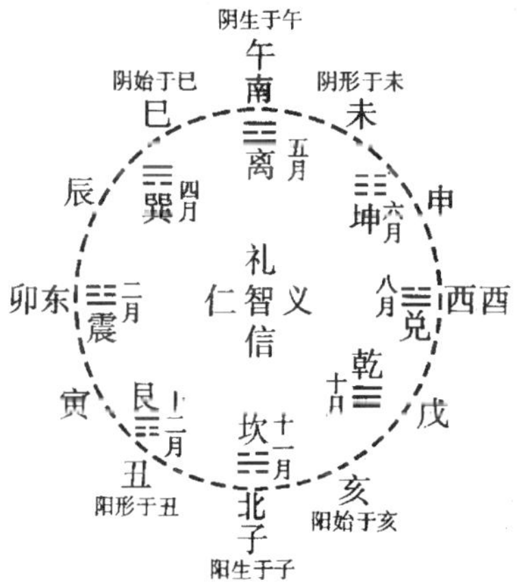

阴阳五行家以五行配五德，即所谓五常。易纬也用八卦配五常。《乾凿度》说："孔子曰：八卦之序成立，则五气变形。故人生而应八卦之体；得五气，以为五常，仁、义、礼、智、信是也。夫万物始出于震；震，东方之卦也。阳气始生，受形之道也，故东方为仁。成于离；离，南方之卦也，阳得正于上，阴得正于下，尊卑之象定，礼之序也，故南方为礼。入于兑；兑，西方之卦也。阴用事而万物得其宜，义之理也，故西方为义。渐于坎；坎，北方之卦也。阴气形盛，阴阳气含闭，信之类也，故北方为信。夫四方之义，皆统于中央，故乾、坤、艮、巽，位在四维。中央所以绳四方行也，智之决也，故中央为智。故道兴于仁，立于礼，理于义，定于信，成于智。五者，道德之分，天人之际也。圣人所以通天意，理人伦，而明至道也。"这是企图在自然界中为封建道德作出一种超社会的根据。所以在世界图式中，也都给它们一个地位。其附会牵强显而易见。照这些说法，阴阳之气也有道德的属性；八卦所处的方位，体现道德的目的。这种自然与社会的关系即所谓"天人之际"。这也是汉朝官方哲学的唯心主义和神秘主义的一种表现形式。

第六节 "卦气"

这个世界图式不仅是一个空间的图式，也是一个时间的图式。照上面的说法，六十四卦在一年阴阳之气的消长中都起"用事"的作用，这就是所谓"卦气"。易纬《稽览图》有更详细的方法，将六十四卦皆配入四时。《稽览图》说："小过、蒙、益、渐、泰寅。需、随、晋、解、大壮卯。豫、讼、蛊、革、夬辰。旅、师、比、小畜、乾巳。大有、家人、井、咸、姤午。鼎、丰、涣、离、遁未。恒、节、同人、损、否申。巽、萃、大畜、贲、观酉。归妹、无妄、明夷、困、剥戌。艮、既济、噬嗑、大过、坤亥。未济、蹇、颐、中孚、复子。屯、谦、睽、升、临丑。坎六震八离七兑九。已上四卦者，四正卦，为四象。每岁十二月，每年五月（按五月月字当作卦）。卦六日七分。每期三百六十六日，每四分（按六日当作五日，四分当作四分日之一）。"易纬《是类谋》说："冬至日在坎；春分日在震；夏至日在离；秋分日在兑。四正之卦，卦有六爻，爻主一气。余六十卦，卦主六日七分，八十分日之七。岁十二月，计三百六十五日四分日之一。六十而一周。"

这是以居四方的四卦，震（居东方）离（居南方）兑（居西方）坎（居北方）为四正卦，主四时，每卦六爻，每爻主每年二十四气中之一气。《稽览图》认为，坎初六主冬至；震初九主春分；离初九主夏至；兑初九主秋分；余爻分主其余二十气（详见卦气图）。六十四卦，除此四卦，尚余六十卦，每卦主六日七分，即一日之八十分之七。一年三百六十五日又四分日之一。若每卦主六日，则六十卦主三百六十日，尚余五日又四分之一日。若将每日分为八十分，则五日又四分之一日共有四百二十分。以六十除四百二十，则每卦得七分。所以每卦主六日七分。这六十卦分配于十二月，每月得五卦。此每月之五卦，《稽览图》更将其分为天子，诸侯，公卿，大夫。例如小过为正月（即寅月）之诸侯，蒙为正月之大夫，益为正月之卿，渐为正月之公，泰为正月之天子。十二月中之天子卦，即复（自十一月数起）、临、泰、大壮、夬、乾、姤、遁、否、观、剥、坤。这十二卦为十二月主卦，所以称天子卦，又称辟卦，辟就是君。其所以以这十二卦为十二月之主卦，这是因为六十四卦中，上五爻皆阴，独下一爻为阳者，为复卦䷗。上四爻皆阴，下二爻为阳者是临卦䷒。上三爻皆阴，下三爻皆为阳者是泰卦䷊。上二爻皆阴，下四爻为阳者，为大壮卦䷡。上一爻为阴，下五爻为阳者，为夬卦䷪。六爻皆阳者，为乾卦䷀。上五爻皆阳，下一爻为阴者，为姤卦䷓。上四爻皆阳，下二爻为阴者，为遁卦䷠。上三爻皆阳，下三爻皆阴者，为否卦䷋。上二爻为阳，下四爻为阴者，为观卦䷓。上一爻为阳，下五爻为阴者，为剥卦䷖。六爻全阴者，为坤卦䷁。以这十二卦分配于十二月，以复卦当十一月，以乾卦当四月，以姤卦当五月，以坤卦当十月，可以表示十二个月中阴阳盛衰之象。所以以这十二卦为辟卦，表示一年中阴阳消息之象。至于其余诸侯、公卿、大夫之分配，则未有如此明显的理由。这就是"卦气"。

孟喜、京房是当时讲卦气说的重要人物。《汉书·京房传》说："其说长于灾变，分六十卦，更直日用事。以风雨寒温为候，各有占验。"

《汉书·儒林传》说："孟喜字长卿，东海兰陵人也。……得易家候阴阳灾变书。……京房受易梁人焦延寿。延寿云：尝从孟喜问易。会喜死，房以为延寿易即孟氏学。……至成帝时，刘向校书，考易说，以诸易家说，皆祖田何，杨叔，丁将军，大谊略同，惟京氏为异党。焦延寿独得隐士之说，托之孟氏，不与相同。"

孟喜、焦延寿、京房，皆以所谓"阴阳灾变"讲易。详细内容，或有不同，但其大指，皆以卦气、天人感应的学说解释《周易》。关于卦气之各种理论，果系易纬取自孟喜、京房，或孟喜、京房取易纬，或易纬即孟喜、京房一派讲易学者所作，不易断定。总之这是在西汉晚期流行的一种象、数之学。

据唐朝的大历法家一行所说，孟喜也以坎、震、离、兑分主四方四时，其二十四爻，分主二十四气。又言"卦以地六，候以天五"（《旧唐书》卷二十八）。这是说孟喜于二十四气中，又分七十二候。七十二候系根据《月令》。例如《月令》说："孟春之月……东风解冻，蛰虫始振，鱼上冰，獭祭鱼，鸿雁来。"郑玄注说："皆记时候也。"每月皆有其"时候"（孔颖达疏说："凡二十四气，每三分之，七十二气，气间五日有余，故一年有七十二候也。"），两候相间，"五日有余"，即所谓"候以天五"。五为天之中数（介乎一、三与七、九之间），所以称"天五"。每卦主六日余，即所谓"卦以地六"。六为地之中数（介乎二、四与八、十之间），所以称"地六"。五乘六得三十，即一月之日数，也就是"消息一变"的日数。九、七为阳之数，六、八为阴之数（见上）。此四数相加，也是三十，也是一月的日数，也就是"消息一变"的日数。一行根据孟喜的说法，作一《卦气图》，载于《旧唐书》卷二十八（上），这也是易纬的卦气说的说明。

王充说："易京氏布六十四卦于一岁中，六日七分，一卦用事。卦有阴阳，气有升降。阳升则温，阴升则寒。由此言之，寒温随卦而至，不应政治也。案易无妄之应，水旱之至，自有期节。百灾万变，殆同一曲。变复之家，疑且失实。……京氏占寒温以阴阳升降。变复之家以刑赏喜怒，两家乖迹。"（《论衡·寒温篇》）其实照《汉书·京房传》所说的，京房在政治上也讲"天人感应"，认为灾异是政治失常所招致的。不过，他的《易传》，是不讲"天人感应"的。王充或系根据《京氏易传》而对京房加以肯定。有一点是明确的，就是，王充认为"卦气"之说，有正确的部分，因为它是以阴阳升降说明一年四季的寒温的变异。

二十四节气的划分是中国过去历法中的科学成分，是我国劳动人民从长期农业生产实践中得来的知识，现在仍继续为农业生产服务。七十二候是在二十四节气中出现的一些自然现象，作为气候变化的标志，这也是有用的。但照孟喜、京房和易纬的说法，好像这些变化，基本上是受易卦的影响和统治，这种对二十四节气的划分所作的解释倒向了唯心主义。

易纬更由此发挥"天人感应"的神秘学说，认为七十二候的出现，如有失常，这就表示社会中已有或将有不正常的事情。易纬《通卦验》说："反舌者，反舌鸟也，能反复其舌，随百鸟之音。……仲夏之月，反舌无声。反舌有舌，佞人在侧。""荔挺不出，则其国多火灾。"这样就把所谓灾异跟七十二候联系起来；这就是把所谓"天人之道"的神秘主义学说，规范化，固定化。这是董仲舒所提倡的官方哲学的进一步的发展。

易纬以外的其他纬书，都强调自己的经的神秘意义。尚书纬《璇玑钤》说："尚书篇题号；尚者，上也；上天垂文象，布节度。书者如也，如天行也。""书务以天言之。因而谓之书，加尚以尊之。"这是说，《书经》摹仿天的运行并且代天立言。

诗纬《含神雾》说："诗者，天地之心，君祖之德，百福之宗，万物之户也。集微揆著，上统元皇，下序四始，罗列五际。"春秋纬《说题辞》说："诗者，天文之精，星辰之度，人心之操也。"这是说，《诗经》中的诗，主要的是"天地之心"的表现，是万物所由以出入的门户。

所谓"四始""五际"的意义，诗纬《氾历枢》说："《大明》在亥，水始也；《四牡》在寅，木始也；《嘉鱼》在巳，火始也；《鸿雁》在申，金始也。"又说："午亥之际为革命，卯酉之际为改正，辰在天门，出入候听。（后汉郎颛说："诗《氾历枢》曰：'卯酉为革政，午亥为革命，神在天门，出入候听。'言神在戌亥，司候帝王兴衰得失，厥善则昌，厥恶则亡。"〔《后汉书·郎颛传》〕）卯，《天保》也；酉，《祈父》也；午，《采芑》也；亥，《大明》也。然则亥为革命，一际也。亥（依《郎颛传》当作戌亥）又为天门，出入候听，二际也。卯为阴阳交际，三际也。午为阳谢阴兴，四际也。酉为阴盛阳微，五际也。"《大明》《四牡》《嘉鱼》《鸿雁》《天保》《祈父》《采芑》，都是《诗经》中的篇名。易纬把《诗经》的各篇分配入上面所说的世界图式之内。所谓"五际"也是就世界图式说的。要跟上面的几个图联系起来看，不难明白。

礼纬《稽命征》说："礼之动摇也，与天地同气，四时合信，阴阳为符，日月为明，上下和洽，则物兽如其性命。"春秋纬《说题辞》说："礼者，所以设容，明天地之体也。"又说："礼者，体也。人情有哀乐，五行有兴灭；故立乡饮酒之礼，始终之哀，婚姻之宜，朝聘之表，尊卑有序，上下有体。王者行礼，得天中和。礼得则天下咸得厥宜，阴阳滋液，万物调，四时和。动静常用，不可须臾惰也。"这些"天人之道"的说法，《礼记》中也有，不过礼纬于这一方面特别注重。

乐纬《动声仪》说："圣王知盛极则衰，暑极则寒，乐极则哀。是以日中则昃，月盈则蚀，天地盈虚，与时消息。制礼作乐者，所以改世俗，致祥风，和雨露，为万物获福于皇天者。"乐纬《协图征》说："圣人作乐，不以乐娱，以观得失之数。故不取备于一人，必须八能之士（即通八音之人），或调阴阳，或调五行，或调盛哀，或调律历，或调五音。与人地神明合德者，则七始八气各得其宜也。""七始"不知何义，有人谓指"四方、天、地、人"。"八气"据说指八音所代表之气。八音是金、丝、竹、匏、土、革、木、石，八种材料制的乐器所发的声音。乐纬《动声仪》认为八种材料制的乐器所发的音，分别代表立秋、秋分、立冬、冬至、立春、春分、立夏、夏至等节气之"气"。这就把乐跟上面所讲的世界图式结合起来。

纬书认为，这都是孔丘的工作。公羊家讲《春秋》已经有孔丘受天命为王等"非常可怪之论"。春秋纬中更有孔丘"为汉制法"之说。此外还有关于孔丘的更怪诞荒谬的说法。春秋纬《演孔图》说，孔丘是"黑帝"的儿子，胸前有文："制作定，世符运。"孔丘身高十尺，腰大九围，"坐如蹲龙，立如牵牛。就之如昂，望之如斗"。圣人不是平空生出来的，"必有所制，以显天心。丘为木铎，制天下法"。在所谓西狩获麟之后，在鲁国的端门上，有天所下的血书。书上说："趋作法，孔圣没。周姬亡，彗东出。秦政起，胡破术。书纪散，孔不绝。"这血书又"飞为赤鸟，化为白书，署曰演孔图。中有作图制法之状"。

孔丘是先秦儒家的创始人。孟轲、荀况对于孔丘都极推崇，但也不过说，孔丘是一个知识广博，道德完全的人，是儒家的大师、创始人。

照董仲舒讲起来，孔丘受"天命"而为王。继承周朝为王的，并不是秦始皇而是孔丘。他虽然实际上没有王位，但是一个没王位的王，即所谓"素王"。他所作的《春秋》，就代表"一王之法"。在这种幻想的、被虚构的历史中，孔丘就不是"师"而是"王"了。

在纬书中，孔丘的地位又有不同。照上面所引春秋纬所说的，孔丘不仅是王而且是神了。在纬书中，儒家成为儒教，成为一种真正的宗教，孔丘成为这个宗教的神圣的教主。

第七节　纬书的世界图式与希腊毕达哥拉斯学派的比较

纬书的世界图式是用所谓象、数组成的，上面所说的《洛书》其白黑点即是象，二四九等是数。

在西方，希腊哲学中有毕达哥拉斯学派，其特点也是以象数构成一种世界图式。亚里士多德说：这些哲学家（毕达哥拉斯学派的哲学家）显然以数目为第一原理，为生存的物之质因，且为其改变与永久形状之形式。数目之原质即奇偶：奇为有限，偶为无限。他们以为'一'自此二者出（因"一"亦奇亦偶）。从一生出一切数目；全宇宙都是数目。此派之别的哲学家说有十原理；他们列之为平行的两行：

有限	无限
奇	偶
一	多
右	左
男性	女性
静	动
直	曲
光明	黑暗
好	恶
正方	长方

（亚里士多德《形而上学》九八六）

这就是所谓"十项反对"。在这"两行"中，"有限"等一行，就周易中的"象"说，基本是阳爻"—"所代表的，就周易中的"数"说，基本上是奇数所代表的。"无限"等一行，基本上是阴爻" – –"和偶数所代表的。亚里士多德说，毕达哥拉斯学派以为"一"从奇偶出，因"一"亦奇亦偶。这其实也就是说，奇偶都是从"一"分出来的。德欧真尼（今通译为"第欧根尼"——编者注）引亚里士多德所述毕达哥拉斯学派的哲学，正是说："一为一切物之始。自一生不定的二。二属于一，一为二之原因。"（德欧真尼《著名哲学家传记》卷八）易传《系辞》也说："易有太极，是生两仪。"太极也称"太一"。这个"一"之所以称为"太"，因为其并非与二相对之一，乃是生奇、偶之一。

希腊哲学家多以"无限"为材料，"有限"为形式；材料受形式，乃成一物。形式是"一"，材料受形式即成为"多"了。中国的易学也以为阳施阴受。所以可以说，阳相当于"有限"，阴相当于"无限"。在此十项反对中，正方列入"有限"一行；长方列入"无限"一行；中国易学中则以为天圆地方。在表面上看，这是一个不同之点。其实不然。毕氏学派认为相续奇数之和可以排为一正方形。相续偶数之和可以排为一长方形。所以他们以奇数为正方数，以偶数为长方数（见柏乃《希腊早期哲学家》第102—103页）。这也是中国易学所能承认的。在"两行"中，动、静和左、右的排列，与中国易学所说阴阳的性质，正相反对。

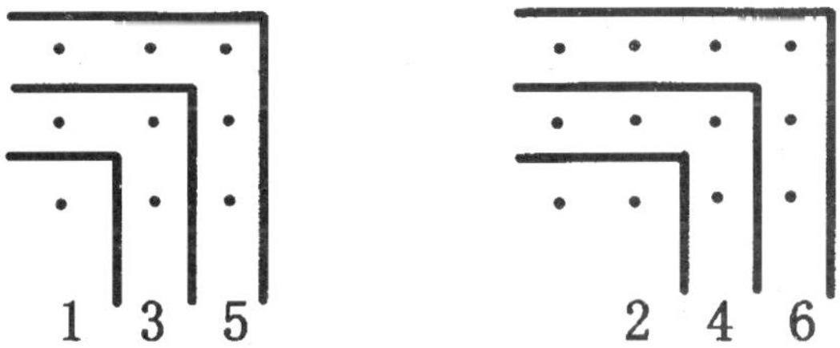

1 3 5   2 4 6

毕氏学派常举出各种物，如人及马之数，并以小石排为各种形式以表示之；这就是所谓"以数入象"。（第100页）上面所说，以奇数为正方数，偶数为长方数，即"以数入象"的例。中国易学讲"象""数"，也是如此。毕氏学派以为天是一个和声，在天文与音乐中，最可见数之功用。中国自汉以后讲律吕与历法者，皆以周易中的"数"为根据。这是中国易学与毕氏学派大端相同之点。中国与古希腊是否很早就有交通，文化是否很早已交流，这还是待研究的问题。但各民族文化可以并行发展。文化发展至某程度，自然会有相类似的思想出现。这也是历史发展的规律所决定的。

毕氏学派"以数目为第一原理，为生存的物之质因，且为其改变与永久形状之形式"；就是说，数目是先于具体的事物而存在，从数目生出具体的事物。这是一种唯心主义和神秘主义的说法。中国的象、数之学也有与此类似的主张；这是汉代的唯心主义和神秘主义的另一种表现形式。

但是其中也有科学的思想。正是像列宁对于毕达哥拉斯学派所作的评语所说的："科学思维的萌芽同宗教、神话之类的幻想的一种联系。而今天呢！同样，还是有那种联系，只是科学和神话间的比例却不同了。"（《哲学笔记》，《列宁全集》第38卷，人民出版社1959年版，第275页）

第三十二章 古文经学的兴起及其哲学家——刘歆、扬雄、桓谭

第一节 什么是古文经学

谶完全是一种宗教迷信；纬基本上是一种对"经"的解释和发挥。谶、纬本来是两件事，但《纬书》中常常杂有谶，所以后来的人把谶和纬混同起来统称为"谶纬"。这种混杂在公羊春秋中本来就已经有的。春秋公羊本来是对于《春秋》的一种注解和发挥，但其中亦有谶。它说，孔丘"受天命为新王，为汉制法"，这就是一个最大的谶。就这一方面说，《纬书》和春秋公羊有相同之处，是春秋公羊学向宗教迷信进一步的发展。

古文经学的兴起，反对以谶解"经"，主张清除经学中的宗教迷信，既有反对宗教迷信的意义，也有反抗官方统治思想的意义。这在当时是一种新的思想运动。作为当时官方哲学的中心是公羊春秋，所以古文经学的重点也在于反对公羊春秋。

古文经学和今文经学的斗争，在某些方面，也就是当时哲学战线上唯物主义与唯心主义斗争的一种表现。儒家一尊的局势稳定下来。唯物主义和唯心主义的斗争，在一定程度上，需要用"经学"的形式表现出来。这就是今文经学和古文经学的斗争。据说，孔丘教育人有六种功课，汉朝人称为"六艺"。六艺中除乐外，都有"经"，是儒家的基本经典。汉武帝设置专讲《易》《诗》《书》《礼》《春秋》的"博士"，教授弟子。这是当时政府的"学官"。"博士"所讲授的经典，都是用当时通行的隶书写的，称为今文。

后来，据说又发现了一些用篆书写的经典，称为古文。这样，在汉代就有了两派的经学，今文和古文。在表面上看起来，古文经学和今文经学的不同，不过是他们所根据的经典有文字上的不同，实际上不仅只如此。这两派经学的不同，主要的是由于他们对于"经典"的解释不同，所代表的思想路线不同。

董仲舒是汉初今文经学派的一个主要人物。他所依据的主要经典是《春

秋》。《春秋》有三个"传"：《公羊传》《穀梁传》和《左传》。这三个"传"代表当时及后来讲《春秋》的三派：公羊春秋、穀梁春秋和左氏春秋。其中公羊春秋、穀梁春秋是今文经学；左氏春秋是古文经学。董仲舒是公羊春秋的一个大师。他依据《春秋》发挥了他的"奉天法古"和"天人感应"的神秘主义的和唯心主义的思想，这是今文经学的特点。当时官学里的博士都是属于今文一派的。他们都在各自的经典中发挥"天人感应"的神秘主义的和唯心主义的思想。上章所讲的纬书，就是今文经学的发展，是今文经学向神秘主义和宗教迷信的更进一步的堕落。

古文经学在官学中没有地位，用当时的话说，就是"不立于学官"。它是官方经学的反对派。今文经学是当时政府的官方经学，代表地主阶级当权派的利益。古文经学是民间的经学，代表地主阶级不当权派的利益。

从哲学史的角度看，这两个学派的斗争，具有无神论和有神论，唯物主义和唯心主义斗争的意义。

今文经学派的倾向是把儒家宗教化，古文经学派的倾向是反对用"天人感应"等神秘主义思想解释儒家经典。古文经学家们在不同的方面，在不同的程度上，企图把儒家学说从当时的神秘主义思潮中分别开来。本章所讲的刘歆、扬雄和桓谭都是当时的古文经学家。其中扬雄和桓谭是两汉之际反对官方神秘主义哲学的重要的无神论者和倾向唯物主义的哲学家。

第二节　石渠会议

在汉宣帝的时候，在统治阶级集团中，也开始反对公羊春秋，所反对的中心在于"新王受命"的说法。公羊春秋为中国的封建社会制定了一套上层建筑，巩固了中国封建社会的经济基础，为中国封建社会的长期存在准备了条件。它相信中国的封建社会可以长期存在。董仲舒说："天不变，道亦不变。"这句话就是公羊春秋学的信念的表现，但公羊春秋学并不认为封建统治阶级的统治集团或家族可以长期不变。公羊春秋学认为封建统治集团或家族是必然要变的。公羊春秋认为这一种变是合乎规律的，而且它已经发现了这个规律。这就是它所宣扬的"三统"说。照它的说法，每一个朝代，在开始的时候，都是"受天命为新王"。过了一定时期，"天"就要"另"命一个新王，开始一个新朝代。在汉朝开始的时候，这种说法当然是当时的统治集团所欢迎的，因为它对他们的新政权是一个理论的基础。到了汉朝中叶以后，随着阶级矛盾的激化，社会危机严重，统治集团就开始恐慌了，它害怕有别人受天命做新王。上章讲过，汉哀帝竟玩了一套"再受命"的把戏，可见他恐慌到什么程度了。他的"再受命"没有成功，而王莽却以"新受命"为理由，篡夺了帝位，建立一个新的朝代，自称为"新"。由此可见，公羊春秋的"新王受命"之说，在当时政治上的影响是何等之大。

汉宣帝是一个英明的皇帝。他大概意识到这种影响可能发生的后果。在晚年他就采取措施，削弱春秋公羊学的影响。他在甘露三年"诏诸儒讲五经同异。太子太傅萧望之等平奏其议。上亲称制临决焉。乃立梁丘易，大小夏侯尚书，穀梁春秋博士"（《汉书·宣帝纪》）。这是一次很重要的会议，宣帝亲自参加，并以皇帝的名义作出结论（"上亲称制临决焉"）。会议的结果，是在太学中设立穀梁春秋博士，这就叫"立于学官"以与公羊春秋相对抗。

这次会议是在石渠阁举行的，可以称为石渠会议。《汉书·儒林传》有较详细的记载。《儒林传》说，汉宣帝听说他的祖父卫太子喜欢穀梁春秋，他自己亦学习穀梁春秋并且培养了一些学习穀梁春秋的人。作了十几年的准备，这才召集会议，"平公羊穀梁同异"。公羊、穀梁两边各有五个主要发言人。结果是穀梁一派得到胜利，穀梁的五个主要代表中，有两个成了博士。"由是穀梁之学大盛"。

这次会议的中心是公羊、穀梁两派的斗争。所以《儒林传》就直接地说，会的任务是"平公羊穀梁同异"，《汉书·艺文志》著录有会议中的发言稿，称为"议奏"，下注"石渠论"。可惜这些"议奏"都没有传下来，也没有像桓宽所做的《盐铁论》那一类的记载，所以"石渠论"的详细内容就无可考了。就现有的《公羊传》和《穀梁传》这两个"传"说，其同异还是很显然的。其同在于两"传"都认为《春秋》中有孔丘的"微言大义"，而它们都记载了那些"微言大义"。其异在于穀梁中没有孔丘"受天命为新王"之说。例如《春秋》在哀公十四年记载"西狩获麟"。《公羊传》认为这是孔丘受天命为新王的信号（"受命之符"）。《穀梁传》没有这个说法。《左传》更是平平淡淡地一笔带过。石渠会议用《穀梁传》代《公羊传》就是要否定"受天命为新王"之说，以免为王莽一类的野心家所利用。

在石渠会议中，没有《左传》的代表，可能是因为在那个时候《左传》还没有出来。刘歆的父亲刘向是以《穀梁传》的代表出席会议的，这可能是《左传》晚出的一个旁证。

第三节　刘向、刘歆关于《洪范》五行的理论

刘向（公元前79—公元8）和他的儿子刘歆（死于公元10年）都是西汉末年

的大学者，沛（今江苏沛县）人。在许多学术工作中，刘歆完成了刘向的事业。

汉朝有几个有名的父子。司马谈和司马迁，刘向和刘歆，班彪和班固，都是父子相传，在学术上作出贡献。班固继承他父亲班彪的事业，完成了《汉书》。这部书记载西汉一个朝代的历史学术和典章制度。其中有三个志，都是照抄刘向和刘歆的著作。

刘向生在一个有学术传统的家族。他的先祖刘交是汉高祖刘邦的小弟，"好书，多才艺。少时，尝与鲁穆生、白生、申公俱受《诗》于浮邱伯。伯者，孙卿门人也。及秦焚书各别去"。就是说，他们四个学生，都没有毕业就散了。到高祖的时候，浮邱伯到长安，刘父派他的儿子郢客和申公到长安，向浮邱伯继续学习，直至毕业。申公为《诗》作《传》，号为《鲁诗》。刘交也为《诗》作《传》，号《元王诗》。刘交的后人刘辟疆，"亦好读《诗》，能属文……清静少欲，常以书自娱，不肯仕"。他的儿子刘德，"少修黄老术……常持老子知足之计"（以上引文见《汉书·楚元王传》）。刘德就是刘向的父亲。这个家族，虽然也是汉朝的宗室，但有一个学术传统，可以上接荀况及黄老。班固作《汉书》，把刘向、刘歆的传附于刘交的传后，统称之曰《楚元王传》，大概还不仅是因为他们的血统相传。

《汉书·刘向传》说："向见《尚书·洪范》，箕子为武王陈五行阴阳、休咎之应。向乃集合上古以来，历春秋六国至秦汉符瑞、灾异之记，推迹行事，连传祸福，著其占验，比类相从，各有条目。凡十一篇，号曰《洪范五行传论》，奏之。天子心知向忠精，故为凤兄弟起此论也，然终不能夺王氏权。"刘向作《洪范五行传论》（《汉书·艺文志》著录作《洪范五行传记》）。刘向作这部书的目的，是警诫成帝，叫他不要过于信任王凤；这是有为而发的。《汉书》的《五行志》，就是以刘向的《洪范五行传论》为其基本内容。

在《汉书·五行志》中，有"经"，有"传"，有"说"，又有"刘向以为"，"刘歆以为"等。"经"是《洪范》原文。"传"是汉初经学家伏胜所作的《洪范五行传》。"说"是当时"博士"的解释。"刘向以为"等是刘向等的推论比附。刘向的《洪范五行传论》主要的就是这些推论比附。

刘向的书，把可能有的政治上的错误分成许多类，把可能有的灾异也分成许多类，然后把这两类本来不相干的东西联系起来，认为如果出现了某类灾异，就是由于政治上有了某类的错误。这就是所谓"比类相从，各有条目"。刘向又把从春秋以来出现的灾异和当时政治上的错误联系起来，作为对照，以证明这些说法的正确。这就是所谓"连传祸福，著其占验"。刘向的《五行传论》可以说是一种灾异大全，是汉朝"天人感应"的思想的百科全书。

145

《汉书·五行志》说，刘歆的《五行传》，跟刘向的《五行传》很有不同。照《五行志》所记载的，那些不同，都是细节不同，不是原则性的不同。在这一方面，刘歆也还是宣传"天人感应"。

这是向、歆父子的第一期的著作。对于刘歆说，这是他早期的著作。

第四节　刘歆的"元气"说

向、歆父子的第二期著作，是关于音乐和历法的，其基本内容保留在《汉书·律历志》。

在汉平帝的时候，举行过一个音律专家的会议，刘歆是这个会议的主持人。他综合当时音律家的意见，作了一部书。这部书可能就是应劭的《风俗通义》所引刘歆的《钟律书》。《钟律书》已不存在了，但是《汉书·律历志》保存了这部书的基本内容。

《汉书·律历志上》说："至孝成世，刘向总六历，列是非，作《五纪论》。向子歆，究其微眇，作三统历及谱，以说《春秋》，推法密要。故述焉。"这里所说的三统历是指历法；《三统历谱》，是指用三统历说明《春秋》中的事情。"故述焉"是说，班固在以下是抄刘歆的三统历和《三统历谱》。

刘歆的这些说法，大部分都是以前已有的。他所特别提出的是"太极元气"的说法。他说："太极元气，函三为一。极，中也；元，始也。行于十二辰。始动于子，参之于丑，得三。又参之于寅，得九。又参之于卯，得二十七。又参之于辰，得八十一。又参之于巳，得二百四十三。又参之于午，得七百二十九。又参之于未，得二千一百八十七。又参之于申，得六千五百六十一。又参之于酉，得万九千六百八十三。又参之于戌，得五万九千四十九。又参之于亥，得十七万七千一百四十七。此阴阳合德，气钟于子，化生万物者也。"（《汉书·律历志上》）照刘歆的说法，宇宙的根本，是太极元气。旧注说，"三"是指天、地、人；在元气尚未分化的时候，天、地、人混合为一，所以说"函三为一"。元气"行于十二辰"，就是说，它是照上面所讲的世界图式运行的。他始动于子月（十一月）；在这个阶段，它的数是一。到丑月（十二月），它的数就成为三。到寅月（正月），它的数就成为九。这样，每到一个辰，它的数就加三倍。到了亥月，他的数就是十七万七千一百四十七。

刘歆接着说："故（元气）孳萌于子，纽牙于丑，引达于寅，冒茆于卯，振美于辰，已盛于巳，咢布于午，昧薆于未，申坚于申，留孰于酉，毕入于戌，该阂于亥。……故阴阳之施化，万物之终始，既类旅于律吕，又经历于日辰，而变化之情可见矣。……指顾取象，然后阴阳万物，靡不条鬯该成。故以成之数，忖该之积，如法为一寸，则黄钟之长也。"所谓"成之数"，就是酉之数，就是一万九千六百八十三；所谓"该之数"，就是亥之数，就是十七万七千一百四十七。"以成之数，忖该之积"，就是用一万九千六百八十三除十七万七千一百四十七，得九。所谓"得一寸"就是说，得了一个得数；得数是九。九就是黄钟的律管的长度。这是用一种绕大圈子的办法，证明黄钟的长度应该是九。

在刘歆的这些思想中，有几点可以注意。第一，他认为"太极元气"是世界的根本。这是唯物主义的思想。第二，他从"函三为一"算出许多数目；在十二辰中，每一辰都有一个数目；好像数目也有神秘的意义。第三，他认为宇宙的变化和事物的发展，都与音乐有关。这对于音乐、数学和历法，都没有什么积极的意义，他是要以此说明这些方面都与元气有关，论证他的系统的完整性。

刘歆说："太极元气，函三为一。"照这个说法，太极就是元气，也就是一。一之上没有太一，更没有太乙。这就不同于纬书的说法（参看上章第四节）。这有唯物主义的意义。但是刘歆又说："太极运三辰五星于上，而元气转三统五行于下。其于人，皇极统三德五事。故三辰之合于三统也。"（《汉书·律历志上》）照这个说法，太极又不同于元气，太极和元气，不是一回事，是两回事。也许刘歆在这里是讲天地人三统，如果把世界的发展也分配于十二辰，气发展到子，那就是"轻清者上浮为天"，这就是天统。气发展到丑，这就是"重浊者下沉为地"，这就是地统。气发展到寅，天地之间出现了人，这就是人统。太极诚然不是元气，不过气发展到不同的阶段，有不同的名称，这是一种可能的解释。在刘歆的思想中，太极和元气究竟是什么样的关系还是不明确的。

第五节　刘歆与《左传》

刘歆究竟不是一个大哲学家。他对于汉朝的学术及哲学的贡献，在于反对公羊春秋及其所引起的谶纬等宗教迷信的影响，具体的表现是他提倡古文经学。在汉哀帝的时候，刘歆建议把左氏春秋及毛诗、逸礼、古文尚书皆列于学官。当时太学中的博士们反对这个建议。刘歆给他们写了一封信，批评他们。在信中，刘歆说当时博士所传习的经典都是不完全的，因为经过秦朝，经典都被烧了，到了汉朝初年，才找着还没有死的经师，凭他们的记忆，把经典传下来，这些口耳相传的经典，是不完全的、有错误的，所以这些经都不是全经。刘歆说："及鲁恭王坏孔子宅欲以为宫，而得古文于坏壁之中。逸礼有三十九，书十六篇，天汉之后，孔安国献之。遭巫蛊仓卒之难，未及施行。及春秋左氏丘明所修，皆古文旧书，多者二十余通，藏于秘府，伏而未发。孝成皇帝闵学残文缺。稍离其真，乃陈发秘臧，校理旧文，得此三事。以考学官所传，经或脱简，传或间编。传问民间，则有鲁国桓公，赵国贯公，胶东庸生之遗学与此同。抑而未施，此乃有识者之所惜闵，士君子之所嗟痛也。"（《汉书·刘歆传》）这就是刘歆所说的古文经典的三个来源。第一个来源是鲁恭王的发现；第二个来源是宫廷藏书的公开；第三个来源是民间经师的传习。从第一第二来源得到的经典，当然都是原来的全文，这当然比口耳相传的经典可靠得多了。刘歆以其特殊的地位，用这些话支持古文经典的地位，当然是很有力量的。他批评当时的博士们："信口说而背传记，是末师而非往古。……以《尚书》为备，谓左氏为不传《春秋》，岂不哀哉"。刘歆的这封信触怒了当时的执政大臣和那些博士们。他怕受到迫害，自请离开中央，到外地做地方官。由此可见，这场斗争在当时是很激烈的。

刘歆建议"立于学官"的古文经典虽有四种，但重点是在左氏春秋。因为今文经学的中心是公羊春秋，所以他要用《左传》对付《公羊传》。

在清朝末年，春秋公羊学复兴的时候，康有为攻击《左传》，说它是刘歆所伪作。照他的说法，刘歆把左丘明所作的《国语》割裂开，分附于《春秋》经的各条之下，成为《左氏传》，其实原来并没有这个传。康有为用这个说法，加强《公羊传》的地位，在当时是有政治作用的。但《左传》的出现确有可疑之处。司马迁说："左丘失明，厥有《国语》。"（《史记·太史公自序》）可见左丘明所作的书是《国语》而不是《左传》。刘歆自己在《移让太常博士书》中明确地说，《左传》是汉成帝的时候才出现的。班固也说："及歆校秘书，见古文春秋左氏传，歆大好之。……及歆治左氏，引传文以解经，转相发明，由是章句义理备焉。"（《汉书·刘歆传》）这大概是根据刘歆自己的说法。照这个说法，刘歆的贡献是"引传文以解经"。如果《左传》本来是《春秋》的传，它本来就是解经的，没有引不引的问题。所谓"引传文以解经"，就是引《国语》解经。割裂《国语》的工作，刘向已经开始做了。《汉书·艺文志》著录：《国语》二十一篇，注："左丘明著。"《新国语》五十四篇，注："刘向分国语。"刘歆大概受了他父亲的启发，继续"分国语"，进一步把所分的《国语》同《春秋》配合起来，这就成为《春秋左传》。

关于《左传》真伪的问题，是经学史中的一个大问题，辩论的双方各有困难之处。如果没有发现新的材料，这个问题恐怕就成为悬案了。无论如何，有几点是可以确定的。在《春秋》的三传中，《公羊》和《穀梁》是今文，《左传》

是古文。在刘歆的时候，《公羊传》和《穀梁传》是"立于学官"的官学，其中杂有谶纬，《左传》中没有谶纬。刘歆提倡《左传》具有反谶纬的意义。

第六节　刘向、刘歆的《七略》

《汉书·艺文志》的内容是刘向、刘歆所作的《七略》。

在《六艺略》的《春秋》类中，刘歆写了一个总论，说明《左传》和《公羊传》《穀梁传》的不同，他说："周室既微，载籍残缺，仲尼思存前圣之业，乃称曰：'夏礼吾能言之，杞不足征也；殷礼吾能言之，宋不足征也。文献不足故也，足则吾能征之矣。'以鲁周公之国，礼文备物，史官有法，故与左丘明观其史记，据行事，仍人道，因兴以立功，就败以成罚，假日月以定历数，藉朝聘以正礼乐。有所褒讳贬损，不可书见，口授弟子，弟子退而异言。丘明恐弟子各安其意，以失其真，故论本事而作传，明夫子不以空言说经也。《春秋》所贬损大人当世君臣，有威权势力，其事实皆形于传，是以隐其书而不宣，所以免时难也。及末世口说流行，故有《公羊》《穀梁》《邹》《夹》之《传》。四家之中，《公羊》《穀梁》立于学官，邹氏无师，夹氏未有书。"

照这里所说的，孔丘的志愿是研究夏、商、周三代的制度文化（礼）。他要讲夏礼，可是作为夏朝的后代的杞国不足为凭。他要讲殷礼，可是作为殷朝之后的宋国不足为凭。因为关于这方面的资料在这二国中都已经残缺了。鲁国是周公的后代，关于周礼的资料还没有残缺，可以作为研究周礼的凭借。所以他就和左丘明一起研究鲁国的史记《春秋》。他们的方法是根据历史的细节，说明事情的成功和失败，以为经验教训。他们都注意《春秋》所记载的日月，为的是研究历法。他们记载了当时诸侯之间的朝聘，为的是研究礼乐。照这个说法，《左传》是孔丘和左丘明共同研究的成果，由左丘明执笔记录下来。至于《公羊传》和《穀梁传》所记载的不过是"口说"，那是不足为凭的。

照这个说法，孔丘是一个热心于研究古代制度文化的学者。他把这一方面的有关资料收集起来，加以整理阐述。秦始皇割断历史，认为一切都要由他这个始皇帝从头做起，自然不会重视这种工作，自然不会尊重孔丘及其所领导的儒者们，自然会把他们看成一种障碍而加以迫害。汉朝把秦始皇所割断的历史又重新接上头，于是又定"孔子之道"为一尊。孔丘获得了在学术文化方面的崇高地位。他的地位虽然崇高，但他毕竟还是一个人，不是一个受天命的王，更不是一个神。

孔丘究竟是一个学者还是一个受天命的王，这是古文经学和今文经学的一个根本分歧之点。孔丘究竟是一个人还是一个神，这是古文经学和谶纬的一个根本分歧之点。

在这两点上，刘歆在《七略》中，都明确地站在古文经学的立场，不用今文经学和谶纬的说法。汉朝的皇帝叫向、歆父子把先秦和当时的学术资料加以整理和编辑。这种工作当时称为校书。校书的成果是编了一部总目录，称为《七略》。名义上虽是一个目录，实际上是一部从先秦至当时的学术史。班固把《七略》抄下来作为《汉书·艺文志》。

《七略》是向、歆父子的第三期著作。它是在刘向死后由刘歆完成的，所以它的最后的面貌是刘歆所决定的。

刘歆和古文经学家所做的工作，是把孔丘从王还原为一个历史家、哲学家和教育家，从神还原为人。从表面上看起来，这不过是一个对于孔丘评价的问题。可是这种评价不是一般的评价。它的涵义是广泛的，影响是深远的。

因为这一还原，在《七略》中，孔丘所创始的儒家，就仅只是先秦十个学派中的一个，没有什么特殊地位。

这十个学派，《七略》认为都出于周朝的一个"王官"。这个说法，胡适称之为"诸子出于王官论"，认为是不合于历史的事实。我过去也认为这种说法虽然不完全合乎历史事实，但也是"事出有因"。现在看起来，这个说法是不是合乎历史事实，固然是一个可以研究的问题。但是这个说法的本身就具有重大的历史意义。这个说法，明确地指出，先秦各个学派，包括孔丘的儒家在内，都是人的创造，是历史的产物，与"天"无关。这是用社会的原因解释社会的现象，这和孔丘"奉天命为王，为汉制法"的宗教学说是对立的。

春秋公羊学以孔丘"为汉制法"的名义，为中国封建社会制定了一套上层建筑。随着历史的发展，其本身也成为这一套上层建筑的一部分了。它的"天人感应"的学说以及孔丘"奉天命为王"的说法，都使它含有宗教的成分。谶纬特别扩大了这种成分。这就使孔丘几乎成为教主，儒家几乎成为儒教，以儒家思想为中心的中国封建文化，几乎成为一种宗教文化。这种趋势在王莽的时期很显著。古文经学的运动对于今文经学的这种宗教成分，以及谶纬的宗教趋势，具有清除的作用。这就使中国的封建社会不同于欧洲的封建社会。中国的中古时期不同于西方的中古时期。刘歆是这个运动的一个主要推动者。

第七节　扬雄《太玄》中的唯物主义和辩证法思想

在西汉末年两派经学的斗争中，刘歆是起了积极作用的一个大学者，但是在自然观方面，他没有跳出神秘主义和宗教迷信的圈子。当时在自然观方面明确地打击神秘主义和宗教迷信的哲学家是扬雄（前53—公元18）。他是西汉末年有名的文学家和哲学家，成都人，和刘歆是很密切的朋友。他的主要哲学著作是《太玄》和《法言》。这两部著作，都有唯物主义和无神论的倾向。

《太玄》在形式上是摹仿《周易》的一部占筮的书。易传以《周易》中的卦爻为基础，提出了一个世界图式，企图用一些"象"，包括所有的"道"，以说明世界变化的法则。到了汉代，这种企图和阴阳五行家的学说结合起来，发展为"象数之学"，提出了一套更加复杂的世界图式，说明世界的变化，如我们在上章所讲的那样。扬雄的《太玄》，可以说是汉代"象数之学"的一个改造。他批判地吸取了汉人讲《易》的许多说法，加入当时关于天文、历法的知识，创造了一个世界图式，从而和官方的正统哲学对立起来。

《太玄》中的"玄"，相当《周易》中的"易"。照易传的解释，"易"是按二分法发展的。"易有太极，是生两仪；两仪生四象；四象生八卦"（《易传·系辞》）。《太玄》中的"玄"是按三分法发展的。"一玄都覆三方，方同九州，枝载庶部，分正群家"（《太玄图》）。"玄有一道，一以三起，一以三生。以三起者，方、州、部、家也。以三生者，参分阳气，以为三重，极为九营。是为同本离生，天地之经也。旁通上下，万物并也。九营周流，始终贞也。始于十一月，终于十月，罗重九行，行四十日"（《太玄图》）。这是说，一玄分而为三，名之为方，有一方、二方、三方，共为三方，这就是所谓"一玄都覆三方"。一方为天玄，二方为地玄，三方为人玄。所谓"夫玄者，天道也，地道也，人道也。兼三道而天名之"（《太玄图》）。三方又各分为三，名之为州，每方有一州、二州、三州，共为九州；这就是"方同九州"。每州又各分为三，名之为部，每州有一部、二部、三部，共为二十七部，这就是"枝载庶部"。每部又各分为三，名之为家，每部有一家、二家、三家，共为八十一家，这就是"分正群家"。以上这样的三分过程，就是"以三起"。

某方内的某州，某州内的某部，某部内的某家，《太玄》名为"首"，相当于《周易》的卦。《太玄》摹仿《周易》的爻象，第一方，第一州，第一部，第一家，都用"—"表示；第二方，第二州，第二部，第二家都用"– –"表示；第三方，第三州，第三部，第三家，都用"– – –"表示。每一首都由表示方、州、部、家的符号组成。例如，第一方，第一州，第一部的第一家，是所谓"中首"（䷀）；第一方，第一州，第一部的第二家，是所谓"周首"（䷀）。这样的配合，共得八十一首。每首有"首辞"，相当于《周易》的卦辞。每首有九"赞"，相当于《周易》的爻辞。这样的配合，共有七百二十九"赞"。这里所用的数目，都是三和三的倍数，九、八十一等。这就是所谓"参分阳气，以为三重，极为九营"；这就是所谓"以三生"。扬雄认为，此一玄，三方，九州，二十七部，八十一家及其所构成的八十一"首"，及其中之七百二十九"赞"，就构成一个世界图式。他认为，这个图式是事物发展和运动的纲领，所以他说："是为同本离末，天地之经也。""同本离末"是说事物都是一个本源分化出来。分化以后的事物虽有不同，但又是互相联系。这就是所谓"旁通上下，万物并也"。扬雄认为，这个纲领也说明一年四时的变化。这就是所谓"九营周流，始终贞也"。

扬雄用易纬及孟喜、京房等的"卦气说"，以《太玄》的八十一首分配于一年四时中。他把一年四时的变化，分为九个阶段。每一个阶段，称为一"天"。共有九"天"。一为"中天"，二为"羡天"，三为"从天"，四为"更天"，五为"睟天"，六为"廓天"，七为"减天"，八为"沈天"，九为"成天"。(《太玄数》) 每一阶段，分配九个"首"。每一阶段中的第一"首"名，即为这一阶段的"天"的代表。"中"为"首"名，其所代表的"天"为"中天"；羡为"首"名，其所代表的"天"为"羡天"。每"天"包括四十日，所谓"始于十一月，终于十月，罗重九行，行四十日"。这样，每一首主四天多，八十一首，主三百六十日。

扬雄解释说："诚有内者存乎'中'，宣而出者存乎'羡'，云行雨施存乎'从'，变节易度存乎'更'，珍光淳全存乎'睟'，虚中弘外存乎'廓'，削退消部存乎'减'，降坠幽藏存乎'沈'，考终性命存乎'成'。是故一至九者，阴阳消息之计邪？反而陈之，子则阳生于十一月，阴终十月可见也；午则阴生于五月，阳终于四月可见也。生阳莫如子，生阴莫如午。西北则子美尽矣，东南则午美极矣。"(《太玄图》)

照扬雄的这个说法，在一年的循环中，阳生于子(中首，十一月，冬至，正北方)，极盛于巳(四月，东南)。但其极盛的时候，也就是其开始衰微的时候，所以称为"终"，实际是至亥(十月，西北)才完全不发生作用。在阳气开始衰微时，它的对立物，阴气，就开始发生作用。阴生于午(应首，五月，夏至，正南方)，极盛于亥(十月，西北)。在阴气极盛的时候，也就是其开始衰微的时候，所以称为"终"，实际是至巳(四月，东南)才完全不发生作用。在阴气开始衰微的时候，它的对立物，阳气，就开始发生作用，阳又"生于子"。西北是阴气最盛的方位；东南是阳气最盛的方位。所谓"阴酋西北，阳尚东南"(《太玄图》)。

照这个说法，从天玄第一首(中首)到人玄最后一首，即第八十一首(养首），是一个阴阳二气消长的循环过程。一年中间，万物的兴衰，主要由于阴阳二气的消长。第一首（中首）表示阳气将要发生作用，"阳气潜萌于黄宫，信无不在其中"。这就是说，阳气潜存于地中，万物将要生长。到第十三首（增首），"阳气蓄息，物则增益，日宣而殖"，就是说，万物都因而成长。到第三十六首（强首），"阳气纯刚乾乾，万物莫不强梁"，就是说，一年中万物在这个时期最强大。到第四十一首（应首），阳气衰退，阴气又开始发动了，"阳气极于上，阴信萌乎下"。到第四十九首（逃首），万物将要消亡，"阴气章强，阳气潜退，万物将亡"。到第七十八首（将首），阴气的使命完成，阳气又要回复了。"阴气济物乎上，阳信将复始乎下。"扬雄的这个说法，也是认为阴阳二气平等地发生作用，与董仲舒的说法不同。这个说法基本上是《淮南子》的说法，但在阴阳消长运行的时间和方位的问题上，稍有差异。

扬雄说："鸿本五行，九位重施，上下相因，丑（类）在其中。"（《太玄莹》）这是说，太玄的八十一首的次序不仅表示阴阳的消长，也表示五行的生克。照这个说法，世界的变化，不仅是阴阳二气消长的表现，也是按照五行的机械的性能进行。显然，这样的世界图式，是和官方的宗教神秘主义的目的论的体系相对立的。这个图式表明，世界不是按着"天"的意志而发展，而是取决于阴阳、五行等物质力量的对比。这个图式和当时的天文历算的知识有密切的联系。扬雄说："阴质北斗，日月畛营，阴阳沈交，四时潜处，五行伏行。六合既混，七宿轸转，驯幽推历，六甲内驯。九九实有，律吕孔幽，历数匦纪，图象玄形，赞载成功。"（《太玄图》）他认为，这八十一首的太玄图式，是当时的历法和音乐理论的一个总结。

扬雄在他的世界图式中，也沿用阴阳五行家的说法，为五行及其生数和成数，规定了时间和方位。他说："三、八为木，为东方，为春。……四、九为金，为西方，为秋。……二、七为火，为南方，为夏。……一、六为水，为北方，为冬。……五、五为土，为中央，为四维。"（《太玄数》）因此，在每"天"的九首中，第一首、第六首为水，第二首、第七首为火，其余以次配合。在每"首"的九赞中，第一赞、第六赞为水，第二赞、第七赞为火，其余以次配合。扬雄把这些数目的排列，编为一个歌诀。歌诀说："一与六共宗，二与七并明，三与八成友，四与九同道，五与五相守。"（《太玄图》）这个排列，后人以图表之如下：

这就是后来宋朝的刘牧所谓《洛书》，朱熹所谓《河图》。不过《河图》于中央又加了 ⚬⚬⚬⚬⚬ 五个白圈，这就完成了易传所谓"天地之数"。照《河图》的排列，每一方面都表示五行的"生数"和"成数"。下面的两排，即所谓"天一生水，地六成之"。上面的两排，即所谓"地二生火，天七成之"。左边的两排，

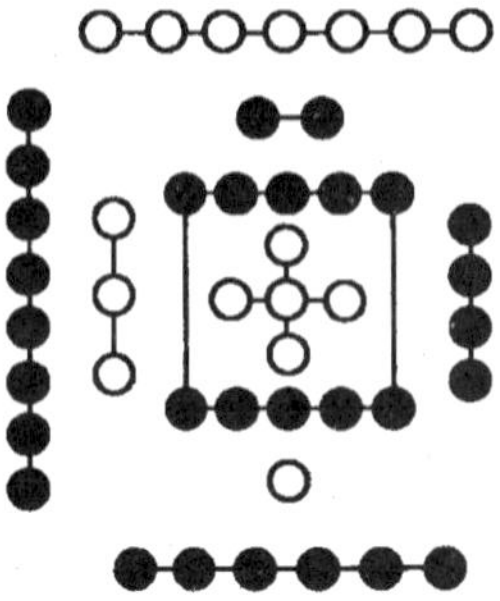

即所谓"天三生木，地八成之"。右边的两排，即所谓"地四生水，天九成之"。中央的三排，即所谓"天五生土，地十成之"。通共加起来，就成为《系辞》所谓"凡天地之数五十有（又）五，所以成变化而行鬼神也"。照易传的说法，这些数目及其排列有极大的神秘的意义。扬雄也不否认这一点。

河 图

扬雄说："五行迭王（旺），四时不俱壮。……南北定位，东西通气。万物错离乎其中。"（《太玄告》）这是说，在以五行为支柱的时间和空间的世界图式中，万物错综地生于其中。扬雄接着说："玄一德而作五生，一刑而作五克。五生不相殄。五克不相逆。不相殄乃能相继也，不相逆乃能相治也。相继则父子之道也，相治则君臣之宝也。"（《太玄告》）这是说，五行相生是"玄"的"德"的表现；五行相克是"玄"的"刑"的表现。他认为，五行相生，所以能相继，这是父子之道；五行相克，所以能相治，这是君臣之道。这些说法没有完全摆脱董仲舒的影响。

扬雄把《太玄》的八十一首，分配于四时变化之中；这是本于孟喜、京房及易纬的"卦气"之说。但孟喜、京房及易纬认为四时的变化，由于六十四卦发生作用（"用事"）；这就倒向了唯心主义。扬雄认为，八十一首的排列和分配，只是摹拟和说明四时的变化。在四时变化中发生主要作用的是阴阳、五行，不是八十一首；八十一首只是阴阳、五行运行过程中的标志。因此，扬雄的思想基本上是唯物主义的。

扬雄所讲的"玄"，一方面是指《太玄》这部书所说的哲学体系，也就是上面我们讲的那个世界图式；一方面是指他认为是天地万物的根本。他所认识的这个根本相当于道家所说的"道"，"玄"这个名词也是从《老子》第一章来的。

扬雄所说的"玄"是精神性的实体，还是物质性的实体，他没有明确的说明。但是，就他的整个体系看起来，他所说的"玄"，相当于当时流行的思想所说的元气。扬雄说：他的《太玄》"深者入黄泉，高者出苍天，大者含元气，细者入无间"（《解嘲》，见《汉书·扬雄传》）。这是就他的《太玄》思想体系说。他认为这个体系包括"元气"。又说："其上也县天，下也沦渊，纤也入藏，广也包轸。"（《太玄摛》）扬雄认为宇宙间最根本的东西，就是元气。扬雄又说："驯乎玄，浑行无穷正象天，阴阳批参。"（《玄首总序》）他又说："玄者，幽摛万类而不见其形者也。资陶虚无而生乎，规攎神明而定摹，通同古今以开类，摛摘阴阳而发气。一判一合，天地备矣。天日回行，刚柔接矣。还复其所，终始定矣。一生一死，性命莹矣。"（《太玄摘》）照这些话看起来，扬雄所说的玄，就是元气。照扬雄的说法，玄本身"不见其形"，似乎是"虚无"，但是从其中分化出阴阳，所谓"摘措阴阳而发气"。阴阳一判一合，就成为大地。他还认为"玄"是"浑行无穷"的。它的"浑行"主要的就是"一判一合"。万物都是气之聚。气聚，就"玄"说，就是判，就是一物之始。气散，就"玄"说，就是合，就是一物之终，也就是"还复其所"。这是一种循环的运动。扬雄认为，天体的运行和四时的变化，也是一种循环的运动，所以说"正象天"。

扬雄又说，"莹天功，明万物之谓阳也；幽无形，深不可测之谓阴也。阳知阳而不知阴，阴知阴而不知阳。知阴知阳，知止知行，知晦知明者，其唯玄乎。"（《太玄摘》）这是说，玄非阴也非阳，而是阴阳两个对立面的统一体，就气说，即是阴阳二气混沌未分的统一体。不过，这一点，他并没有明确地表达出来。他认为阳气起主导的作用，所以说："以一阳乘一统，万物资形。"（《玄首总序》）

扬雄又说："玄者，神之魁也。天以不见为玄，地以不形为玄，人以心腹为玄。天奥西北，郁化精也；地奥黄泉，隐魄荣也；人奥思虑，含至精也。"（《太玄告》）照这一段话看起来，扬雄所说的"玄"，又特别是"精气"。他也是继承先秦稷下黄老学派和《淮南子》的说法，认为人所有的精气，是从天来的，人所有的形气，是从地来的；从天得来的精气，成为人的魂，从地得来的形气，成为人的魄。人所以能够思虑，因为人的形体中包含有精。扬雄又说："故夫抽天下之蔓蔓，散天下之混混者，非精其孰能之?"（《太玄莹》）照扬雄的这些论断看起来，他的关于"玄"的思想也是稷下黄老学派和《淮南子》中的唯物主义哲学思想的继续。

从以上这些材料看，扬雄所讲的作为世界始基的"玄"，是一种物质性的实体，实际上是汉代流行的元气说的一种。扬雄《檄灵赋》说："自今推占至于元气始化。"又说："太易之始，太初之先，冯冯沉沉，奋搏无端。"（《太平御览》卷一引）可见扬雄认为，"元气始化"是世界的开始。

和当时的元气说比起来，扬雄所讲的"玄"，有自己的特点。扬雄不像《淮南子》系统所说的那样，在元气以前，还有一个虚空的世界，而认为"玄"是最根本的。他说："嘘则流体，唫则凝形。是故阖天谓之宇，辟宇谓之宙。"（《太玄摘》）"嘘则流体"是说，阳气主发散，成为天体而转动；"唫则凝形"是说，阴气主收敛，成为大地而定形。"阖天"，是说容纳盖复天地，这就叫做宇；"辟宇"，是说天地有了开端，这就叫做宙。照他这样解释，宇宙和天地是联系在一起的，有了天地，也就有了宇宙，而天地又是从玄（元气）中分化出来的。这就肯定了气的永恒性，和《淮南子》的"虚霸生宇宙，宇宙生元气"的说法不同。和纬书的系统比较起来，扬雄所说的"玄"，并没有意志，也没有喜怒哀乐等情感。他所说的气或元气并不是人格神，也不是"天皇大帝"吐出来的东西。还可以看出，扬雄认为，玄产生天地万物，但又存在于天地万物之中，不离开天地万物。从以上几点看，他的哲学体系基本上是唯物主义的，虽然他对"玄"的描述夹杂一些神秘的辞句。

扬雄的认识论也有反映论的因素。他很强调摹拟。他说："上索下索，遵天之度。往述来述，遵天之术。无或改造，遵天之丑（类）。枳拟之天元。""上拟诸天，下拟诸地，中拟诸人。天地作函，日月固明，五行该丑（类），五岳宗山，四渎长川，五经括矩。天违，地违，人违，而天下之大事悖矣。"（《太玄枳》）这是说，客观世界有天地、日月、五行、山川等存在；天地有其自己的规律（"度""术"）；日月有其固有的光明。《太玄》摹拟这些客观的情况，不敢改变（"无或改造"）。如果一个哲学的著作或一个政治的措施，与"天违、地违、人违"，那就非碰壁不可（"天下之大事悖矣"）。

扬雄认为著作的对象就是自然。他说："夫作者贵其有循而体自然也。其所循也大，则其体也壮；其所循也小，则其体也瘠。其所循也直，则其体也浑；其所循也曲，则其体也散。故不攫所有，不强所无。譬诸身，增则赘而割则亏。故质干在乎自然，藻华在乎人事人事（司马光校，人事二字衍）也，其可损益欤？"（《太玄莹》）这就是说，真正的著作必须对客观世界有所遵循，对于事物本来的样子（"自然"）有所体会。对于客观事物不能有所增加，也不能有所减少。扬雄的这种见解，在一定程度上，认识到哲学思想或文学创作的方法，主要在反映客观现实。这是一种唯物主义的态度。但是照他这样简单的说法，所反映的可能仅只是客观事物的表面现象。真正的哲学更需要深入现象，反映事物的本质。真正的哲学不但要摹拟客观世界，也不但要说明客观世界，更重要的是要改造客观世界。这是扬雄所不能，也不可能见到的。

扬雄说："观大易之损益兮，览老氏之倚伏，省忧喜之共门兮，察吉凶之同域。"（《太玄赋》，见《古文苑》）这是扬雄对于古代辩证法思想的了解。他和《易传》《老子》一样，特别对于对立面互相转化的规律，有一定程度的认识。上面讲过，他认为，一年四时的变化是由于阴阳的盛衰。他说："阳不极则阴不萌，阴不极则阳不牙；极寒生热，极热生寒；信（伸）道致诎，诎道致信（伸）。"（《太玄摛》）如上面所讲的，他把一年四时的变化，分为九个阶段，一至九是"阴阳消息之计"。

扬雄认为，这是自然界的规律，也是人事的规律。他认为人的每一个行事也可以分为九个阶段。他说："故思心乎一,反复乎二,成意乎三,条畅乎四,著明乎五,极大乎六,败损乎七,剥落乎八,殄绝乎九。生神莫先乎一,中和莫盛乎五,倨剧莫困乎九。夫一也者,思之微者也;四也者,福之资者也;七也者,祸之阶者也;三也者,思之崇者也;六也者,福之隆者也;九也者,祸之穷者也。二、五、八,三者之中也,福则往而祸则承也。"(《太玄图》)这是说,人有所作为,在第一段为起念,在第二段为考虑,在第三段为有一定的意志,至第四段则"条畅"而发于行事,至第五段则"著明"而得相当的成功;这是所谓"福",至第六段则"极大"而得"福之隆";但事至此已发展至于极端,所以第七段即"败损"而为"祸之阶"。若再进至第八、第九段,则"剥落""殄灭"而为"祸之穷"。

扬雄又申言说:"自一至三者,贫贱而心劳;四至六者,富贵而尊高。七至九者,离咎而犯菑。五以下作息,五以上作消。数多者见贵而实索,数少者见贱而实饶。息与消纠,贵与贱父。福全而祸逝,祸至而福逃。幽潜道卑,亢极道高。"(《太玄图》)这就是说,在事物发展的九段中,第五段是一个分水岭。五以前是生长("作息"),五以后开始转化向消灭("作消")。从五至九是"数多",表面上看起来好像占有利的地位,但其实是个空架子。这是事物在走下坡路阶段的情况。从一至五是数少,表面上看起来好像占不利的地位,但其实是很充实。这是事物在上升阶段的情况。"息"和"消","贵"和"贱",是经常纠缠在一起的。扬雄对于对立面的"互相倚存,互相渗透"的规律,有一定程度的认识。但是《老子》说:"祸兮福之所倚,福兮祸之所伏。"(第五十八章)这就是《太玄赋》所说的"老氏之倚伏"。扬雄在这一点上没有超过《老子》的范围。"福至而祸逝",是说祸转化为福;到福至的时候,原来的祸就没有了,"祸至福逃"是说福转化为祸;到祸至的时候,原来的福就没有了。"幽潜"和"亢极","高"与"卑"的互相转化也是如此。扬雄的这种认识是抽象的,也没有讲到祸福的转化需有一定的条件。本来"老氏之倚伏"也是抽象的。

扬雄哲学中的辩证观点,更多地来于《易传》。从他继承《易传》这方面看,有些地方超过了《老子》。关于事物的发展和变化,扬雄说:"其动也日造其所无而好其所新,其静也日减其所有而损其所成。"(《太玄摛》)这里讲到运动和静止的关系。他认为,事物的运动可以每天创作出过去未曾有过的新的东西,而静止却使事物每天丧失自己原有的东西而走向衰亡。这个观点是《易传》的"日新之谓盛德","生生之谓易"的思想的一个发展。《老子》讲运动和变化,最后归结到静止,所谓"归根曰静"。扬雄所注意的是事物的不断更新,这就大大超过了《老子》。扬雄还认为事物在变化的过程中有继承(因),也有变革（革）。他说："夫道有因，有循，有革，有化。因而循之，与道神之；革而化之，与时宜之。故因而能革，天道乃得；革而能因，天道乃驯。夫物不因不生，不革不成。故知因而不知革，物失其则；知革而不知因，物失其均。革之匪时，物失其基；因之匪理，物丧其纪。"（《太玄莹》）"因"和"革"是对立的，在事物变化的过程中，都是不可缺少的。就一年四季的变化说，春天是承继冬天而来，不是凭空出现的；这是"因"。但春天和冬天毕竟是两个不同的节气，春天又是对冬天的否定；这就是"革"。有"革"而无"因"，事物不能发生；有"因"而无"革"，事物没有发展。这就是所谓"不因不生，不革不成"。扬雄认为，"因"和"革"，都要合乎自己的规律。"革"要合乎"时"，"因"要合乎"理"，这样，事物就可以顺利发展。在这里，扬雄没有提到"时"和"理"的具体内容，所以，这还是一种抽象的说法。但是，他看到"因"和"革"的辩证关系，认为，这是事物发展的一个规律。这是对《易传》的"革之时大矣哉"的思想的一个发展。

上面说过，扬雄认为一个作者所要模拟的对象，应该是客观存在。但是他自己却没有做到这一点。他的《太玄》所模拟的是《周易》，但有一个重要的不同。《周易》讲到"易"的发展，用的是二分法；《太玄》讲"玄"的发展，用的是三分法，方、州、部、家，都是用三分法生出来的。刘歆说："太极元气涵三为一。"这也是三分法。刘歆用三分法，把这个主题发展成为三统历。扬雄好像是用《周易》的形式把这个主题发展成为一个系统。这个主题究竟是来自刘歆或来自扬雄，可以作进一步的研究。但是他们二人都在讲这个主题，这却是很明显的。

刘歆所说的三统包括天统、地统、人统。扬雄所说的玄，也分为三玄：大玄、地玄、人玄。所谓"涵三为一"那个"三"，似乎就是指天、地、人。上面说过，古文经学的胜利，使中国的封建社会不同于欧洲的封建社会，中国历史的中古时期不同于西方历史的中古时期。一个重要的不同，就是欧洲的封建社会，是由天（"上帝"）统治的，中国的封建社会则不那么尊重天，西方历史的中古时期是宗教的时期，中国历史的中古时期，则不是如此。刘歆说："人者，继天顺地，序气成物，……以终天地之功……《书》曰：'天功人其代之。'"（《汉书·律历志》）这就是说，人的作用是创造自然界本来没有的东西，以完成天所不能完成的工作。

第八节 扬雄的《法言》

扬雄摹仿《周易》而作《太玄》。他还作了一部摹仿《论语》的书，名《法言》。在这部书里他也体现了古文经学的精神。

扬雄认为孔丘是最大的圣人；孔丘的经典，是最主要的经典。他说："舍舟航而济乎渎者，末矣。舍五经而济乎道者，末矣。"又说："山岭之蹊，不可胜由矣；向墙之户，不可胜入矣。曰：恶由入？曰：孔氏。孔氏者，户也。"（《法言·吾子》）但是扬雄不谈孔丘"受天命"为王，更不谈孔丘是什么"帝"之子。照扬雄所描写的，孔丘也只是一个人。孔丘的知识也是从学习得来的。扬雄说："孔子，习周公者也。"（《法言·吾子》）又说："仲尼潜心于文王，达之。"（《法言·问神》）扬雄认为孔丘在文化方面，继承了文王、周公的传统。这正是古文经学家的说法。这与今文经学家孔丘"受天命为王"的说法和纬书孔丘是"黑帝之子"的说法，是对立的。

对于老聃，扬雄说："老子之言道德，吾有取焉耳。及搥提仁义，绝灭礼学，吾无取焉耳。"（《法言·问道》）至于先秦别的诸家，他说："庄杨荡而不法，墨晏俭而废礼，申韩险而无化，邹衍迂而不信。"（《法言·五百》）扬雄对于先秦各家思想，从他的观点，作了批判的继承。在自然观方面，他主张天道无为而自然，在一定程度上，继承道家的老聃；但在社会思想方面，抛弃了道家的消极无为的思想，基本上继承儒家的孔丘。

扬雄反对当时的宗教迷信。他说："神怪茫茫，若存若亡，圣人曼云。"（《法言·重黎》）又说："或曰：甚矣传书之不果也。曰：不果则不果矣，又（原作人，依汪荣宝校改）以巫鼓。"（《法言·君子》）传书不果，就是传书不实，不但不实，又加上巫鼓。这是扬雄对于当时的神秘主义思想和宗教迷信的明确的批判。

关于天命，扬雄说："屈人者克，自屈者负。天何故哉？"（《法言·重黎》）这是说，统治阶级争夺政权的成败，与天命无干。他说："或问黄帝终始，曰：托也。……夫欲仇（司马光云：即售字）伪者必假其真。"（《法言·重黎》）司马迁说："余读牒记，黄帝以来，皆有年数，稽其历谱牒，终始五德之传。"（《史记·三代世表》）所谓"黄帝终始"即"五德转移"的神秘的历史循环论。扬雄指出，这是假托伪造出来以骗人的。关于神仙方术的迷信，他批判说："有生必有死，有始必有终，自然之道也。"（《法言·君子》）这是说，有生命的东西一定要死亡，这是自然的规律；这就驳斥了追求长生不死的迷信。

扬雄强调后天学习的重要。他说："学者，所以修性也。视、听、言、貌、思，性所有也。学则正，否则邪。"（《法言·学行》）他又特别重视验证，他说："君子之言，幽必有验乎明，远必有验乎近，大必有验乎小，微必有验乎著。无验而言之谓妄。君子妄乎？不妄。"（《法言·问神》）这些思想都是有唯物主义精神的。

扬雄依据"因"和"革"同样重要的理论，也讨论了对于古代文化的继承问题。他说："或问，道有因无因乎？曰：可则因，否则革。"又说："或问新敝，曰：新则袭之，敝则益损之。"（《法言·问道》）这是说，对于古代的东西，应该有继承（"因"），也应该有变革（"革"）。

抽象地讲是如此，实际上他还是要继承儒家所谓"周礼"。他说："或问，其有继周者，虽百世可知也。秦已继周矣，不待夏礼而治者，其不验乎？曰：圣人之言，天也。天妄乎？继周者未欲太平也。如欲太平也，舍之而用他道，亦无由至矣。"（《法言·五百》）这些话，看起来很简略也很平常，但是在当时具有很大的斗争的意义。这里讲历史的因革，是从历史本身讲的，讲继承，也是在社会范围内讲的。扬雄不把历史的发展和所谓"三统""五德"联系起来，也不把社会的"太平"和所谓"天意""天志"联系起来。他也认为，秦朝的灭亡是由于不用儒家，但是他不承认继周而王的不是秦而是孔丘。这就是古文经学的说法，和今文经学的说法是对立的。

第九节　桓谭对形、神关系的唯物主义见解及其反对神秘主义的斗争

跟刘歆、扬雄同时的唯物主义思想家，还有桓谭。桓谭，沛国相（今安徽濉溪）人。范晔说他"能文章，尤好古学。数从刘歆、扬雄辩析疑异"（《后汉书·桓谭传》）。所说"古学"即古文经学。他著有《新论》二十九篇。现全书不存，仅有辑本。（以下引文，据严可均《全两汉文》辑本）

王莽制造了一些谶语作为夺取汉朝政权的一种工具。后汉光武帝也制造了一些谶语作为他自己推翻王莽恢复汉朝政权的一种工具，成功以后，还继续用谶作为统治的工具。桓谭反对说："观先王之所记述，咸以仁义正道为本，非有奇怪虚诞之事。……今诸巧慧技数之人，增益图书，矫称谶记，以欺惑贪邪，诖误人主。"（《后汉书·桓谭传》）他又在光武帝面前"极言谶之非经"。光武帝大怒，

说他"非圣无法",几乎将他斩首。

他和扬雄一样,对两汉之际的神秘主义思潮作了批判。他反对将孔丘和儒家典籍神秘化,他说:"谶出河图、洛书,但有兆朕而不可知。后人妄复加增依托,称是孔丘,误之甚也。"(《新论·启寤》)他也驳斥了汉代流行的目的论,认为自然界中某些动植物彼此伤害,并不是体现什么上天的意志。他说:"譬若巴豆毒鱼,巩石贼鼠,桂害獭,杏核杀猪,天非故为作也。"(《新论·祛蔽》)"天非故为作",就是说,这并不是出于天的有意识、有目的的安排。

桓谭的比较突出的贡献,是他对于精神和肉体的关系的见解。当时的统治阶级中,有许多人都有关于神仙和长生的迷信。桓谭认为长生不死是不可能的。他说:"精神居形体,犹火之然烛矣。如善扶持,随火而侧之,可毋灭而竟烛。烛无,火亦不能独行于虚空,又不能复燃其烛,烛犹人之耆老,齿堕发白,肌肉枯腊,而精神弗为之能(当作"弗能为之")润泽,内外周遍,则气索而死,如火烛之俱尽矣。"(《新论·形神》,见《弘明集》卷五)他说:"精神居形体。"这是继承先秦稷下黄老学派的精气说,认为形体好像一所房子,精气住在里面,成为人的精神。但是他用了一种新的比喻,说明精神与肉体的关系。从这种比喻看来,他对于这个问题的见解,比稷下黄老学派和《淮南子》又前进了一步。稷下黄老学派认为精气和形气,是两种东西,可以合,也可以离。《淮南子》也没有完全超过这种二元论的见解。桓谭的火烛之喻,说明精神是依附肉体的。他明确地说,如果没有烛,"火亦不能独行于虚空",也不能把烛的余烬再燃烧起来("又不能复燃其烛")。到后来"火烛俱尽",就是说,肉体不存在,精神也不存在。精神对于肉体的这种依附关系,是桓谭最先明确地提出来的。但是桓谭的这个唯物主义的见解还是不够彻底,没有完全摆脱精气说的残余影响。到后来又为佛教所利用。

桓谭还讨论生死问题。他说:"又草木五谷,以阴阳气生于上,及其长大成实,实复入土,而后能生。犹人与禽兽昆虫,皆以雌雄交接相生。生之有长,长之有老,老之有死,若四时之代谢矣。而欲变易其性,求为异道,惑者之不解也。"(《新论·形神》)这是说,生、长、老、死,是一个新陈代谢的过程,企求长生不死,是和生命的规律相违背的。

桓谭虽反对谶,但对于"天人感应"还有一定的信仰。他一方面认为"灾异变怪,天下所常有,无世而不然";一方面又认为,有了灾异,也应该"内自省视,畏天威",才能使"祸转为福"(《群书治要》引)。他还是没有完全跳出当时的神秘主义、宗教迷信的圈子。

第十节 王充对刘、扬、桓的评价

刘歆、扬雄、桓谭，三个人都是很密切的朋友。他们也都是当时的科学家，对于天文、历法都有自己的贡献。

三人之中，刘歆在关于历史的问题上，扬雄在关于自然的问题上，桓谭在关于形、神关系的问题上，都有一定进步的或唯物主义的见解，给当时神秘主义和宗教迷信以很大的打击。

王充对于刘、扬、桓三人，都有很高的评价。他说："近世刘子政父子（刘向、刘歆），扬子云（扬雄），桓君山（桓谭），其犹文武周公并出一时也。""扬子云作《太玄》，造于助（当作眇）思，极睿冥之深，非庶几之才，不能成也。……《新论》论世间事，辩照然否，虚妄之言，伪饰之辞，莫不证定。"（《论衡·超奇》）

王莽是当时最大的谶语符命制造者。他用谶语符命制造谣言，作为政治武器，一步一步地篡夺了汉朝的政权。在他篡位以后，刘歆做了新朝的"国师"。扬雄也写了一篇"剧秦美新"的文章献给王莽，歌颂他的"受命"。他们的这些行动跟他们的古文经学的学术立场是相反的。这是一个问题，但是王充还是把他们和桓谭并列，予以很高的评价，并不因他们在行动上的错误而否定他们在学术上的成就和地位。凭借王充的权威，本书对于这个问题也就不深论了。

第三十三章 王充——两汉时代最大的无神论者和唯物主义哲学家

第一节 今文经学的反攻和白虎观会议

两汉之际是谶纬最盛行的时期。当时有一个谶记名为《河图赤伏符》。这条谶记说："刘秀发兵捕不道，四夷云集龙斗野，四七之际火为主。"据说刘歆企图应这个谶记，改名为刘秀。他是不是因为这个谶记而改名，这就无可考证，也不必考证。不过当时确有一个真的刘秀，他就是后汉的光武帝。他以汉朝宗室的身份，凭借当时农民大起义的威力，推翻了王莽，恢复了汉朝。他应了这个谶语，其实这个谶语就是那些拥护他的人所造出来的。

王莽建立"新"朝，以图谶为其夺取政权的一个工具。刘秀也利用图谶夺取政权。他得了政权以后，于公元25年"宣布谶记于天下"（《后汉书·光武帝纪》）。以是年为建武元年，正式肯定了图谶在官方统治思想中的地位。

上章说过，汉宣帝所召开的石渠阁会议是公羊春秋被贬的开始。

过了一百多年，建初四年（公元79年），汉章帝又在白虎观召集了一个会议，"讲议五经同异"。这次会议的规模比石渠会议大得多。参加的人不仅有"诸儒"，还有"诸生"，还有很多的官僚。汉章帝还亲自参加。会议连续开了几个月，遗留下的文件，有《白虎议奏》和《白虎通义》。《白虎议奏》大概像《石渠议奏》，专论一经。《白虎通义》是通论五经的，如石渠会议的《五经杂议》。《白虎通义》亦名《白虎通德论》，是班固整理编辑的（据孙诒让《白虎通义考》，《述林》卷四）。《白虎议奏》现不存在，存在的只有《白虎通义》。

白虎观会议和石渠会议，虽都是关于经学的会议而意义不同。石渠会议中的主要斗争是公羊和穀梁两家的斗争。这是今文经学内部的斗争。白虎观会议的目的，在于重整今文经学，以反对古文经学。这有唯物主义和唯心主义斗争的意义。

白虎观会议把今文经学，特别是董仲舒的神秘主义、唯心主义的哲学体系，重新加以肯定。《白虎通义》就形式看，是一部今文经学的辞典或百科全书；就内容说，是《春秋繁露》和《纬书》的复制品，不过是在有些小节上，加了一些更加穿凿附会的荒谬的说明。白虎观会议企图使以董仲舒的神秘主义和唯心主义为主的官方哲学重振旗鼓。这是对西汉末以来农民起义的一个反动，是唯心主义哲学思想向唯物主义哲学思想的一个反击。

正在官方经学和唯心主义阵营努力加强其地位的时候，唯物主义哲学阵营里出了一个大哲学家——王充。他的哲学体系完整，斗争性极强。在两汉思想斗争的战线上，他是唯物主义阵营的主将，他的哲学体系是董仲舒的哲学体系的对立面。

第二节　王充的家世和著作

王充的主要著作就是《论衡》。照汉朝著作家的习惯，《论衡》的最后的一篇，就是作者的自传，题目叫《自纪》。在这一篇里，王充叙述他的家世，列举他的许多著作的名目，并且说明他所以写这些著作的原因和意图。

照《自纪》篇所说，王充（公元27—104），字仲任，会稽上虞人（今浙江上虞）。他的老家本来在魏郡元城（今河北大名）。他的先祖从军有功，封在会稽阳亭做一个小封建主，可是只有一年，就失去封爵。因此就在当地落户，"以农桑为业"。他的祖父做过小商贩，迁往钱塘，后来又迁往上虞。

王充经过很大的努力，成为知识分子。封建社会的知识分子都是以做官为最终目的。王充只做过本地方的下级官吏，后来下级官吏也不能做了，就回家从事研究和著作。到老年，他还是"贫无一亩庇身，贱无斗石之秩"。

他的家世和他本身的社会地位，在当时都是受鄙视的。《自纪》篇说："充细族孤门。或䧄之曰：'宗祖无淑懿之基，文墨无篇籍之遗，虽著鸿丽之论，无所禀阶，终不为高。大气无渐而卒至曰变，物无类而妄生曰异，不常有而忽见曰妖，诡于众而突出曰怪。吾子何祖？其先不载。况未尝履墨涂，出儒门。吐论数千万言，宜为妖变，安得宝斯文而多贤？'"这一段话，充分反映了当时豪族强宗的阶级偏见。照这个说法，"细族孤门"应该永远是"细族孤门"，如果其中出了特殊的人物，那就如同妖怪一样，应该打击、反对。

王充的家世有任侠的传统，与豪族强宗斗争。他的曾祖父"勇任气，卒咸不揆于人。岁凶，横道伤杀，怨仇众多"。他的父亲和伯父"在钱塘勇势凌人，未复与豪家丁伯等结怨"。他家屡次迁移就是因为和当地豪族强宗斗争而受迫害的缘故。王充继承了他家的传统，继续与豪族强宗作斗争。不过他所凭借的不是勇气，而是哲学思想。他所用的武器不是刀而是笔。他用他的笔写出他的批判和反抗豪族强宗当权派的哲学思想，反映"细族寒门"即不当权派地主阶级的意识。

按照《自纪》篇的叙述，王充的著作很多。他的早期著作有《讥俗节义》十二篇，对于当时风俗的某些情况作了批判。又作《政务之书》，讨论当时政治上的一些问题。在这两部著作之后，他就作出他的主要的哲学著作《论衡》。到晚年，他又作《养性之书》十六篇，讲一些保养身体的理论方法。

王充的四部著作，现在存在的只有《论衡》。现存的《论衡》照目录是八十五篇，其中有一篇缺了。可能于八十五篇之外，还有丧失的。

王充叙述他的著作的目的和研究情况说："淫读古文，甘闻异言。世书俗说，多所不安。幽处独居，考论实虚。"（《自纪》）他的这种精神，集中表现在《论衡》这部著作里。王充说："诗三百，一言以蔽之曰：思无邪。《论衡》篇以十数，亦一言也，曰：疾虚妄。"（《论衡·佚文》，以下只注篇名）又说："又伤伪书俗文多不实诚，故为《论衡》之书。"（《自纪》）又说："故作实论，其文盛，其辩争，浮华虚伪之语，莫不澄定。"（《自纪》）王充所说的"实"，即实际或事实。他以"实"为根据，对于当时的宗教迷信、神秘主义和唯心主义等虚伪的言论，提出尖锐的批判。他的斗志是旺盛的，辩论是激烈的，这就是他所说的，"其文盛，其辩争"。

王充又说："《论衡》细说微论，解释世俗之疑，辩照是非之理，使后进晓见然否之分。"（《对作》）他对于当时的虚伪言论，非常愤怒。他说："是反为非，虚转为实，安能不言？"又说："世间书传……浮妄虚伪，没夺正是。心溃涌，笔手扰，安能不论？论则考之以心，效之以事，浮虚之事，辄立证验。"（《对作》）王充的精神是唯物主义的和批判的；他的书的名字就表示这种精神。"衡者，论之平也。"（《自纪》）"故论衡者，所以铨轻重之言，立真伪之平。"（《对作》）"衡"字本义是天平；"论衡"就是评定当时言论的价值的天平。它的目的是"冀悟迷惑之心，使知虚实之分"（《对作》）。

王充本着"疾虚妄"的精神，不仅批判今文经学，而且对于"经"的本身也表示怀疑。他说："儒者说五经多失其实。"（《正说》）又说："经之传不可从，五经皆多失实之说。"（《正说》）王充指出，当时的人以五经为是非的标准。"使言非五经，虽是不见听"。王充指出，如果五经真是出于孔门，一直是完整无缺，情犹可说。可是，五经经过秦朝的禁、烧，都是残缺不全的，各家的编排注释，"不知何者为是"。至于诸子之书，并没有受过这种灾难，"秦虽无道，不燔诸子"，"文篇具在"。"由此言之，书亦为本，经亦为末。末失事实，本得道质"。"知屋漏者在宇下；知政失者在草野；知经误者在诸子"。（《书解》）董仲舒主张"罢黜百家"。刘歆认为，诸子都是六艺的支流。这是说，儒家的"经"是本，诸子之书是末。这已经是对于董仲舒的主张持不同意见了。王充更进一步说，从某种意义说，"经"也可以是末，诸子之书也可以是本。末讲的不合事实，本讲的合乎真理。他比喻说，只有在屋顶下的人才能感觉到屋漏，只有在草野的人，才能知道政治的过失，只有依靠诸子之书，才能纠正"经"的错误。他不但敢于把儒家的"经"从宝座上拉下来，使与诸子之书并列，而且还要以诸子之书纠正"经"的错误。他把这种主张同"知屋漏者在宇下，知政失者在草野"并列，这说明当时"细族寒门"是受"士族豪门"压抑的。这些地主阶级不当权派，居于"士族豪门"的"宇下"，对于当权派来说，也是"草野之人"。这种受压抑之感，在思想战线上表现为"知经误者在诸子"的主张。

第三节　王充的天文学

关于"天"的问题，是汉代哲学中的一个主要问题。官方哲学家董仲舒等，正是围绕"天"，宣传"天人感应"的神秘主义和唯心主义的哲学思想。为了解决这个问题，王充当时在《论衡》中宣传了大量的天文学知识。

王充认为，所谓"天"应该就是天文学中所讲的天，宗教所讲的有人格、有意志的"天"是不存在的；唯心主义哲学所讲的有目的的、有意识的、有道德属性的"天"也是不存在的。他根据当时天文学的成就说明他所了解的天的性质。

当时天文学中，关于"天体"的学说，主要有三家。第一家叫"盖天"，第二家叫"宣夜"，第三家叫"浑天"。照盖天家的说法，"天似盖笠，地法复槃。天地各中高，外下。北极之下，为天地之中；其地最高而滂沱四隤"（《隋书·天文志》）。

照宣夜家的说法，"天了无质，仰而瞻之，高远无极，眼瞀精绝，故苍苍然也。譬之旁望远道之黄山而皆青，俯察千仞之深谷而窈黑。夫青非真色，而黑非有体也。日月众星，自然浮生虚空之中，其行其止，皆须气焉。是以七曜或逝，或住，或顺，或逆，伏见无常，进退不同，由乎无所根系，故各异也"《隋书·天文志》）。

照浑天家的说法，"天地之体，状如鸟卵。天包地外，犹壳又裹黄，周旋无端，其形浑浑然，故曰浑天"《隋书·天文志》）。

在这三种说法中，盖天说和浑天说比较接近。因为这两家都认为，天有固定的形体。宣夜说则认为天只是无穷的气，并没有固定的形体。王充肯定天有固定的形体。他说："如实论之，天体，非气也。人生于天，何嫌天无气？（此句疑有误）犹有体在上，与人相远。秘传或言天之离天下六万余里。数家计之，三百六十五度一周天。下有周度，高有里数，如天审气，气如云烟，安得里度？又以二十八宿效之，二十八宿为日月舍，犹地有邮亭为长吏廨矣。邮亭著地，亦如星舍著天也。案附书者，天有形体，所据不虚。犹（由）此考之，则无恍惚明矣。"（《谈天》）这是说，如果天只是气，就不能说，天离地六万余里，也不能将其分为若干度数。二十八宿是计算日月运行的标志，好像是日月行程中的宿舍。这证明星是附着在天上，不是像宣夜家所说的，"无所根系"。

王充反对浑天的说法，《隋书·天文志》说："汉王仲任据盖天之说以驳浑仪云：旧说，天转从地下过。今掘地一丈，辄有水。天何得从水中行乎？甚不然也。日随天而转，非入地。夫人目所望不过十里，天地合矣。实非合也，远使然耳。今视日入，非入也，亦远耳。当日入西方之时，其下之人亦将谓之为中也。四方之人各以其近者为出，远者为入矣。"浑天家认为，天有固定的形体，包在地外。从地上看，好像是一个穹庐。太阳从地下出来，上升至天中，又落入地下。王充针对这些说法，提出如上的反驳。这些辩论，就是《谈天》篇和《说日》篇所提出的。

王充认为，天是一个物质的实体，"如玉、石之类"（《谈天》），盖在地上，离地六万里。天上的星，如二十八宿之类，系着在天上，随天运转。太阳和月亮，一方面有自己的运转，一方面随着天运转。好像蚂蚁在一个旋转的磨上爬行，但也随着磨旋转。太阳在天上一昼夜运行一度，计二千里；月亮一昼夜运行十三度，计二万六千里；天一昼夜运行三百六十五度，计七十三万里。天运行的方向跟日、月运行的方向不同。天是左行，即由东向西转。日、月是右行，即由西向东转。但因天转得快，所以也带着日、月由东向西。天运转得很快，但是看着好像是静止，这是天离地太远的缘故。王充说："天行已疾，去人高远，视之若迟。盖望远物者动若不动，行若不行。何以验之，乘船江海之中，顺风西驱，近岸则行疾，远岸则行迟。船行一实也，或疾或迟，远近之视使之然也。"（《说日》）

王充的盖天说，跟原来的盖天说还有所不同。原来的盖天说认为，"天地各中高，外下"，就是说，天和地都是中间高，外边低；北极是天的最高之处，北极之下也是地的最高之处。王充否认这个说法。他认为，地基本上是平面的，天也基本上是平面的。"天平正，与地无异。""平正，四方中央，高下皆同。"人看天"若复盆之状"，这是因为人离其四边的天远的缘故。他说："今望天之四边若下者，远也，非徒下，若合矣。"（《论衡·说日》）

周髀家原来的盖天说认为，"天圆如张盖"，就是说，像一把张开的伞；这个盖是"倚盖"，就是说，像一把斜靠着的伞。王充说："或曰，天高南方，下北方，日出高，故见；入下，故不见。天之居若倚盖矣。故极在人之北，是其效也。极其天下之中，今在人北，其若倚盖明矣。日（疑当作同，以下王充答）明既以倚盖喻，当若盖之形也。极星在上之北，若盖之葆矣。其下之南，有若盖之茎者，正何所乎？夫取盖倚于地不能运，立而树之然后能转。今天运转，其北际不（不字疑衍）着地者，触碍何以能行？由此言之，天不若倚盖之状，日之出入，不随天高下，明矣。"（《说日》）这里所引的"或曰"就是周髀家的话（见《隋书·天文志》）。周髀家认为，北极是天之中，好像一把伞的顶（"葆"）。照日、月的运行看起来，南方高，北方低，好像一把张开的伞靠在地上，伞的顶挨着地，所以就低了。王充反对说：既然以伞靠在地上，受地的触碍，就不能运转。只有把伞"立而树之，然后能转"。天既是运转的，可见它"不若倚盖之状"。

王充并且认为，从天的表面以上都是天；从地的表面以下都是地；无所谓天之上，地之下。他说："天之与地皆体也。地无下，则天无上矣。"（《论衡·道虚》）这些都是王充对于旧盖天说的修正和补充。

第四节　王充关于"气"的思想

王充同意当时唯物主义哲学关于"气"的有些说法。他说："人，物也，万物之中有知慧者也；其受命于天，禀气于元，与物无异。"（《辨祟》）又说："夫妇人之乳子也，子含元气而出；元气，天地之精微也。"（《四讳》）又说："上世之天，下世之天也；天不变易，气不改更。上世之民，下世之民也，俱禀元气，元气纯和，古今不异，则禀以为形体者，何故不同？"（《齐世》）又说："人之生，其犹冰也（原作水，依宋本改），水凝而为冰，气积而为人；冰极一冬而释，人竟百岁而死。"（《道虚》）这些话明确地肯定，人是由气构成的。王充认为，不只人是如此，万物也都如此。从根本上讲，人和其他物，作为物质的存在，都是相同的。人也是万物之一。"人，物也；物，亦物也"（《论死》）。"俱禀元气，或独为人，或为禽兽"（《幸偶》）。这也就是说，万物都是禀受元气而生成的，"天地合气，万物自生"。"夫天覆于上，地偃于下，下气蒸上，上气降下，万物自生其中间矣"（《自然》）。由此，我们也可以看出，水凝为冰这个比喻对于万物都可以适用。照这个说法，万物的生成，都是由于气的凝聚。《庄子·知北游》说："通天下一气耳，聚则为生，散则为死。"庄周说这几句话的意思，是用以论证生和死之间没有绝对的区别；生和死的对立是相对的。王充的冰水之喻，是用以说明万物所以生长和消灭的原因及其物质的根源，并且肯定万物虽有生灭，但气都是永远存在的。后来的唯物主义者，关于这个问题，都沿用王充的这个说法。这是王充唯物主义哲学的一个基本论点，值得注意的是，王充特别指出气是没有愿望和意志的。他说："气也，恬澹无欲，无为无事者也。"（《自然》）这就把关于气的学说从董仲舒等人的神秘主义的歪曲中解脱出来。

这里牵涉到天地和元气的关系的问题。王充认为天和地也是两个物质的实体。这两个实体，是不是也是由元气所成的？这两个实体是不是也像水中的冰，有凝聚和消释？这也就是说，天地有没有终始？

王充说："说易者曰：元气未分，浑沌为一。儒书又言，溟涬濛澒，气未分之类也。及其分离，清者为天，浊者为地。如说易之家，儒书之言，天地始分，形体尚小，相去近也。近则或枕于不周之山，共工得折之，女娲得补之也。含气之类，无有不长，天地，含气之自然也，从始立以来，年岁甚多，则天地相去，广狭远近，不可复计。儒书之言，殆有所见。"（《谈天》）这里所说"说易之家"指《易纬》，王充所说"儒书"，指当时一般的书籍，不必是指儒家的著作，在这里当是指《淮南子》。这里所提的，是《易纬》和《淮南子》中关于天地形成的说法。王充认为，照这个说法，天地都是从元气分化出来的，都是"含气之自然"。凡"含气之类"都有生长和发展；在天地刚分的时候，可能相距很近，到后来就距离远了。王充认为，这个说法"殆有所见"，就是说，他也可以承认这个说法。但是王充又说："天地不生故不死，阴阳不生故不死。……唯无终始者乃长生不死。"（《道虚》）照这两句话看起来，王充似乎又肯定，天地是无终始的。这就和上面所说，他所引的"说易之家"和"儒书"中他认为是"殆有所见"的那些话，不相一致了。

对于这些问题，在王充的体系中，没有明确的解决。王充说："天禀元气，人受元精。"（《超奇》）照这个说法，元气在天之先；天禀受元气。但他又说："元气，天地之精微也。"（《四讳》）这又是认为天地比气更根本。

王充也常说，人、物禀气于天，又说："天者普施气万物之中。"（《自然》）就万物说，万物禀气于天；就天说，天施气于万物。一施一受，这是一件事情的两个方面。王充又认为天之所以运动不息，就是因为经常"施气"的缘故。他说："天之行也，施气自然也。施气则物自生，非故施气以生物也。不动，气不施；气不施，物不生，与人行异。日月五星之行，皆施气焉。"（《说日》）又说："天之动行施气也，体动气乃出，物乃生矣。……天动不欲以生物而物自生，此则自然也。施气不欲为物而物自为，此则无为也。谓天自然无为者何？气也，恬澹无欲，无为无事者也。"（《自然》）这是说，天在运动中把气施放出来，万物就由此而生。天若不运行，气就不能施放出来，万物也不能生。王充认为天是"含气之自然"。气含于其中。这些话说明了万物和气的关系，但还没有明确地说明天地和气哪个是更根本的问题。天地和元气究竟是个什么样的关系，在王充的体系中还是不明确的。

在王充的哲学思想体系中，还有一种混乱。天，作为一个科学概念，即天文学中所讲的天，这是一回事。作为一个哲学概念，即哲学中所讲的天，这是另一回事。这二者必须区别清楚。王充的天文学中所讲的天是一个科学的概念。但他所说"受命于天"（见上文引），这个"天"就不是一个科学概念而是一个哲学概念了。他在《自纪》篇中说："孔子称命，孟子言天，吉凶安危，不在于人。昔人见之，故归之于命，委之于时。""归之于命"这个"命"，包括王充所主张的命定论思想。这也是哲学的概念。王充的天文学认为，天是像玉、石那样的形体。人怎么能"受命"于这种形体呢？这两种概念王充都称为"天"，所以引起了一些混乱。

这种混乱，在汉人的思想中，是明显的，在董仲舒的哲学思想中，更是明显。董仲舒讲"天"，也是把一个作为科学概念的"天"和一个作为哲学概念的"天"混淆起来。他硬是把天文学中所讲的天人格化。由此把他所讲的作为哲学概念的天也人格化。王充则认为天文学中的"天"是物质之天，由此引申，作为哲学概念的"天"也是物质之天。物质之天不可能有目的、意识和道德属性，这是显而易见的。王充依据当时的科学知识，从这个命题推出它的逻辑的结论。这就把董仲舒的神秘主义和唯心主义的荒谬性，完全暴露出来。他对于董仲舒的批判，可以说是"以子之矛，攻子之盾"。

第五节　王充关于天、人关系的理论

董仲舒等的官方哲学认为天是有意识、有目的的。整个的宇宙都是照着一个目的，按着一个计划，发展进行的。照董仲舒的说法，人是天的副本。天有意识地生出人类，使之在人类社会中实现天的理想。因此，整个的宇宙，不过是专为人类而设的活动场所。

王充以他的唯物主义自然观为根据，驳斥了官方哲学的这种神秘主义的说法。王充指出，天的运行并不是有什么目的，只是自然如此。他说："何以知天之自然也？以天无口目也。案有为者，口目之类也。口欲食而目欲视，有嗜欲于内，发之于外，口目求之，得以为利欲之为也。今无口目之欲，于物无所求索，夫何为乎？何以知天无口目也？以地知之。地以土为体，土本无口目。天地夫妇也；地体无口目，亦知天无口目也。使天体乎？宜与地同；使天气乎？气若云烟。云烟之属，安得口目？"（《自然》）王充说天地没有口目，这是一种形象的说法。王充用天文学所讲的物质之天，说明作为一个哲学概念的天地没有要求，没有欲望，就是说，没有目的，没有意识。这是一种混乱，但这对驳董仲舒倒是合适的。

王充在这一段的下文说："天动不欲以生物而物自生；此则自然也。施气不欲为物而物自为；此则无为也。"（《自然》）"自然"是说自然界是无目的的；"无为"是说自然界不是像人那样有所作为。无目的，无意识，正是"自然"和"无为"的特点；有意识，有目的的行为就是"有为"。王充说："天道无为，人道有为。"（《说日》）有为和无为是人事和天道的根本区别。

王充指出，天地的运行是没有目的的，天地生万物和人也是没有目的的。他说："儒者论曰：天地故生人，此言妄也。夫天地合气，人偶自生也；犹夫妇合气，子则自生也。夫妇合气，非当时欲得生子，情欲动而合，合而生子矣。且夫妇不故生子，以知天地不故生人也。然则人生于天地也，犹鱼之于渊，虮虱之于人也。因气而生，种类相产。万物生天地之间，皆一实也。"（《物势》）又说："夫天不能故生人，则其生万物亦不能故也。天地合气，物偶自生矣。"（《物势》）照董仲舒的说法，天有目的地生出了人，作为他自己的副本，这就叫天地"故"生人。生了人以后，天又生出万物为人服务，这就叫天地"故"生万物。"故"是故意的意思。王充驳斥了这个说法。他说："天地合气，万物自生，犹夫妇合气，子自生矣。万物之生，含血之类，知饥知寒。见五谷可食，取而食之；见丝麻可衣，取而衣之。或说以为天生五谷以食人，生丝麻以衣人；此谓天为人作农夫桑女之徒也。不合自然，故其义疑，未可从也。"（《自然》）

王充认为，一切生物，在自然界中，都是互相吞噬的。他说："凡天地之间，阴阳所生，蛟蛲之类，蜫蠕之属，含气而生，开口而食。食有甘不，同心等欲，强大食细弱，知慧反顿（钝）愚。"（《商虫》）董仲舒等的官方哲学认为，整个的宇宙都是一团和气。王充指出的这个事实，驳斥了董仲舒的神秘主义的说法。

王充的唯物主义自然观所要打击的主要对象，是以董仲舒为首的官方哲学的目的论。所以他特别强调"自然"和"无为"。这本是老聃哲学中的两个主要原则。王充继承了老聃的这些原则。他认为他的自然观"虽违儒家之说，合黄老之意也"（《自然》）。但是王充的继承是批判的继承。他对于老聃的思想，有所补充，也有所改正。他说："道家论自然，不知引物事以验其言行，故自然之说，未见信也。"《自然》）老聃和稷下黄老学派的著作都是很简短的，仅只是把结论提出来，缺乏论证。王充指出这是道家的一个缺点。他搜集大量的事实，作出详细的辨证，证明自然是无目的的。他所破的"九虚"（详下）以及其他破除迷信的篇目，都有一个中心的论点，就是"天道自然"。

老聃认为，天道自然，所以无为。因为自然无为，人也应该因循自然而无为。人类社会应该停留在原始的状况之中。这显然是错误的。王充改正了这个错误。他说："然虽自然，亦须有为辅助。耒耜耕耘，因春播种者，人为之也。及谷入地，日夜长大，人不能为也。或为之者，败之道也。"（《自然》）王充在这里作出"辅助自然"和"为自然"的区别。自然的运行是"天道"，是"无为"。人的活动是"人道"，是"有为"。"人道"只能辅助自然，不能代替自然。王充说："物自生，子自成。天地父母，何与知哉？及其生也，人道有教训之义；天道无为，听恣其性。"（《自然》）这里他指出天道和人道的不同。这也就是荀况所说的"明天人之分"。

王充借"天道无为"的原则，发挥他在政治上的见解和主张。他说："问曰：人生于天地；天地无为，人禀天性者，亦当无为，而有为，何也？曰：至德纯渥之人，禀天气多，故能则天自然无为。禀气薄少，不遵道德，不似天地，故曰不肖。不肖者不似也，不似天地，不类圣贤，故有为也。天地为炉，造化为工，禀气不一，安能皆贤？贤之纯者，黄、老是也。黄者，黄帝也；老者，老子也。黄、老之操，身中恬澹，其治无为。正身共己而阴阳自和，无心于为而物自化，无意于生而物自成。"（《自然》）王充没有针对这个问题发挥"天道无为，人道有为"的原则，反而认为，圣贤也是"无为"。这种"无为"，主要是就政治上说的。王充的这种政治上的主张，是西汉初黄老政治思想的继续。他赞美曹参和汲黯，称颂"以不治治之"。他说："夫不治之治，无为之道也。"（《自然》）

第六节　王充对于"天人感应"的批判

董仲舒等的官方哲学的神秘主义和唯心主义的一个特点是"天人感应"。董仲舒用各种不同的理论以支持"天人感应"的说法。王充在《论衡》中针对这些说法，提出反驳。《自然》篇最后说："夫寒温，谴告，变动，招致，四疑皆已论矣。谴告于天道尤诡，故重论之。论之所以难别也，说合于人事，不入于道意。从道不随事，虽违儒家之说，合黄、老之义也。"所谓四疑，就是对于四种关于"天人感应"的说法的怀疑。针对这四种说法，《论衡》各有一篇提出反驳。

《寒温》篇说："说寒温者曰：人君喜则温，怒则寒。何则？喜怒发于胸中，然后行出于外，外成赏罚。赏罚喜怒之效，故寒温渥盛，凋物伤人。夫寒温之代至也，在数日之间，人君必先有（原作未必有，依刘盼遂校改）喜怒之气发胸中，然后渥盛于外。见外寒温，则知胸中之气也。"照这个说法，统治者的喜怒之气，可以直接引起外界气候的变化。统治者喜就能使气候变热；统治者怒就能使气候变冷。王充驳斥说："当人君喜怒之时，胸中之气未必更寒温也。胸中之气，何以异于境内之气？胸中之气，不为喜怒变，境内寒温，何所生起？"（《寒温》）这就是说，如果统治者的喜怒之气可以引起外界的气候的变化，他的喜怒之气应该首先引起他的体内的体温的变化。就是说，在他喜的时候，他应该发高烧，在他怒的时候，他应该打寒战。可是事实并不如此。胸中的气和外界的气并没有什么两样，既然事实上统治者的喜怒还不能引起他的胸中之气的变化，怎么反倒能够引起外界气候的变化？王充举出许多明显的事实，对这种错误说法进行反驳。比如"六国之时，秦汉之际"，"夫有相杀之气，当时天下未必常寒也"；"太平之世，唐虞之时"，"弦歌鼓舞，比屋而有，当时天下未必常温也"。又比如，"父子相怒，夫妻相督"，也不能使一室之中的寒温有所变化。通过这些具体的事例，王充得出结论说："由此言之，变非喜怒所生，明矣。""寒温，天地节气，非人所为，明矣。"（同上）又说："然而寒温之至，遭与赏罚同时，变复之家因缘名之矣。春温、夏暑、秋凉、冬寒，人君无事，四时自然。夫四时非政所为，而谓寒温独应政治？"（同上）就是说，可能有些赏罚与天气的寒温偶然碰在一起，"变复之家"就加以附会，硬说寒温是赏罚所致，实则其间毫无联系。既然四时的变化与政治无关，为什么说，寒温单独与政治相应？这是说不通的。

王充说："论灾异，谓古之人君为政失道，天用灾异谴告之也。灾异非一，复以寒温为之效。人君用刑非时则寒；施赏违节则温。天神谴告人君，犹人君责怒臣下也。"（《谴告》）这是董仲舒等的官方哲学的"天人感应"的最主要的说法。王充驳斥说："夫天道自然也，无为。如谴告人，是有为，非自然也。黄老之家，论说天道，得其实矣。"（同上）谴告说主要的根据是认为天是有意识的；天有意识而又爱护统治者。所以统治者如果说一句好话，或做一件好事，天就喜欢而作出一定的表示，以为鼓励；这就是祥瑞。反之，天就愤怒而作出一定的表示；这就是灾异。王充指出，如果这样，天道就是"有为，非自然也"。照上边所讲的，王充已经证明天道自然无为，所以谴告的说法，显然是荒谬的。

王充说："且凡言谴告者，以人道验之也。人道，君谴告臣。上天谴告君也，谓灾异为谴告。夫人道，臣亦有谏君；以灾异为谴告，而王者亦当时有谏上天之义，其效何在？"（《自然》）这就是说，主张谴告说的人，是以社会中的事情为根据想像自然界，把社会中的某些道理强加于自然界，把自然界拟人化，这是非常错误的。

王充认为，在太古的时候，人心纯朴，"如有灾异，不名曰谴告。何则？时人愚蠢，不知相绳责也。末世衰微，上下相非；灾异时至，则造谴告之言矣。夫今之天，古之天也，非古之天厚而今之天薄也，谴告之言生于今者，人以心准况之也。诰誓不及五帝，要盟不及三王，交质子不及五伯。德弥薄者信弥衰，心险而行波，则犯约而负教。教约不行，则相谴告。谴告不改，举兵相灭。由此言之，谴告之言，衰乱之语也"（同上）。这就是说，"谴告"之说是一种历史的产物，是某一历史时期的人的心理情况的反映。某一历史时期的人以自己的"心"为标准，衡量自然界（"人以心准况之"）；这就有"谴告"之说。这是一种"衰乱之语"，不是任何历史时期都有的。

董仲舒等认为，天对统治者的错误加以谴告，这是天对于统治者的爱护。这也是君权神授说的一个方面。王充驳斥了所谓谴告，也就驳斥了君权神授说。

王充承认，在儒家的经典中，有类似谴告说的说法。他解释说："六经之文，圣人之语，动言天者，欲化无道，惧愚者，之（此）言非独吾心，亦天意也。及其言天，犹以人心，非谓上天苍苍之体也。"（《谴告》）这就是说，"圣人"有时候也讲天意，其目的在于教化无道的人及愚人。圣人所讲的天意，其实就是人心。王充接着说："上天之心，在圣人之胸；及其谴告，在圣人之口。不信圣人之言，反然灾异之气，求索上天之意，何其远哉？世无圣人，安所得圣人之言？贤人庶几之才，亦圣人之次也。"（同上）王充的意思是说，他虽不是圣人，但也是贤人，贤人是圣人之次，人应该信他的话。

王充指出，灾异是有的，但没有谴告的意义。有灾异而人畏惧，这也是当然的，但不必是因为谴告。他说："夫天之不故生五谷丝麻以衣食人，由（犹）其有灾变不欲以谴告人也。物自生而人衣食之，气自变而人畏惧之。以若说论之，厌于人心矣。"（《自然》）"厌于人心"，就是合乎人心。

王充说："论灾异者，已疑于天用灾异谴告人矣，更说曰：灾异之至，殆人君以政动天，天动气以应之，譬之以物击鼓，以椎扣钟，鼓犹天，椎犹政，钟鼓声犹天之应也。人主为天下，则天气随人而至矣。"（《变动》）这就是说，人事和自然界的现象可以机械地相感应。王充驳斥说："此又疑也，夫天能动物，物焉能动天，何则？人物系于天，天为人物主也。"（同上）王充认为，自然界的力量非常大，其变化可以影响人事。但人的力量，比较起来，小得太多。人的一举一动，对于自然界的影响也小得微不足道。主张灾变说的人说："人在天地之间，犹鱼在水中矣。其能以行动天地，犹鱼鼓而振水也。"（《变虚》）王充驳斥说：即使这个比喻是真的，鱼在水里面振动一下，旁边的水受到振动的，不过几尺之远。人比鱼大一点，即使他振动一下，旁边的气受到振动的，也不过百步之远，怎么能够影响到天？

王充说："故人在天地之间，犹蚤虱之在衣裳之内，蝼蚁之在穴隙之中。蚤虱蝼蚁为逆顺横从，能令衣裳穴隙之间气变动乎？蚤虱蝼蚁不能，而独谓人能，不达物气之理也。"（《变动》）又说："夫人不能动地，而亦不能动天。夫寒温，天气也；天至高大，人至卑小。篙不能鸣钟，而萤火不爨鼎者。何也？钟长而篙短，鼎大而萤小也。以七尺之细形，感皇天之大气，其无分铢之验，必也。"（《变动》）这都是王充对于灾变说的批判。

《论衡》的《招致》篇，已经遗失了。但是，在《寒温》篇中，他也提到所谓"招致"的说法。他说："或曰，以类相招致也。喜者和温，和温赏赐。阳道施予，阳气温，故温气应之。怒者恚恚，恚恚诛杀。阴道肃杀。阴气寒，故寒气应之。虎啸而谷风至，龙兴而景云起。同气共类，动相招致。故曰以形逐影，以龙致雨；雨应龙而来，影应形而去。天地之性，自然之道也。"这就是说，同类的东西可以互相招致。《吕氏春秋·应同》篇就有这个说法。王充认为，在一定的条件下，招致是可能的。他说："夫比寒温于风云，齐喜怒于龙虎，同气共类，动相招致，可矣。"（《寒温》）但如果说政治上的措施，可以招致气候的寒热，这就不然了。气候的变化，是各地皆然。譬如说，齐国和鲁国，边境相接，两国的气候寒热，有同样的变化。如果齐国行赏，鲁国行罚，这并不能使齐国的气候变热，鲁国的气候变寒。（《寒温》）他又举个比喻说，"往年万户失火，烟焱参天；河决千里，四望无垠。火与温气同，水与寒气类，失火河决之时，不寒不温。然则寒温之至，殆非政治所致"（《寒温》）。这就是说，同类相招致的说法，虽有一定的道理，但是气候的变化和政治的措施，绝不能互相感应。

在"天人感应"的这四种说法之中，谴告说完全是出于宗教迷信。所以王充说它"于天道尤诡"。除了专篇批判以外，王充在《自然》篇又特别提出批判（"故重论之"）。

关于"天人感应"还有一种说法，认为"凡人能精诚感动天，专心一意，委务积神，精通于天，天为变动"。王充驳斥说，"夫以箸撞钟，以算击鼓，不能鸣者，所用撞击之者小也。今人之形不过七尺，以七尺形中精神，欲有所为，虽积锐意，犹箸撞钟，算击鼓也，安能动天？精非不诚，所用动者小也。"（《感虚》）这是《淮南子》对于"天人感应"的说法（详见《淮南子》章中）。王充继承稷下黄老学派关于"精气"的学说（详下），承认人身体中的精气与天地间的精气是相通的。但他认为，人身体中的精气，量小力弱，不能动天。

《论衡》里面，还有《遭虎》《商虫》《感类》等篇，在这些篇中，王充从各方面的具体事例彻底批判了董仲舒等的"天人感应"的神秘主义思想，集中地指出，所谓"天人感应"，在理论上是讲不通的，在事实上是不可能的。

王充对于当时自然界有些非常现象作出了唯物主义的说明。当时相传有一种非常现象，从天降下粮食（"天雨谷"）。有人认为这是一种凶险的预兆。王充认为，"天雨谷"是可能有的，但并不是什么预兆。他说："建武三十一年中，陈留雨谷；谷下蔽地。案视谷形，若茨而黑，有似于稑实也。此或时夷狄之地，生出此谷。夷狄不粒食，此谷生于草野之中，成熟垂萎于地。遭疾风暴起，吹扬与之俱飞，风衰谷集，堕于中国，中国见之，谓之雨谷。"（《感虚》）假使真有"雨谷"的事情，王充的这种解释，也是正确的。

王充又说："盛夏之时，雷电迅疾，击折树木，坏败室屋，时犯杀人。世俗以为击折树木，坏败室屋者，天取龙。其犯杀人也，谓之阴过。饮食人以不洁净，天怒，击而杀之。隆隆之声，天怒之音，若人之呴吁矣。世无愚智，莫谓不然。推人道以论之，虚妄之言也。"（《雷虚》）对于这种迷信，王充说：如果真是有龙，龙也不过是鱼鳖之属，牛马之类，不能算什么神。他又解释雷的原因说："实说，雷者，太阳之激气也。何以明之？正月阳动，故正月始雷；五月阳盛，故五月雷迅；秋冬阳衰，故秋冬雷潜。盛夏之时，太阳用事，阴气乘之。阴阳分争，则相校轸。校轸则激射。激射为毒，中人辄死，中木木折，中屋屋坏。人在木下屋间，偶中而死矣。"（同上）他又说："雷者，火也。以人中雷而死，即询其身，中头则须发烧燋，中身则皮肤灼燔，临其尸上，闻火气，一验也。道术之家以雷烧石，色赤，投于井中，石燋井寒，激声大鸣，若雷之状，二验也。人伤于寒，寒气入腹，腹中素温，温寒分争，激气雷鸣，三验也。当雷之时，电光时见，大若火之耀，四验也。当雷之击时，或燔人室屋及地草木，五验也。夫论雷之为火有五验，言雷为天怒无一效。然则雷为天怒，虚妄之言。"（同上）王充还不知道雷和电的关系，他对于雷的这种解释，当然是不确切的。但是他企图用经验中的事实说明雷的性质，用自然界中的事情说明自然界的现象，这种精神是唯物主义的。

王充说："论衡九虚，三增，所以使俗务实诚也。"（《对作》）"九虚"，是九种虚妄的世俗传说和迷信，如上所批判的"雷虚"、"龙虚"等。"三增"是三种夸张。"三增"之中，第一种是"语增"。在《语增》篇里，王充指出，社会中有许多传说，过分夸张，以致违反事实。第二种是"儒增"。在《儒增》篇里，王充指出，在一般著作中也有许多过分夸张不合事实的言论。第三种是"艺增"，这个艺就是六艺，即六经。在《艺增》篇里，王充指出，即使儒家经典之中，也有许多过分夸张的地方。至于所以有"增"的原因，王充说："俗人好奇。不奇，言不用也。故誉人不增其美，则闻者不快其意。毁人不益其恶，则听者不惬于心。闻一增以为十，见百益以为千。"所以经常"失本""离实"。"失本"，"离实"，正是王充所反对的。

在《论衡》里面，还有《四讳》《诇时》《讥日》《卜筮》《辨祟》《难岁》《诘术》《解除》。在这些篇里，王充彻底批判了当时的各种迷信。

在《论衡》的八十四篇中，有二十多篇直接针对当时的官方哲学和社会上的一般迷信，展开激烈的斗争。在中国哲学史里，以这样大量的篇幅，对于神秘主义思想和宗教迷信，集中批判，除《论衡》以外，还是很少见的。

以上所讲的是王充关于天、人关系的理论的主要论点。以董仲舒为首的汉代官方哲学的一个主要特点，就是宣扬把自然拟人化的哲学思想和唯心主义的目的论。要驳倒这种"天人同类"的谬论，唯物主义者必须坚持一个基本原则，即把客观世界和主观区别开来，把自然现象和社会现象区别开来。这也就是荀况所说的"明天人之分"。王充在反对汉代的神秘主义的斗争中，在自然观方面，坚持了这个唯物主义的原则，并且有意识地运用了这个原则。这个原则是荀况提出来的。但对这个原则加以详细的论证和发挥，这要归功于王充。王充引证了大量的自然现象和人类社会现象，以说明自然界没有意识，没有目的，以论证自然是第一性的，是独立于人的主观而存在的这个唯物主义的命题，并且初步地揭露了把自然拟人化的哲学思想的认识论的根源。在这个问题上，王充没有虚构什么体系，而是从事实出发，用事实揭露天人感应论的虚妄。这是一种科学的精神，也是王充的唯物主义哲学的一个特点。也正因为如此，他的无神论就更富有战斗性，更富有说服力。他对各种迷信的驳斥，并不是简单地加以否定，而是作了在当时说是比较深入的分析。这种批判的精神是值得我们学习和继承的。

第七节　王充关于形、神关系的理论

王充的唯物主义观点，也表现在他的关于形、神关系的思想里面。他在这一方面，批判地继承了稷下黄老学派的唯物主义思想，并作了补充和提高。上面已经提到，王充认为，万物的产生和消灭，是由于元气的聚散，气聚就出生，气散就消灭。人也是如此，人之生是由于气之聚，人的死是由于气之散。他也认为，人的精神是精气所构成的。他说："夫人所以生者，阴阳气也。阴气生为骨肉，阳气生为精神。人之生也，阴阳气具，故骨肉坚，精气盛。精气为知，骨肉为强。故精神言谈，形体固守。骨肉精神，合错相持。故能常见而不灭亡也。"（《订鬼》）王充认为精气也就是阳气。人的身体是阴气所构成的；人的精神是阳气所构成的。形体和精神互相保持而不分离，这样人就生存，不然人就死亡。这些都是稷下黄老学派和《淮南子》所已经有的见解。

但是王充对于这个见解作了一个很重要的发展。稷下黄老学派认为精气在人的身体中，好像一个人住在房子里。他和房子没有有机的联系，可以随便出入。王充认为精气依托于形体，有一种有机联系。他说："人之所以生者，精气也，死而精气灭。能为精气者血脉也，人死血脉竭。竭而精气灭，灭而形体朽，朽而成灰土，何用为鬼?"（《论死》）他又说："人之所以聪明智慧者，以含五常之气也。五常之气所以在人者，以五藏在形中也。五藏不伤，则人智慧。五藏有病，则人荒忽，荒忽则愚痴矣。人死五藏腐朽，腐朽则五常无所托矣。所用藏智者已败矣，所用为智者已去矣。形须气而成，气须形而知。天下无独燃之火，世间安得有无体独知之精？"（同上）这就是说，精气必须依附形体，才可以有能知的作用。具体地说，必须依附五脏和血脉，五脏是"为智者"，也是"藏智者"。"精气"不能没有身体而独自有智。王充持这种见解，这就摒弃了稷下黄老学派认为精气有独立意识的思想。这是对于稷下黄老学派的精气说的一种扬弃，也是对于精气说的一个重要发展。

稷下黄老学派和《淮南子》认为身体和精神都是物质，这两种物质好像是平行的。这是一种形神二元论。王充初步肯定了人的精神依赖人的身体。他不知道，也不可能知道，人的精神和思维是大脑活动所发生的作用。但是他肯定人的精神和思维都依赖于血脉和五脏。这就逐渐克服了形神二元论，走向了唯物主义的形神一元论。虽然他还没有彻底摆脱形神二元论的影响，但已接近了关于思维来源的科学理论的边缘。这是他对于稷下黄老学派在这方面的思想所作的一个很重要的发展。王充的这个发展和汉代的医学关于形神问题的看法有密切的联系。他的关于形神的理论是他的无鬼论的理论基础。

王充肯定，人死犹如火灭，无所谓鬼。他说："人，物也。物，亦物也。物死不为鬼，人死何独为鬼？"（同上）人死也不可能还有什么知觉。他说："夫人死不能为鬼，则亦无所知矣。何以验之？以未生之时无所知也。人未生，在元气之中；既死，复归元气。元气荒忽，人气在其中。人未生无所知，其死归无知之本，何能有知乎？"（同上）他说："鬼神，荒忽不见之名也。人死精神升天，骸骨归土，故谓之鬼。鬼者，归也；神者，荒忽无形者也。或说：鬼神，阴阳之名也。阴气逆物而归，故谓之鬼；阳气导物而生，故谓之神。神者，伸也，申复无已，终而复始。人用神气生，其死复归神气。阴阳称鬼神，人死亦称鬼神。气之生人，犹水之为冰也。水凝为冰，气凝为人；冰释为水，人死复神；其名为神也，犹冰释更名水也。人见名异，则谓有知，能为形而害人，无据以论之也。"（同上）照这个说法，鬼、神就是阴、阳二气屈伸的别名。一个人生的时候，有得于阳气以为他的精神，有得于阴气以为他的形体。在他死的时候，他所得的阳气和阴气又与一般的阳气和阴气，合而为一，犹如冰消释复还为水。所以一个人死后，不可能还有跟他生前相似的形象，作为他的鬼。

关于生、死问题，王充还有更明确的论断。他说："有血脉之类，无有不生，生无不死，以其生故知其死也。……死者生之效；生者，死之验也。夫有始者必有终，有终者必有始。唯无终始者乃长生不死。"（《道虚》）王充在这里指出，死亡是生命必然有的对立面。生命和死亡互为效验，就是说，有其一就可知必有其二。这是生命和死亡的辩证关系。每一事物都包含它自己的否定；生命所包含的自己的否定，就是死亡。

恩格斯说："生命的否定实质上包含在生命的自身之中。""生命总是和它的必然结果即死亡（死亡总是以胚胎形式包含在生命中）相联系起来而被思考的。生命的辩证观无非就是这样。""因此，在这里只须借助于辩证法就可以说明生和死的性质，就足以破除自古以来的迷信。生就意味着死。"（《自然辩证法》人民出版社1955年版，第250页）王充有一种自发的生命的辩证观。这是自发的，还不是科学的，但他正是用这种辩证观，驳斥当时关于"长生不死"的迷信。他说："诸学仙术为不死之方，其必不成，犹不能使冰终不释也。"（《道虚》）

关于精气与形体的关系，王充又作一个比喻说："人之精神藏于形体之内，犹粟米在囊橐之中也。死而形体朽，精气散，犹囊橐穿败，粟米弃出也。粟米弃出，囊橐无复有形，精气散亡，何能复有体，而人得见之乎？"（《论死》）照这个比喻看起来，人死以后，他的精气离开他的身体，还是继续独立存在。王充又说："夫生人之精，在于身中；死则在于身外。死之与生何以殊？身中身外何以异？取水实于大盘中，盘破水流地，地水能异于盘中之水乎？地水不异于盘中之水，身外之精何故殊于身中之精？"（同上）王充的这种说法，好像是跟"无体之精"的见解有矛盾。但在王充看来并不矛盾。他本来认为，有弥漫于空间的精气，人从其中取得一部分，成为人的灵魂。但人所取得的这一部分的精气，必须依附于身体，才能发生作用，如果没有身体，这一部分的精气仍然复归于弥漫于空间的总体之中。它虽然存在，但是不能有知觉了。这是王充的精气说的主要论点。所以虽然有无体之精，但是没有"无体独知之精"。

王充认为，人的所谓灵魂，就是精气。他说："夫魂者，精气也。精气之行，与云烟等。"（《纪妖》）人死后，精气散归于原来弥漫于空间的总体，已经没有个人的个性，所以也就没有"他"的灵魂继续存在。这是王充的无鬼论的一个主要论点。

有些人自称见过鬼，这又是什么原因呢？对于这个问题，王充有几种解释。

王充说："凡天地之间有鬼，非人死精神为之也；皆人思念存想之所致也。致之何由？由于疾病。人病则忧惧，忧惧则鬼出。"（《订鬼》）王充引古代相传的故事说，伯乐学相马，专思念马，以致所看的东西都是马。庖丁学解牛，专思念牛，三年之后，所见的尽是死牛。他说："二者用精至矣，思念存想，自见异物也。"（《订鬼》）可是他们所见的异物，并不是真的马、牛，病人见鬼也有类似的情况。王充描写这种情况说："初疾畏惊，见鬼之来；疾困恐死，见鬼之怒；身自疾痛，见鬼之击；皆存想虚致，未必有其实也。"（《订鬼》）对于这种情况，王充根据他的精气说作出解释。他说："夫精念存想，或泄于目，或泄于口，或泄于耳。泄于目，目见其形；泄于耳，耳闻其声；泄于口，口言其事。昼日则鬼见，暮卧则梦闻。独卧空室之中，若有所畏惧，则梦见夫人据案其身哭矣。觉见，卧闻，俱用精神；畏惧，存想，同一实也。"（《订鬼》）这就是说，人在对于某一种东西思念存想的时候，这些存想可以从眼里表现出来，也可以从耳朵或嘴里表现出来。如果从眼里表现出来，他就看见他所想念的那种东西的形状；如果从耳朵里表现出来，他就听见他所想念的那种东西的声音；如果从嘴里表现出来，他就谈他所想的事情。如果在白天，他就看见鬼的形状；如果在夜间，他就在梦里听见鬼的声音。

王充说："人之见鬼，目光与卧乱也。人之昼也，气倦精尽，夜则欲卧，卧而目光反，反而精神见人物之象矣。人病亦气倦精尽，目虽不卧，光已乱于卧也，故亦见人物象。……何以验之？以狂者见鬼也。狂痴独语，不与善人（正常人）相得者，病因精乱也。夫病且死之时，亦与狂等。卧、病及狂，三者皆精衰倦，目光反照，故皆独见人物之象焉。"（《订鬼》）照这个说法，人在精气衰倦的时候，目光反观，看见自己的内部的精神，以为是外界的人物之象。做梦或在病中的人，或疯狂的人，所看见的虚妄的人物之象，其实都是他自己身体内部的精神，由于目光反照，错误地认为是外界的人物。

以上这两种说法，其实就是说，自以为见鬼的人，并不是真见鬼，只是由于他的精神错乱，引起幻觉。

王充说："鬼者，人所见得病之气也，气不和者中人；中人为鬼，其气象人形而见。"（《订鬼》）照这个说法，有一种邪气，即所谓"气不和者"，这种气，如果中伤了人，它就现为人的形象。病人所看见的鬼，可能是这一类的。

王充说："鬼者物也，与人无异。天地之间有鬼之物，常在四边之外，时往来中国，与人杂则（厕），凶恶之类也。故人病且死者乃见之。"（《订鬼》）照这个说法，鬼也是一种客观存在的自然物，属于凶恶之类的一种东西。王充认为这种东西，"皆生存实有，非虚无象类之也"（《订鬼》）。就是说，这种东西都是客观存在，并非虚幻。

王充说："人且吉凶，妖祥先见；人之且死，见百怪；鬼在百怪之中。"（《订鬼》）王充认为，有一种妖气，"或妖气像人之形，或人含气为妖。像人之形，诸所见鬼是也；人含气为妖，巫之类是也"（《订鬼》）。照这个说法，自称见鬼的人所见的鬼，其实就是像人之形的妖气。

王充还有跟这后边三种说法相类似的其他说法。这些说法都是认为，在自然界中确切有一种怪物，可以称为鬼。这些说法是荒唐的，几乎近于宗教迷信。但是王充认为，这些东西都是自然现象，都是物质性的东西，并不是什么非物质性的精灵。这些怪物也不是人死以后的鬼变成的。在"鬼者，甲乙之神也"一段下，王充说：“此非论者所以为实也。天道难知，鬼神暗昧。故具载列，令世察之也。”（《订鬼》）“论者”就是王充自谓。就是说，他也并不是认为这些说法都是真的，只是列举以备参考。所以王充虽提出了这些荒唐的说法，但是还没有离开唯物主义立场，基本上还是坚持了无鬼论。

王充还认为，这些妖气其实就是阳气。他说：“凡世间所谓妖祥，所谓鬼神者，皆太阳之气为之也。太阳之气，天气也。天能生人之体。故能像人之容。”又说：“太阳之气盛而无阴，故徒能为象，不能为形。无骨肉，有精气，故一见恍惚，辄复灭亡也。”（《订鬼》）上面已经说过，王充认为，人的精神是从“天气”得来的，人的形体是从“地气”得来的。他本来是认为精气与形气相结合，才能成为人。可是他在这个地方又说，专是精气，虽不能成形，也可以有人之象。这是跟他的本来的说法相矛盾的。这是由于稷下黄老学派的精气说，本来就有很大的弱点。王充虽然作了相当大的改正，但这个弱点是不能完全克服的，所以在有些地方，王充不能不向有鬼论作一些让步。

王充的无鬼论，并不是完全否定人能见鬼神，只是肯定，这种所谓鬼并不是死人之鬼。他说：“人见鬼神之形，故非死人之精也。”（《论死》）他认为，无鬼论的实际意义在于使人薄葬。当时厚葬的风气很盛。他说：按照当时的迷信，“谓死如生，闵死独葬，魂孤无副，丘墓闭藏，谷物乏匮，故作偶人以侍尸、柩多藏食物以歆精魂。积浸流至，或破家尽业，以充死棺；杀人以殉葬，以快生意”（《薄葬》）。王充认为，墨家提倡薄葬，这是对的；但是墨家又相信有鬼，这是自相矛盾的。他说：“墨家之意，自违其术。”又说：“如以鬼非死人，则其信杜伯非也。如以鬼是死人，则其薄葬非也。术用乖错，首尾相违，故以为非。非与是不明，皆不可行。”（同上）因此，王充认为，应该从根本上解决这个问题。他说：“今著《论死》及《死伪》之篇，明死无知不能为鬼，冀观览者将一晓解，约葬更为节俭，斯盖《论衡》有益之验也。”（《对作》）王充在这一方面的见解是对于墨家的修正。他继承了墨家的薄葬的主张，批判了它的有鬼的迷信。他这样做，并不是为理论而理论，他是对于当时有害的风俗“有的放矢”。

关于厚葬薄葬的问题，在汉朝一直是很大的争论。在第二十章中，我们讲到杨王孙。他也是说，人的精神是从天来的；形体是从地来的。人死以后，从天来的，仍归于天；从地来的，仍归于地。这就是“精神离形，各归其真”。这是用稷下黄老学派的传统，作为薄葬的理论根据。王充也是这样做的。

王充虽然主张无鬼和薄葬，但是，他还是重视祭祀。他说：“凡祭祀之义有二，一曰报功，二曰修先。报功以勉力，修先以崇恩；力勉恩崇，功立化通，圣王之务也。”（《祭意》）他引《礼记·祭法》篇所列举的有功于民的人说：“凡此功烈，施布于民，民赖其力，故祭报之。宗庙先祖，己之亲也；生时有养亲之道，死亡义不可背，故修祭祀，示如生存。推人事鬼，缘生事死。人有赏功供养之道，故有报恩祀祖之义。"（同上）王充认为孔丘也是主张人死无知，但是孔丘并没有明确地这样说，因为他恐怕"臣子背弃君父"（《薄葬》）。王充认为，明确地说出人死无知，只有好处，没有坏处。他说："明其无知，未必有倍死之害；不明无知，成事已有贼生之费。"（同上）

所谓"贼生之费"，就是厚葬的靡费。王充实际上继承了荀况关于生死祭葬的学说，但改正了他关于厚葬的理论。王充认为墨翟主张有鬼而又主张薄葬，这是自相矛盾的。他继承了墨翟关于薄葬的主张，但改正了他的有鬼论。

第八节　王充的反映论的认识论和方法论

王充肯定，客观实在是认识的对象和是非的标准，这就是他所说的"实"。在第一节中，我们讲过，王充自述他的著作的目的是"考论实虚"（《自纪》）。世俗有许多没有"实"作根据的言论。这种言论就是"虚"，也就是"妄"。王充说，他作《论衡》的目的，就是"疾虚妄"。所以《论衡》称为"实论"。《论衡》中各篇常叙述当时各种虚妄言论，然后以"如实论之"，或"实者"，提出他的批判。他认为，他的批判都是以客观的事实为根据的。合乎事实的为是；违反事实的为非。这是王充的认识论的基本的唯物主义精神。

《论衡》中有《实知》和《知实》两篇。从这篇名可以看出王充重视认识和客观实在的关系。认识必以客观实在为对象，这就是所谓"知实"。真正的认识必与客观实在相符合（"知实"），这就是所谓"实知"。

王充的唯物主义认识论也是在跟当时谶纬迷信所宣扬的神秘主义思想斗争中建立起来的。在《实知》和《知实》两篇中，王充着重指出，圣人并不是神怪，并不能"前知"；孔丘是圣人，不是神怪。他说："儒者论圣人，以为前知千岁，后知万世，有独见之明，独听之聪，事来则名，不学自知，不问自晓，故称圣；〔圣〕则神矣；若蓍、龟之知吉凶，蓍草称神，龟称灵矣。贤者才下不能及，智劣不能料，故谓之贤。夫名异则实殊，质同则称钧。以圣名论之，知圣人卓绝，与贤殊也。"（《实知》）这里所谓"儒者"就是董仲舒以及后来的谶纬家。他们认为圣就是神，有超自然的能力，能知生前、死后之事。圣人是超人；贤人是人。圣与贤有质的不同。

王充引当时儒者的话说："孔子将死遗谶书曰：'不知何一男子，自谓秦始皇，上我之堂，踞我之床，颠倒我衣裳，至沙丘而亡。'……又曰：'董仲舒乱我书。'"（《实知》）这是说，孔丘预先知道后来有个秦始皇做"焚书坑儒"之事；还预先知道有个董仲舒整理（"乱"）他的经典。这就是说，孔丘预先知道后来儒家的废兴。王充指出，这些都是虚言，不可信。在我们现在看起来，这些谶记的虚妄是一望而知的。但是，在王充的时候，谶纬思想正占统治的地位。王充在他的著作中，正式指出谶纬的虚妄，这是有极大的斗争意义的。

王充指出，圣人也不是巫。他说："世间圣神，以为巫与？鬼神用巫之口告人，如以圣为若巫乎？则夫为巫者亦妖也，与妖同气，则与圣异类矣。巫与圣异，则圣不能神矣；不能神则贤之党也；同党，则所知者无以异也。及其有异，以入道也，圣人疾，贤者迟；贤者才多，圣人智多；所知同业，多少异量；所道一途，步骤相过。"（《实知》）在上节我们讲过，王充认为，有所谓"妖气"表现在人身上，这个人就成为巫；所以"巫与妖同气"。圣人并不是超人，跟人是一类的；巫跟妖是一类的。圣人跟贤人是一类的，都是人。他们所知道的东西也都是一类的（"其所知者无以异也"）。圣人和贤人的分别，在于对真理的理解（"入道"），圣人进步快，贤人进步慢。圣人和贤人所知道的都是一类的东西，但所知有多有少（"所知同业，多少异量"）；他们所走的是一条路，但有快慢的不同（"所道一途，步骤相过"）。王充说："圣贤知不逾，故用思相出入；遭事无神怪，故名号相贸易。故夫贤圣者，道德智能之号；神者，渺茫恍惚无形之实。实异，质不得同；实钧，效不得殊。圣神号不等，故谓圣者不神，神者不圣。"（《知实》）这是说，圣、贤在本质上是相同的，所以他们的名号可以互相称谓；但圣、神在本质上不同，所以他们的名号，绝不相等，不能互相称谓。圣人和贤人，都不能前知，也都不是生而知之。他们的知识，都是从耳目见闻的经验得来的，跟普通人没有本质的差别。圣人和贤人，在道德智能方面，跟普通人有差别，他们自己之间也有多少快慢的差别。这些差别是量的差别，不是质的差别。

这些辩论，在现在看起来，也是多余的。但是，在当时，官方哲学正是以孔丘为神。王充的这些辩论，也是对于当时的统治思想公开批判，有极大的斗争意义。

王充又指出，圣贤虽没有前知，但是可以有预见。他说："文记谲常人言耳，非天地之书，则皆缘前因古，有所据状。如无闻见则无所状。凡圣人见祸福也，亦揆端推类，原始见终，从闾巷论朝堂，由昭昭察冥冥。"（《实知》）这是说，如果不是从天上降下来的书，而是人所有的知识，这些知识必定有所根据，这些根据或者是过去的经验，或者是现在的经验。把这些经验作为一个开端，以这个端为基础，作出类推，这就叫"揆端推类，原始见终"。总起来说，这个方法就是"放象事类以见祸，推原往验以处来事"（《实知》）。

王充说，"先知之见，方来之事，无达视洞听之聪明，皆案兆察迹，推原事类"，"明福处祸，远图未然，无神怪之知，皆由兆类"（同上）。这就是说，对于将来的某些事情有预见，这是可能的，其所以可能，并不是由于有人有神怪之质，而是由于根据现有的迹象，类推将来。这样的预见，并不是谶纬所说的前知。

王充认为，有些事情是专靠类推就可以知道的，有些事情是不能专靠类推知道的。他说："故夫可知之事者，思虑所能见也；不可知之事，不学不问，不能知也。不学自知，不问自晓，古今行事未之有也。夫可知之事，惟精思之，虽大无难。不可知之事，厉心学问，虽小无易。故智能之士，不学不成，不问不知。"（《实知》）这里所说的"可知之事"，就是可以类推的事情。类推当然也要根据一定的"迹象"，有了这些"迹象"之后，王充认为，就可凭以作类推了。但是，有很多的事情不能从类推知道。这种事情，必须要学要问，才可以知道。王充举例说："孔子曰：'其或继周者，虽百世可知也。'又曰：'后生可畏，焉知来者之不如今也？'论损益，言可知，称后生，言焉知，后生难处，损益易明也。此尚为远，非所听察也。使一人立于墙东，令之出声，使圣人听之墙西，能知其黑白、短长、乡里、姓名所自从出乎？沟有流莝，泽有枯骨，发首陋亡，肌肉腐绝，使圣人（原作使人，依孙诒让校改）询之，能知其农、商、老、少，若所犯而坐死乎？非圣人无知，其知无以知也。知无以知，非问不能知也。"（同上）王充认为，继续周朝的朝代对于"周礼"或损或益，是可以类推而知的事情。至于一个青年将来成龙变虎，那就不是可以类推而知的。至于如所举的墙东墙西的例，更是非问不能知。王充大概有这样的意思：关于规律的一般的知识，有些是可以靠思维得知的，但是，属于特殊的个别的事情，是非问不知，非学不能的。他的这种分别，也是正确的。

王充肯定了类推，但他认为类推必须要依靠过去和现在的经验，以感觉经验提供的材料为基础，也就是他所说的"如无闻见，则无可状"，"推原往验，以处来事"。这是唯物主义的观点，也正因为如此，才和神秘的"前知"说根本对立起来，从而揭露了神秘的先验主义的虚妄。

王充认为，尚未知的事情，可以根据已知的事情类推而知。类推是王充的方法论的主要之点。在《论衡》中，他在许多地方用类推的方法进行辩论。例如关于雷、电的问题（见本章第六节），王充就是用这个方法，破除世俗的迷信。在关于雷、电问题的辩论中，王充说，要"推人道论之"，就是说，要用人事中类似的情况，以证明这种迷信的虚妄。他又根据雷与火相似的情况，推出"雷之为火"的结论。这种方法就是类推。

上面讲过，王充也否认"生知"。照当时的传说，有个神童，名叫项讬，七岁教孔丘。又据说，王莽时有个人，名叫尹方，二十一岁"无所师友，性智开敏，明达六艺"。王充说，这都不能作为"生而知之"的证据。他说："儿始生产，耳目始开，虽有圣性，安能有知？项讬七岁，其三四岁时而受纳人言矣。尹方年二十一，其十四五岁时多闻矣。"（《实知》）就是说，他们已经有所学习；并不是在刚生下来，耳目始开的时候，就有知识。王充又指出，"世俗褒称过实，毁败逾恶"，说项讬七岁，可能是十岁，说尹方二十一岁，可能是三十岁。总而言之，"天地之间，含血之类，尤性（生）知者"（同上）。王充的这个正确论断就驳斥了唯心主义"先天观念"或"先验知识"的谬论。

王充的认识论，对于感觉和思维的关系问题，有比较全面的、正确的论断。他说："实者，圣人不能知性，须任耳目以定情实。"（《实知》）"情实"就是客观存在的实际情况，必须从耳目才能得到对于它的初步认识。这就是说：必须承认感觉是认识的来源。但是专凭感觉是不够的。王充说："夫论不留精澄意，苟以外效立事是非，信闻见于外，不诠订于内，是用耳目论，不以心意议也。夫以耳目论，则以虚象为言，虚象效，则以事实为非。是故是非者，不徒耳目，必开心意。墨议不以心而原物，苟信闻见，则虽效验章明，犹为失实。"（《薄葬》）这是王充关于认识的言论中的很精彩的一段。感觉基本上是反映客观实在的，可是在有些情况下，感觉的反映可能是不正确的，歪曲的，而且可能只是一种幻觉。所以如果专"以耳目论"，就可能"以虚象为言"。所以必须对从耳目得来的闻见，用"心意"加以"诠订"，就是说，用理性加以审核考察。这样就可以把正确地反映客观实在的感觉接受下来，把"虚象"排斥出去。这就是说，对于从感觉得来的材料，要去伪存真，去粗留精。必须有这一番工夫，才可以不致为"虚象"所欺骗。

墨翟的"三表"中的第二表是"原察百姓耳目之实"。他引证了许多人据说是见鬼的传说，作为他的有鬼论的根据。这就是"不以心而原物，苟信闻见"，虽然举了许多事例，似乎是"效验章明"，但是不合乎客观实在。这是王充用认识论上的正确的理论，从根本上批判了墨家的有鬼论。

王充的认识论认为，合乎客观事实与否，是认识正确与否的标准。他说："凡论事者，违实不引效验，则虽甘义繁说，众不见信。"（《知实》）"违实"就是与事实相违反。真理是与客观事实相符合的。不与客观事实相符合的命题就是虚妄。王充说：他作《论衡》的目的是"冀悟迷惑之心，使知虚实之分"（《对作》）。这种精神确是贯穿于《论衡》全书的。

怎样知道一个命题是否合于客观实在呢？这就要"引效验"。他说："事莫明于有效，论莫定于有证。"（《薄葬》）"效""证"都必须以事实为根据，王充说墨家"薄葬而又右鬼；右鬼引效以杜伯为验"。（《薄葬》）墨翟引杜伯的故事证明有鬼；王充认为这也是墨翟所用的"效验"，不过他所用的效验根本不是事实，所以他的结论也就落空了。

墨家的"三表"中的第三表认为，要判断一个言论是否正确，必须"发为刑政，观其中国家百姓人民之利"。墨翟所说的"发为刑政"不就是我们所说的实践，不过墨翟初步认识到实际的效果是一个检验真理的标准。王充所说"事莫明于有效"，可能有这个意义，但是他没有明确地提出。王充说："入山见木，长短无所不知；入野见草，大小无所不识。然而不能伐木以作室屋，采草以和方药，此知草木所不能用也。夫通人览见广博，不能掇以论说，此为匮生书主人（句疑有误），孔子所谓'诵诗三百，授之以政不达'者也。与彼草木不能伐采，一实也……凡贵通者，贵其能用之也。"（《超奇》）这里所谓"用"是指能把学习得来的一般知识应用到具体的事例，即所谓"掇以论说"。王充说：桓谭"又作《新论》，论世间事，辩照然否。虚妄之言，伪饰之辞，莫不证定"（《超奇》）。这就是"论说"应有的内容。王充把实际的应用，作为能否掌握知识的标准，这跟以实际效果为检验真理的标准，是相通的。

王充说："齐都世刺绣，恒女无不能；襄邑俗织锦，钝妇无不巧。日见之，日为之，手狎也。使材士未尝见，巧女未尝为，异事诡手，暂为卒睹，显露易为者，犹惯惯焉。"（《程材》）由这段话看起来，王充在一定程度上也看到了知识的获得是与实践有联系的，但是他没有把这个认识提高为一个理论的原则。他的唯物主义的认识论还是直观的。

除此之外，王充的认识论还有一个问题。上边讲过，王充认为有可以用类推而知的事情，他称为可知之事；有不能用类推而知的事情，他称为不可知之事。他说："可知之事，思之辄决；不可知之事，待问乃解。"在这里，他所说的不可知，只是尚未知。可是他也认为，确有事物是不可知的。战国时候，有个人名叫兒说（在《实知》篇中原作见说，见乃兒之误），据说善解结。可是也有一些结他也不能解。他说：并不是他不能解，这些结本来不能解。王充引用这个故事，说明有些事情本来是不可知的。他说："事有不可知，圣人不能知。"又说："故夫难知之事，学问所能及也；不可知之事，问之学之，不能晓也。"（《实知》）他认为有不可知之事，虽问之，学之，也不能晓。照他说，这些事就不是尚未知，而是永远不可知的了。

由这里，还不能就得出结论说，王充终于陷入了不可知论。王充所说的不可知，是说"事有不可知"，不是说，一切事物都不可知，也不是说，事物的真相和世界的根源不可认识。王充相信人的认识能力是可以认识事物的真相的。他并不怀疑人的认识能力，他说的是，"非圣人不能知，事有不可知"（《实知》）。他所说的"不可知之事"，究竟指什么呢？王充认为，认识事物，需要两个条件，一个条件是凭借耳目见闻和过去的经验，一个条件是依靠思维的推论。如果有些事情，实据不足，无从推论，人就无法知道了。例如上面所引沟有死人的例，水里漂来一具骷髅，王充认为无法推论死者的年龄、职业；这是因为没有认识的条件，并不是因为圣人没有智慧。在有些情况下，通过调查，还可以知道。如果通过调查还弄不清楚真相，只有承认这是不可知了。对于这样的事情，王充认为不必强不知以为知，这就是他所说的："及其知之，用不知也。"（同上）这正如儿说虽善解结，但若是遇到根本就无法解的结，他只有承认不能解。这就是所谓"及其解之，用不能也"（同上）。《淮南子·说山训》说："儿说之为宋王解闭结也。"许慎注说："结不可解者而能解之，解之以不解。"王充说，"及其解之，用不能也"，也是这个意思。王充的这个论点，正是孔丘所说的"知之为知之，不知为不知，是知也"。这是一种实事求是的态度，也就是王充所说的"实知"。这个论点也是针对谶纬迷信所宣扬的"前知"说而发，用以反对那种毫无根据的主观虚构的判断。这是王充讲"不可知之事"的主要意图。不过，王充对这个问题的论述，也表现了自己的弱点。他没有把尚未知之事和不可知之事明确地区分开来。他所说的"不可知之事"，实际上仍是尚未知之事。王充似乎认为这样的事情永远不可知，这就不正确了。王充的这个弱点，是和他的认识论的直观性联系在一起的。他没有看到认识和实践的依赖关系。他所强调的只是耳目见闻和过去经验，没有把变革现实的实践提到首要的地位。因此，对于目前和过去的经验尚无法证实的事情，王充便认为是不可知了。这是马克思主义以前的唯物主义所不能克服的局限性。

王充的认识论还有一个缺点。他所重视的类推，也是建立在类永远不变的前提上的。他说："上世之天，下世之天也；天不变易，气不更改。上世之民，下世之民也；俱禀元气；元气纯和，古今不异。……帝王治世，白代同道，人民嫁娶，同时共礼。"（《齐世》）这是说自然界和人类都是永恒不变的；治世之道也是永恒不变的。他又说："文质之复，三教之重，正朔相缘，损益相因，圣贤所共知。古之水火，今之水火也。今之声色，后世之声色也。鸟兽草木，人民好恶，以今而见古，以此而知来。千岁之前，万世之后，无以异也。追观上古，探察来世，文质之类，水火之辈，贤圣共之。"（《实知》）所谓文质、三教、正朔等，都是董仲舒的历史观中的范畴。董仲舒认为，历史的变化，"一文，一质"，是循环的；"教"有三种：忠，敬，文，也是循环的；正朔有三种：建子（以农历十一月为正月），建丑（以十二月为正月），建寅（以正月为正月），也是循环的。王充实际上是承认了这些说法。他也认为自然界是不变的，社会的变化是循环的。可见，他的世界观和思想方法并没有摆脱形而上学的影响。把自然物的性质看成是永恒不变的，这是旧唯物主义不可克服的局限性。王充把类推建立在这样的基础上，不可能对事物的发展作出真正科学的预见。还可以看出，王充所说的类推，主要是依据过去的经验，而不是依据当前的实践。他没有解决认识对实践的依赖关系，因而也就不能彻底驳倒唯心主义。这也是旧唯物论无法克服的局限性。

王充的类推主要是依据过去的经验。照他所说的看起来，这些经验还是对于事物的片面的、现象的、外部联系的知识，仍属于认识的感性阶段。他所说的"不徒耳目，必开心意"，也只是用思维对感觉的错误作一些修正；还不是明确地认识到，思维的作用是认识事物的本质和规律，还不是用思维使认识到达于理性的阶段。因此，他虽然对墨翟的经验论的认识论作了一些修正，但他的认识论基本上还是经验论的。

毛泽东同志说："理性认识依赖于感性认识，感性认识有待于发展到理性认识，这就是辩证唯物论的认识论。"（《实践论》）哲学史中的旧唯物主义都不能达到辩证唯物论的认识论的高度，所以不可避免地或因过分重视理性而成为唯理论，或因过分重视经验而成为经验论。中国哲学史中的唯物主义哲学家，也正是如此。在本书第二册中，我们指出，荀况的认识论更多地带有唯理论的倾向。在此章中，我们看出，王充的认识论基本上是经验论。这两个大唯物主义哲学家的认识论正可以说明旧唯物主义的历史局限性。

第九节　王充关于性、命的理论

性和命是中国古代哲学中所经常讨论的问题。性是关于人的贤愚、善恶的；命是关于人的贵贱、成败的。这些都是与社会现象有关的问题。这一类的问题是和人的社会性、阶级性分不开的。可是古代的唯物主义者，由于对于社会本质的认识不够，不了解这些问题的本质，都把这些问题看成为与自然直接有关的问题。他们企图用自然的原因说明社会的现象。其结果不但不能解决问题，反而引起很大的混乱。古代唯物主义哲学家也经常由此陷入唯心主义。

王充关于性、命的理论，也有这种情况。在自然观方面，他认为元气是构成万物的原始物质。在这一方面，他成功地贯彻了他的唯物主义观点。在关于性、命的问题方面，他也企图用元气来说明人性善恶的问题。他说："小人君子，禀性异类乎？譬诸五谷皆为用，实不异而效殊者，禀气有厚泊（薄），故性有善恶也。残则受仁（原作授不仁，依吴承仕校改）之气泊，而怒则禀勇（疑脱气字）渥也。仁泊则戾而少慈（原作愈，依元本改）；勇渥则猛而无义。而又和气不足，喜怒失时，计虑轻愚，妄行之人，罪故为恶。人受五常，含五脏，皆具于身。禀之泊少，故其操行不及善人。犹酒（原脱酒字，依吴承仕校加）或厚或泊也；非厚与泊殊其酿也，麹糵多少使之然也。是故酒之泊厚，同一麹糵，人之善恶，共一元气。气有少多，故性有贤愚。"（《率性》）这是说，人在初生时，禀受的元气，有厚有薄，有多有少。因有此不同，所以人的性也有贤有愚，有善有恶。

王充企图用自然的原因，说明与社会现象有关的问题。他想在人性问题上，贯彻他关于气的理论。可是他的这个企图，不但不能解决问题，反而使他关于气的唯物主义思想，加上了一些唯心主义渣滓。气的厚薄能够决定性的善恶，那就是认为气也有善恶的性质。况且他又明白地说有"仁之气""勇之气"及"和气"。这样说就可以使人怀疑，元气不纯粹是物质性的了。

王充批判地叙述在他以前关于人性的各派学说。他举了先秦以孟轲为代表的性善说，以荀况为代表的性恶说。他认为，这两种学说，都"未为得实"，但是也都"亦有所缘"，就是说，也有一定的事实为根据。他举了告子的性无善恶说，认为也"未得实"，但也是"有缘"。他认为，告子所说的是"小人之性"，"徒谓中人，不指极善极恶也"。他举了周人世硕的性有善有恶说，此说认为"人性有善有恶，举人之善性养而致之则善长；恶性（原作性恶，依孙人和校改），引而致之则恶长"。这就是所谓"有性善，有性不善"，就是说，有人性善，有人性恶。

王充也举了汉朝董仲舒和刘向关于人性的说法，他们都认为，人有性有情。董仲舒认为性善情恶；刘向认为性内情外，"性生而然者也，在于身而不发；情接于物而然者也，形出（原作出形，依孙人和校改）于外。形外则谓之阳；不发则谓之阴"。王充批评董仲舒说："夫人情性同生于阴阳。其生于阴阳有渥有泊。玉生于石，有纯有驳。情性生（原脱生字，依刘盼遂校加）于阴阳，安能纯善？"（《本性》）就是说，因为各人所受的阴阳之气有厚薄不同，所以其情性也都有善恶不同，不能认为性都是善，情都是恶。王充批评刘向说："不论性之善恶，徒议外内、阴阳，理难以知。"（同上）就是说，刘向对于情、性所作的区别，并没有解决性的善恶问题。

在评述各派以后，王充总结说："自孟子以下，至刘子政（刘向），鸿儒博生闻见多矣；然而论性竟无定是。唯世硕（硕下原有儒宗，依孙诒让校删），公孙尼子之徒，颇得其正。……实者，人性有善有恶，犹人才有高有下也；高不可下，下不可高，谓性无善恶，是谓人才无高下也。……九州田土之性，善恶不均，故有黄赤黑之别，上中下之差；水潦不同，故有清浊之流，东西南北之趋。人禀天地之性，怀五常之气，或仁或义，性术乖也；动作趋翔，或重或轻，性识诡也。面色或白或黑，身形或长或短，至老极死，不可变易，天性然也。余固以孟轲言人性善者，中人以上者也，孙卿言人性恶者，中人以下者也；扬雄言人性

善恶混者，中人也。若反经合道；则可以为教，尽性之理，则未也。"（《本性》）

古代的哲学家都离开人的社会性和阶级性而谈抽象的人性。王充也是如此。他认为人性是由自然界的力量直接决定的，跟土壤、川流是一类的东西。他用类推法，从土壤有黄、赤、黑之别，水有清、浊之流等前提，推出人性有善有恶的结论。这种出发点是错误的，这种推论的方法也是错误的。

但是王充又认为人性是可以因教育和环境而改变的。他说："论人之性，定有善有恶。其善者固自善矣，其恶者故可教告率勉，使之为善。凡人君父审观臣子之性，善则养育劝率，无令近恶；近（疑衍）恶则辅保禁防，令渐于善。善渐于恶，恶化于善，成为性行。"（《率性》）这是说，教育可以改变人的本性。王充又说："蓬生麻间，不扶自直，白纱入缁，不练自黑。彼蓬之性不直，纱之质不黑，麻扶缁染，使之直黑。夫人之性犹蓬纱也，在所渐染而善恶变矣。"（同上）这就是说，人是可以随着环境改变的。

这个说法实际上是否认人是一成不变的，主张人是可以随着所受的教育或所处的环境而改变的。王充认识到，人是教育和环境的产物，这是唯物主义思想。王充在这一点上表现了他的唯物主义观点。但是，正如马克思所说的，"教育者必须先受教育"。教育和环境是怎么来的呢？王充只讲到人是教育和环境的产物，可是他没有讲教育和环境是由社会关系和社会制度决定的。

王充认为，人在有生之初，他的性和命都同时被决定了。他说："命，谓初所禀得而生者也。人生受命则受性矣。性命俱禀，同时而得，非先禀性后乃生命也。"（《初禀》）关于性与命的区别，王充说："夫性与命异，或性善而命凶，或性恶而命吉。操行善恶者，性也；祸福吉凶者，命也。或行善而得祸，是性善而命凶；或行恶而得福，是性恶而命吉也。性自有善恶，命自有吉凶。使吉命之人，虽不行善，未必无福；凶命之人，虽勉操行，未必无祸。"（《命义》）这是说，性和命完全是两回事，虽都是受之于天，但其间没有联系。

王充又说："传（传下有曰字，依刘盼遂校删）说，命有三，一曰正命，二曰随命，三曰遭命。"（同上）这是当时儒家关于命的一般的说法。《白虎通义》说："命者何谓也？人之寿也，天命已使生者也。命有三科以记验：有寿命以保度，有遭命以遇暴，有随命以应行。"（《白虎通义·三命》）照这个说法，一个人的生命的长短，以及他所能享受的多少，都有"天"所预先决定的一定限度，绝对不能超过；这就是所谓"有寿命以保度"。这个说法认为，善有善报，恶有恶报；一个人所受的祸福，是他的行为的善恶的报应；这就是所谓"有随命以应行"。一个人在一生中，由于客观环境的变化，他可能遭受意外的祸害；这就是所谓"有遭命以遇暴"。

王充否认有所谓随命。《论衡》中有《福虚》《祸虚》两篇，专驳斥随命的迷信。王充说："世论行善者福至，为恶者祸来。福祸之应，皆天也。人为之，天应之。阳恩，人君赏其行；阴惠，天地报其德。无贵贱贤愚，莫谓不然。"（《福虚》）又说："世谓受福祐者既以为行善所致，又谓被祸害者为恶所得。以为有沈恶伏过，天地罚之，鬼神报之，天地所罚，小大犹发；鬼神所报，远近犹至。"（《祸虚》）这都是所谓随命的迷信。这些迷信认为，有上帝、鬼神的存在；他们能赏善罚恶。王充举了许多善人得恶报，恶人得善报的事例，论证"福虚"和"祸虚"，证明没有所谓随命。这是王充破除迷信的一个方面。

王充承认有正命和遭命。他说："凡人禀命有二品，一曰所当触值之命，二曰强弱寿夭之命。所当触值，谓兵烧压溺也；强弱寿夭，谓禀气渥薄也。"（《气寿》）这里所说的"所当触值之命"就是所谓"遭命"；所谓"强弱寿夭之命"就是所谓"正命"的一部分。王充说："有死生寿夭之命，亦有贵贱贫富之命。"（《命禄》）"死生寿夭之命"，亦称"寿命"；"贵贱贫富之命"，亦称"禄命"，这两部分合起来，就是所谓"正命"。

宗教认为，正命和遭命也都是上帝所决定的。王充否定了这种迷信。他认为，正命是人所禀受之气所决定的；遭命是出于偶然的遭遇。王充虽承认有所谓正命和遭命，但与宗教迷信还有原则的不同。

《论语》说："死生有命，富贵在天。"王充认为这两句话很有道理。死生是人的寿命，这是由一个人所禀受的元气所决定的。人和物都是禀元气而生；在有生的时候，所禀的气有厚有薄。"人之禀气，或充实而坚强，或虚劣而软弱。充实坚强其年寿，虚劣软弱失弃其身。"（《气寿》）一个人"禀气"的情况是在他出生以前就决定的，所以说"有命"。这是企图对于寿命长短作唯物主义的解释。中国原来的医学也用这个理论说明人的身体的强弱和寿命的长短。所谓"先天气足"就是这个说法。

王充认为，人的富贵属于所谓"禄命"；这是出人所禀受的"星象"所决定的，所以说"在天"。他说："至于富贵，所禀犹性；所禀之气，得众星之精。众星在天，天有其象，得富贵象则富贵，得贫贱象则贫贱。……天有百官，有众星；天施气而众星布精；天所施气，众星之气在其中矣。人禀气而生，含气而长，得贵则贵，得贱则贱。贵或秩有高下，富或资有多少，皆星位尊卑小大之所授也。"（《命义》）这个说法也是当时迷信的一种。王充承认了这个说法。

王充还认为人之命可于其骨相见之。《论衡》专有一篇《骨相》，企图为这种世俗迷信寻找证据。在这一点上，王充落在荀况之后。关于骨相的迷信，正是荀况《非相》篇所批判的。

王充说："凡人受命，在父母施气之时已得吉凶矣。"（《命义》）不仅一个人的正命，在"父母施气之时"已经决定，就是"在父母施气之时"，也有他的遭命。王充说："遭命者，初禀气时遭凶恶也，谓妊娠之时遭得恶也。""遭者，遭得恶物象之故也；故妊妇食兔，子生缺唇。"（《命义》）这就是说：一个人，不仅在有生以后，因客观环境的变化，可能有不幸的遭遇，就是在母胎的时候，也可能有不幸的遭遇，决定他的命运。

总之，在一个人出生以前，他的一生的各个方面，都已预先决定了。他说："自王公逮庶人，圣贤及下愚，凡有首目之类，含血之属，莫不有命。命当贫贱，虽富贵之，犹涉祸患矣；命当富贵，虽贫贱之，犹逢福善矣。故命贵，从贱地自达；命贱，从富位自危。故夫富贵若有神助，贫贱若有鬼祸。……故夫临事知愚，操行清浊，性与才也；仕宦贵贱，治产贫富，命与时也。命则不可勉，时则不可力。"（《命禄》）照上面所说，王充认为，性还可以由学改变，但命是不可改变的。

王充又认为，不独个人有"贵贱祸福之命"，国亦有"盛衰治乱之命"。他说："宋、卫、陈、郑，同日并灾，四国之民，必有禄盛未当衰之人。然而俱灾，国祸陵之也。故国命胜人命，寿命胜禄命。"（《命义》）他认为社会的治乱皆由于"国命"，与统治者的才德没有关系。他说："人皆知富饶居安乐者命禄厚，而不知国安治化行者历数吉也。故世治非贤圣之功，衰乱非无道所致。国当衰乱，贤圣不能盛，时当治，恶人不能乱。世之治乱在时不在政，国之安危在数不在教。贤不贤之君，明不明之政，无能损益。"（《治期》）

王充在这里，提出"数"的概念，他大概认为有一种必然规律支配着自然和社会的变化。这些变化中的不以人力为转移的过程，他称为"数"。

王充的关于命的理论的企图，是用以说明，在剥削阶级统治的社会中，为什么人的才能和道德品质总是跟他的社会地位不一致。无才能的恶人，偏取得富贵的地位；有才能的善人，反而常处贫贱。他驳斥了"大道福善祸淫"的"随命"之说，但是对于这种社会现象怎样说明呢？他不知道。他企图把他在自然观方面的唯物主义观点应用到对这种社会现象的说明中，于是就用元气、星象、骨相等说法作为这种社会现象的说明。在表面上看起来，这并没有离开唯物主义的立场，因为元气、星象、骨相都是物质的东西。可是这是直接用自然界的现象说明社会现象。这样就必然导致一种机械的宿命论，因而滑到唯心主义和迷信的边缘，甚至简直堕入唯心主义和迷信的泥坑。

当时地主阶级中的细族寒门，对于受豪族强宗的压迫和歧视，有无可奈何之感。王充的关于命的理论，在其阶级根源上，是细族寒门的这种意识在哲学中的反映。

王充的关于命的理论也有积极方面的意义。这种理论认为，当时的统治阶级之所以富贵，并不是由于他们有特殊的才能，而只是由于他们的命好，骨相生得不错，实际上没有什么了不起。他说："怀银纡紫，未必稷契之才；积金累玉，未必陶朱之智。……故富贵在命，不在智愚；贫贱在禄，不在顽慧。"（《命禄》）根据这种理论，王充驳斥了当时所谓统治者受天命而为王的君权神授说。他说："自然无为，天之道也。"如果天对于统治者"有命使之义"，那就是天道有为，那是不可能的。王充认为，所谓"受命"，应该是就"人禀自然之气"说的。他说："人生性命当富贵者，初禀自然之气，养育长人，富贵之命效矣。……又土在母身之中已受命也。王者一受命，内以为性，外以为体。体者面辅骨相，生而禀之。"（《初禀》）照这些说法，富贵的人并没有什么值得尊敬之处。这是寒门细族对于豪族强宗的一种鄙视。这些说法在消极方面，也会使老百姓承认，受压迫和剥削是由于自己的命不好，骨相生得不对，因此，就安于贫贱，放弃斗争了。

照上面所引的王充的说法，人的富贵贫贱等一生的事情，都是为一种必然性所预先决定的。可是在许多篇中，他又说，人的一生的事情，都是出于偶然。这就是"正命"与"遭命"二说之间的矛盾。这也是"必然"与"偶然"的矛盾。《论衡》中有《逢遇》《幸偶》《偶会》等篇，在这些篇里，王充强调"遇"和"偶"。他解释"遇"的意义说："春种谷生，秋刈谷收，求物得物，作事事成，不名为遇。不求自至，不作自成，是名为遇。犹拾遗于途，摭弃于野，若天授地生，鬼助神辅。"（《逢遇》）"遇"和"偶"的意义，都是偶然。

王充论证说："凡人操行，有贤有愚；及遭祸福，有幸有不幸。举事有是有非，及触赏罚，有偶有不偶。并时遭兵，隐者不中；同日被霜，蔽者不伤。中伤未必恶，隐蔽未必善；隐蔽幸，中伤不幸。俱欲纳忠，或赏或罚；并欲有益，或信或疑。赏而信者未必真，罚而疑者未必伪。赏信者偶，罚疑者不偶也。"（《幸偶》）偶然碰着与自己有利的事称为幸；偶然碰着与自己有害的事称为不幸。幸或不幸都是出于偶然。

王充认为一切自然物都是由气构成的，自然物的性质的不同，是由于它们所禀受的气的性质和成分的不同，而且是不可改变的。他也认为自然物的变化有它的规律，如有生必有死等。就这个意义上说，他是承认自然现象有它的必然性。但王充在自然观中也承认有偶然性。他说："火星与昂星出入；昂星低时火星出，昂星见时火星伏。非火之性厌服昂也；时偶不并，度转乖也。"（《偶会》）这是说，星辰的遇合，出于偶然。他又说："世谓秋气击杀谷草，谷草不任凋伤而死。此言失实。夫物以春生夏长，秋而熟老，适自谢死，阴气适盛，与之会遇。何以验之？物有秋不死者，生性未极也。"《偶会》）这是说，正在枯谢的植物与阴气偶然相遇，但其枯死是由于生性已极，并非由于阴气的凋伤。王充把这种理论称之为"偶适自然，非或使之也"（《初禀》）。这是用偶然来解释某些自然现象的变化。他的目的在于用以反对天人感应和祸福报应等迷信。但也可以看出，他认为某些自然现象的变化没有必然的规律，否认了某些现象间的内在的必然联系。

王充关于这些问题的讨论，接触到了哲学上的一个根本问题，就是必然性与偶然性的问题。这个问题，在王充的社会思想中，特别突出。在王充的社会思想中，他基本上是主张宿命论，认为社会中的一切现象都是出于"必然"。但在有些篇中，如上面所说的，他又好像认为社会中的现象，至少有一些是出于偶然。这个矛盾表示王充对于偶然与必然的关系这个问题没有得到解决，这本来是机械论所不能解决的。

王充认为人的生死祸福以及富贵贫贱，都是由他所禀受的元气、所应的星象以及所有的骨相所决定的，国命是由"数"决定的。但是王充并不能指出，元气、星象、骨相等，怎样具体地决定人的富贵贫贱，"数"怎样具体地决定"国命"。他所主张的在这方面的必然，实际上只是一个空名词。这正是像恩格斯所说的："这样，偶然性在这里并没有从必然性得到说明，而倒是把必然性降低为纯粹偶然性的产物。"（《自然辩证法》，人民出版社1955年版，第182页）王充的偶然论和他的宿命论实质上是一种思想的两种表现形式。他是按着宿命论的观点了解必然性，其结果不能不倒向偶然论。

董仲舒在自然观方面提出了最明显的目的论的观点；王充在对于官方哲学的斗争中提出了机械论的观点。在中国哲学史中，他的机械论的思想，是最明显、最彻底的。他主张"天地合气，物偶自生矣"。他明确否认"天地故生人"的目的论的说法。他明确地否定了官方哲学的目的论，但是，关于这方面的哲学问题，王充并没有给予最后的解决。

关于宇宙有没有目的这个问题，恩格斯说："机械论（十八世纪的唯物论也是如此）摆脱不了抽象的必然性，因而也摆脱不了偶然性。物质从自身中发展出了能思维的人脑，这对机械论来说，是纯粹偶然的事件，虽然在这件事情发生之处就是必然地一步一步地决定了的。而事实上，物质是由于自己的本性而发展出能思维的实体，因而这是在具备了适当条件（并非在任何地方和任何时候都必然是一样的）的一切场合下都必然要发生的。"（同上，第171—172页）

恩格斯又说："旧的目的论已经完蛋了，但是现在树立了一种坚强的信念，物质依据这样一些规律：物质在其永恒的循环中运动，这些规律在一定阶段上——或者在这里，或者在那里——必然地在有机物中产生出思维着的精神。"（同上，第160页）

恩格斯的这些话是针对近代的机械论说的，但对于王充也可以适用。自然并不是"故生人"，但在物质的发展中，必然有像人这样的能思维的动物生出来。这样的动物生出来，并不是出于偶然。有些人说，一个猴子，盲目地用打字机打字，只要它无限期地打下去，它总会打出一首诗。这是完全出于偶然的巧合。自然界必然生人并不是这样。但也不是像上面所说的宿命论的说法，一切事情的发生都是不可改变的因果连锁，机械地连续下去，没有内在的联系。像人这样的能思维的动物，是物质由于自己的本性而发展出来的；这是必然。但是在物质发展的过程中，究竟在什么具体的场合下有思维的动物发生出来，这是出于偶然的。恩格斯说："偶然性本来也具有必然性。"（同上，第19页）

在哲学史发展过程中，机械论是目的论的否定。辩证唯物主义，在这一方面的理论是否定之否定。王充否定了董仲舒的目的论，成为中国哲学史发展的一个重要环节；这就完成了他的历史任务。至于再进一步的否定之否定，这本来是只有辩证唯物主义才能完成的。我们不能期望一个哲学家能作出超过他的历史条件的贡献。

从王充的哲学中可以看出，机械论并不能彻底驳倒目的论和唯心论。王充终于承认了"天数"，承认了"星气""骨相"等说法，也正如恩格斯所说的，他"还是不能从神学的自然观中解脱出来"。这是马克思主义以前的唯物主义无法克服的历史局限性。

第十节　王充的历史观

在王充的历史观中，他也还是用自然的原因直接说明社会现象。他说："夫世之所以为乱者，不以贼盗众多，兵革并起，民弃礼义，负畔其上乎？若此者，由谷食乏绝，不能忍饥寒。夫饥寒并至，而能无为非者寡；然则温饱并至，而能不为善者希。传曰：仓廪实，民知礼节；衣食足，民知荣辱。让生于有余，争起于不足。谷足食多，礼义之心生；礼丰义重，平安之基立矣。故饥岁之春，不食亲戚；穰岁之秋，召及四邻。不食亲戚，恶行也；召及四邻，善义也。为善恶之行，不在人质性，在于岁之饥穰。由此言之，礼义之行，在谷足也；案谷成败自有年岁。年岁水旱，五谷不成，非政所致，时数然也。"（《治期》）这就是说，社会的治乱是由于粮食足或不足，粮食足，人人都有饭吃，社会秩序自然安定；粮食不足，大多数人都没有饭吃，社会秩序自然不能维持。王充的理论，在这一点上，是可以说明封建社会中一部分的事实。王充又认为粮食足不足是由农业收成的好坏决定的。古代完全靠天吃饭，收成的好坏，是由天时决定的。如果风调雨顺，收成自然就好；如果有水旱之灾，收成自然就坏。照这些环节一层一层地推上去，就得到一个结论，社会的治乱和历史的变化都是自然现象所决定的。其实，在封建社会中，农业收成的好坏，也有其社会原因。这一个重要的事实，王充就忽略了。这也是由于他企图用自然现象直接说明社会现象的缘故。

王充企图为社会的治乱和历史的变化找出一个不随人的意志为转移的规律；

这种企图是唯物主义的精神的表现。他所找出的规律，如上面所说的，也有一部分的真理。但是，他企图用自然的原因直接说明社会问题，使他得到另外一个结论：社会的治乱与政治的好坏，完全没有关系。他本来认为有所谓"国命"。一国的治乱，是"国命"所决定的。他说：一般的人看见，在太平的时候有好的统治者，因此就认为太平是好的统治者的功劳；在一个朝代衰乱的时候有不好的统治者，因此就认为衰乱是他的罪恶。他认为这是完全错误的。他说："若此，明于善恶之外形，不见祸福之内实也。"（《治期》）就是说，一般人的见解，只看见事物的现象，没有看见事物的本质。王充的这些看法，也是企图用以反对天人感应的迷信和神权政治的历史观，企图认识事物的本质，这是唯物主义的精神。但是他所认为是历史变化的规律并不是本质的。社会治乱不是专用自然的原因可以说明的。主要的原因，还是在于社会制度和政治。社会的问题主要的还是要用社会的原因解释。王充不了解这一点，终于陷入了历史宿命论。

王充的历史观也有其积极的一面。王充认为历史是进步的，他竭力反对今不如古的思想。王充认为，一般人都有贵古贱今、是古非今的偏向。他说："述事者好高古而下今，贵所闻而贱所见。辨士则谈其久者，文人则著其远者。近有奇而辨不称，今有异而笔不记。"（《齐世》）所以在表面上看起来，给人一种今不如古的印象。"尊古卑今"，"贱所见，贵所闻"（同上），这是王充所反对的。

王充认为汉代不但不是不如古，而且还是远远超过古代。特别使他引以自豪的就是，当时中国的封建文化远及于周围落后的地方，使落后的民族，在文化上都有所提高。他说："古之戎狄，今为中国。古之裸人，今被朝服。古之露首，今冠章甫。古之跣跗，今履商舄。以盘石为沃田，以杰暴为良民，夷坎坷为平均，化不宾为齐民，非太平而何？"（《宣汉》）他的结论是："汉国在百代之上。"（《恢国》）

王充认为，汉朝既然这样伟大，所以需要歌颂。他的《论衡》就负起这个责任。他说："无《论衡》之论，不知优劣之实。"（《须颂》）又说："《春秋》为汉制法，《论衡》为汉平说。"（同上）

照上面所引的，王充认为汉朝的伟大之处，主要有两点。一是民族融合，一是生产提高，这都是历史的事实。汉朝制定了封建社会的上层建筑，巩固了新建立起来的封建经济基础，由于它的"兼容并包"的民族政策，融合了不同的民族，成为一个统一的汉族。这都是前所未有的，这是汉朝的贡献。但是有些认为今不如古的人，还是认为汉朝不及"三代"。所以要"为汉平说"。这个评说认为历史是进步的，是尊重事实的。这是王充的"求实"的唯物主义精神的表现。但是在这个评说中，王充应用了一些他所批判的符瑞之说以为论证。

王充说："《论衡》实事疾妄。《齐世》《宣汉》《恢国》《验符》《盛褒》《须颂》之言，无诽谤之辞。造作如此，可以免于罪矣。"（《对作》）有一种说法认为，王充所以歌颂汉朝，为的是要避免当权派的迫害，故意以这些言论为掩护。照这个说法，王充的歌颂完全不是由衷之言。这也不是如此。

王充本来认为，所谓灾异、符瑞是不足信的。他说："祸变不足以明恶，符瑞不足以表善。"（《治期》）但是为了歌颂汉代，他也讲起符瑞来了。他说："俗儒好长古而短今，言瑞则渥前而薄后。是应实而定之，汉不为少。汉有实事，儒者不称；古有虚美，诚心然之。信久远之伪，忽近今之实。"（《须颂》）这就是说，如果讲符瑞的话，汉朝也并不是没有，而且比以前的朝代还多。王充并不信符瑞，不过借符瑞以破当时的一般人的"尊古卑今"的思想。从战斗的策略看，这是"以子之矛，攻子之盾"。但是这种策略，总不免有肯定虚妄的嫌疑。总的看起来，作为一个伟大的唯物主义者，王充在历史观方面是软弱无力的。他不能正确地说明历史变化的原因，因此也没有能够把无神论的观点贯彻到底。这也是旧唯物主义所难以避免的一个弱点。

第十一节　王充在中国哲学史上的地位

董仲舒以神秘主义、唯心主义的观点为基础，建立了汉朝地主阶级当权派的官方哲学。今文经学和谶纬，把这种哲学推演到更加荒谬可笑的程度。《淮南子》的作者们、刘歆、扬雄和桓谭，都站在地主阶级各阶层的范围内，在一定程度上，对官方哲学展开斗争。这些唯物主义思潮，到了王充，就汇聚成为一个波澜壮阔的巨流。他用丰富的事实，细致的辩论，从各方面打击了当时官方哲学的神秘主义、唯心主义思想和宗教迷信。

在经学方面，王充站在古文经学的立场，跟官方的今文经学相对立。他认为，前人的著作都是为了解决当时实际问题，是当时思想斗争的一种表现。他说："孔子作《春秋》，周民弊也。……是故周道不弊则民不文薄，民不文薄，《春秋》不作。杨墨之学不乱传义，则孟轲之传不造。韩国不小弱，法度不坏废，则韩非之书不为。高祖不辨得天下，马上之计未转，则陆贾之语不奏。众事不失实，凡论不坏乱，则桓谭之论不起。故夫贤圣之兴文也，起事不空为，因因不妄作；作有益于化，化有补于正。"（《对作》）这就是说，孔丘作《春秋》和陆贾作《新语》，桓谭作《新论》是一类的事情。他们都是针对当时的实际情况，有的放矢，并不是"空为"，也不是"妄作"。这就否定了今文经学家的孔丘奉天命作《春秋》等荒唐的说法。

因此，王充认为《春秋》中也没有什么"非常可怪之论"。《春秋》记事，有时漏载了日子，公羊家认为这是孔丘的"笔削"，有很深的意义。王充不以为然。他说："夫公羊、穀梁之传，日月不具，辄为意使。失平常之事，有怪异之说，径直之文，有曲折之义；非孔子之心。"（《正说》）董仲舒的哲学体系，大部分是以公羊家对于《春秋》的解释为根据的。王充对于《春秋》的这样的看法，就从根本上推翻了董仲舒在经学上的根据。

王充认为先秦各家的思想，都有其一定的价值。他说："知屋漏者在宇下；知政失者在草野；知经误者在诸子。"（《书解》）他又说："夫一经之说，犹日明也，助以传书，犹窗牖也。百家之言，令人晓明，非徒窗牖之开，日光之照也。是故日光照室内，道术明胸中。开户内光，坐高堂之上；眇升楼台，窥四邻之廷；人之所愿也。闭户幽坐，向冥冥之内；穿圹穴卧，造黄泉之际；人之所恶也。夫闭心塞意，不高瞻览者，死人之徒也哉。"（《别通》）他认为，不研究先秦诸子的学说，就是"闭心塞意"，使人成为"死人之徒"。这是对于董仲舒罢黜百家的主张，以及汉武帝以来定孔丘为一尊的政策的明显的抗议。

"《春秋》为汉制法，《论衡》为汉平说。"这里所说的《春秋》就是董仲舒的公羊春秋。"为汉制法"，这个"法"就是一整套封建社会的上层建筑，包括中国封建社会的社会制度、政治原则、道德范畴。在这一方面，王充并不反对，也没有提出批判，他所反对批判的是这一套中的哲学思想和宗教迷信。

王充的"平说"就是分析这一套上层建筑，对于其中不可取之处加以批判。他所认为是不可取之处，正是公羊春秋所认为是重要的部分，于是就展开斗争。在这个斗争中，王充和董仲舒、《论衡》和《公羊春秋》是主要的对立面，是两个阵营。

这两个阵营的斗争，是围绕着"天人感应"这个问题进行的。这是两汉哲学的中心问题。董仲舒的体系的各方面的辩论，归根到底，都是企图证明"天人感应"是真实的。王充的体系的各方面的辩论，归根到底，都证明所谓"天人感应"是虚妄的。

王充的唯物主义哲学和秦汉以来的科学发展也有着密切的联系。他关于天的物质性和形、神问题的论证，显然是受了当时天文学和医学知识的影响。《论衡》中有些篇可以作为研究汉代天文学史的重要资料。他的唯物主义哲学是和汉代科学发展水平相适应的。

董仲舒的哲学体系是和当时的宗教迷信相适应的。这两派哲学体系的斗争，有科学和宗教斗争的意义。

两汉以后，"天人感应"就不再是哲学辩论的中心问题了。唯物主义和唯心主义的斗争提出了新的问题，也采取了新的思维方式。

第三十四章 东汉末无神论和进步的社会思想

第一节 张衡反对谶纬的理论

王充以后，唯物主义的气的理论特别流行。在东汉末年，张衡和王符继扬雄、王充之后，提出以"气"为基本的自然观。

张衡（公元 139 年卒）是东汉时期的一个大科学家、大文学家，南阳西鄂（今河南南召）人。

范晔说："初，光武善谶，及显宗、肃宗，因祖述焉。自中兴之后，儒者争学图纬，兼复附以妖言。衡以图纬虚妄，非圣人之法。乃上疏曰：'……谶书始出，盖知之者寡。……成、哀之后，乃始闻之。……殆必虚伪之徒，以要世取资。……则知图谶成于哀平之际也。……此皆欺世罔俗，以昧势位……譬犹画工，恶图犬马而好作鬼魅，诚以实事难形，而虚伪不穷也。宜收藏图谶，一禁绝之，则朱紫无所眩，典籍无瑕玷矣。'"（《后汉书·张衡传》）张衡的这些话是说到图谶的本质了。他指出图谶是那些弄虚作假的人所制造的，为的是欺骗有势位的人，迎合他们的需要，捞取政治资本。不过这只是一个方面。另外一个方面，有势位的人制造图谶，以欺骗老百姓。这一方面，张衡在上光武帝的奏疏中是不便说的。他只好笼统地说了八个字："欺世罔俗"，"要世取资"。

张衡公开地反对图谶，但对于"天人感应"之说，他没有公开地批判，而是利用这种说法以批评时政。汉顺帝阳嘉二年（公元 134 年），洛阳一带有地震。顺帝恐慌了，下诏叫群臣批评当时政治上的错误。张衡对策说："臣闻，政善则休祥降，政恶则咎征见。苟非圣人，或有失误。昔成王疑周公而大风拔树木，开金縢而反风至。天人之应，速于影响。故周诗曰：'无曰高高在上，日监在兹。'闻者京都地震，雷电赫怒。夫动静无常，变改正道，则有奔雷土裂之异。"张衡接着举了几条他所认为是政治上的错误，得出结论说："中间以来，妖星见于上，震烈著于下。天诚详矣，可为寒心。明者消祸于未萌。今既见矣，修政恐惧，则转祸为福矣。"（袁宏《后汉纪》卷十八）张衡的这段话简直是天人感应说的一个概论。表面上看起来，张衡似乎是拥护这个说法的。

其实，张衡在说这段话的时候，当然知道，他所说的并不是地震的真正原因。他对于地震特别有研究，他制造了一种报告地震的仪器，叫候风地动仪。这台仪器设在洛阳，四方的地震这个仪器都能表示出来。据说，有一次这台仪器表示西方有地震，但是洛阳一带并没有感觉出来。人们怀疑地动仪不准确。过了几天，消息传来，甘肃一带果然地震。（见《后汉书·张衡传》）由此可见，张衡对于地震的性质及其原因是有科学知识的，这是由实践证明，经得起考验的。但是当时的皇帝既然因地震而要反省，叫下边提意见，这是一个难得的机会。张衡犯不着对他解释说，地震是一种自然现象，有其自然的原因，与政治毫无关系，不必恐慌，也不必反省。他乐得顺水推舟，趁此机会把他的意见提出来。他所提的那几条，大概是他心中早已有了的，只是不敢说或不便说。当时连年有地震，还有日食，张衡几次上疏，用"天人感应"说批评时政。对于他的这些议论，都可以用上面所说的理由解释之。

第二节　张衡的天文学和宇宙形成论

张衡主张浑天说。他还创制了一台仪器叫浑天仪，这台仪器就是天体的模型。他还写了三篇关于天文学的文章：《浑天仪》《灵宪》《筭罔论》。范晔评论说："言甚详明"（《后汉书·张衡传》）。李贤注说："《灵宪》序曰：'昔在先王，将步天路，用定灵轨。灵绪本元，先准之于浑体，是为正仪。故《灵宪》作兴。'衡集无《筭罔论》，盖网络天地而筭之，因名焉。"（同上）刘昭说："张衡天文之妙，冠绝一代。所著《灵宪浑仪》，略著辰曜之本。"（《后汉书·天文志》注补）照刘昭所说，似乎《灵宪》的全名是《灵宪浑仪》，照李贤的说法，似乎《灵宪》是浑天仪的总说明。《筭罔论》是对浑天仪在算学方面的说明。张衡做了浑天仪，又作了两种说明，所以是"言甚详明"。

《灵宪》是浑天仪的总说明，要说明天体的构成和运行的规律，因此就提出了一个宇宙形成论。它说："太素之前，幽清玄静，寂寞冥默，不可为象。厥中惟虚，厥外惟无。如是者永久焉，斯谓溟涬，盖乃道之根也。道根既建，自无生有，太素始萌；萌而未兆，并气同色，浑沌不分。故《道志》之言云：'有物浑成，先天地生。'其气体固未可得而形，其迟速固未可得而纪也。如是者又永久焉，斯谓庞鸿，盖乃道之干也。道干既育，有物成体。于是元气剖判，刚柔始分，清浊异位。天成于外，地定于内。天体于阳，故圆以动；地体于阴，故平以静。动以行施，静以合化。埏郁构精，时育庶类，斯谓太元，盖乃道之实也。在天成象，在地成形。天有九位，地有九域；天有三辰，地有三形。有象可效，有形可度。情性万殊，旁遝感薄，自然相生，莫之能纪。于是人之精者作圣，实始纪纲而经纬之。"（《后汉书·天文志》注补引）

这就是说，宇宙的形成有三个阶段。第一个阶段叫"溟涬"。在这一个阶段中，什么也没有。但是可以"如是者永久焉"；这就是说，还是有时间的。可以有"厥中""厥外"之分；这就是说，还是有空间的，这种状态经过很长久的时间。这是"无"的阶段，是道的根本。道的根本建立了，就从"无"生出"有"来。"太素"才开始萌芽；萌芽还没有形成的时候，气联结在一起，颜色完全相同，浑浑沌沌地分不清楚。那种气体固然没法形容，运行的快慢也没法记载。这种状态又经过很长久的时间，叫做"庞鸿"。这是道的主干，是宇宙形成的第二个阶段。到了第三个阶段，"元气"有了分化，刚和柔的性质不同，清的浊的地位各异。天在外面建成了，地在里面定下了。天以阳为体，所以圆而动；地以阴为体，所以平而静。动主施行，静配变化。双方的精集聚配合，生育出万物。这就叫做"太元"，是道的果实。这时在天上就形成了各种的形象，在地上就形成了各种的形体。……有形象就可以摹拟，有形体就可以测量。万物有各种各样不同的性情，有的互相助成，有的互相影响，有的互相矛盾。这些都自然而然地发生，复杂到没法可以叙述。人之中最精灵的，制作出些规矩，把它们范围起来。这就可见人在宇宙发展中的重要。

《灵宪》又说，八极的周围，径二亿三万二千三百里，南北减少一千里，东西加宽一千里。从地到天，有八极的一半高，地的深也等于八极的一半。张衡认为这些都是可以用算学算出来的，过了这个界限，还没有人知道。他说："过此而往者，未之或知也。未之或知者，宇宙之谓也。宇之表无极，宙之端无穷。"（《后汉书·天文志》注补引）

张衡用了一些易纬《乾凿度》中的名词，从表面上看，他的说法也和《乾凿度》有相似之处。但是，张衡是个科学家。他的宇宙形成论是以他的天文学知识为根据的。照天文学浑天家的说法，天和地好像一个鸡卵；天好比卵的外壳，地好比卵黄。地是一个物体，天也是一个物体，所以他说，天在外面建立了，地在里面定下来，天在外面旋转，地居中不动。张衡根据这个思想，造了浑天仪。

张衡的这个理论是以实际的观察和测量为基础的。当时的科学和技术的水平都不很高，所以从其中作出的理论上的结论也还是不正确的，这是历史条件的限制。但是，张衡的基本精神是科学的精神。以前仅只说："轻清者上浮为天，重浊者下沉为地。"这是一种凭直观得来的说法，跟这个说法比较起来，张衡对于天地形成的说法，就明确多了。

张衡所举的一些数据，代表中国天文学在当时所能达到的程度。张衡承认，在这种程度下，人的知识有一定的范围，这个范围以外的情况，还没有人知道（"过此而往者，未之或知也"）。他不说不可知，而只说尚未知，这也是科学的精神。

在这里，他又提出了宇宙的概念。他说：在这个范围之外，还没有人能够知道的，就是宇宙（"未之或知者，宇宙之谓也"）。他所说的"宇"就是空间，空间是无边无际的，所以说"宇之表无极"；说"宇之表"其实就是无表。他所说的"宙"就是时间，时间是无始无终的，所以说"宙之端无穷"；说"宙之端"其实就是无端。在这里，他肯定了时间和空间的无限性。他所说的宇宙，就是无限的空间和无限的时间交织在一起的一个无限的物质世界。

宇和宙这两个概念，本来在《庄子》书中就已经提出。《淮南子·天文训》也说："道始于虚霩。虚霩生宇宙，宇宙生元气，元气有涯垠。"这里所谓宇宙是宇宙形成过程中的一个阶段，其意义并不很明确。《庄子·庚桑楚》说："有实而无乎处者，宇也；有长而无本剽者，宙也。"这是就空间和时间说的，不过这两句话的确切意义，还不很清楚。张衡所说的宇和宙的意义就明确了。后来，郭象《庄子注》说："宇者有四方上下，而四方上下未有穷处。宙者有古今之长，而古今之长无极。"陆德明说："《三苍》云，四方上下为宇，宇虽有实而无定处可求也。往古来今曰宙；……宙虽有增长，亦不知其始末所至者也。"（《经典释文》卷二十八）（郭象所说的"古今之长"，是长短之长，陆德明读为增长之长，误。）这可能是就张衡所说的又加以发展。这样，时间和空间这两个哲学中的重要范畴，也就越来越明确了。

在前一章中，我们提到，王充提出了唯物主义的元气说，和纬书中的神秘的元气观念对立起来。但天地和元气的关系，在他的体系中是不很明确的，张衡继王充之后明确地认为，天地是由元气分化出来的。这里又牵涉到元气有始或无始的问题。王充虽然没有明确地讨论这个问题，但是，照他所说的关于气的话看起来，他还是认为气是无始的。易纬《乾凿度》说："太初者，气之始也。"郑玄注说："太易既自寂然无物矣，焉能生此太初哉？则太初者，亦忽然而自生。"这是认为气是有始的，不过没有另外一个生气的东西，它是"忽然而自生"。张衡所说的"道"似乎就是气。他所说的"道之根""道之干"和"道之实"，实际上就是气的发展的三个阶段。在第一阶段中，气是无形的；在第二阶段中，气有形但尚未分化；在第三阶段中，气分化为具体的天地万物。如果他所谓道可以作这样的了解，张衡也认为气是无始的。

张衡的天文学，也还没有从占星术中摆脱出来。他说："日月运行，历示吉凶。五纬经次，用告祸福，则天心于是见矣。"（《灵宪》）在古代，天文学和占星术本来是分不开的。这是时代的限制。

张衡极推崇扬雄的《太玄》，认为是"汉家得天下二百年之书"。又说："后二百岁，殆将终乎？所以作者之数，必显一世，常然之符也。汉四百岁，应其兴矣。"（《后汉书·张衡传》）这里所说的"数"，也就是王充所说的"命"。照这个说法，不仅人有命，国有命，书也有命，这是命定论的又一种应用。

在《髑髅赋》中，张衡假托庄周的话，说出他自己对于生死问题的见解。他说："死为休息，生为役劳。冬水之凝，何如春冰之消。"又说，他死了以后，"与阴阳同其流，与元气合其补。以造化为父母，以天地为床褥。以雷电为鼓扇，以日月为灯烛。以云汉为川池，以星宿为珠玉。合体自然，无情无欲。澄之不清，浑之不浊。不行而至，不疾而速"（《古文苑》卷五〇）。这是说，人生是元气的聚合，如水之凝结为冰；人死是元气的消散，如冰之消释为水。人死以后，复归于元气，与自然成为一体。张衡的这种生死观，和他的唯物主义的自然观是一致的。

第三节　王符的唯物主义的自然观和进步的社会思想

跟张衡同时而稍后的有王符，安定临泾（今甘肃镇原）人。范晔说："安定俗鄙庶孽，而符无外家，为乡人所贱。"（《后汉书·王符传》）这是说，王符的母亲是妾、婢之类，出身微贱，所以王符没有外祖父家。因此"为乡人所贱"。在当时门阀士族的统治下，一个人的社会地位，不仅靠他父亲的门第，也靠他母亲的门第。王符认为，自己是一个隐藏在下位的人，一个"潜夫"，所以他把自己的著作名为《潜夫论》。

王符在《潜夫论》中，也提出一个宇宙形成论。他说："上古之世，太素之时，元气窈冥，未有形兆。万精合并，混而为一，莫制莫御。若斯久之，翻然自化。清浊分别，变成阴阳。阴阳有体，实生两仪。天地壹郁，万物化淳。和气生人，以统理之。是故天本诸阳，地本诸阴，人本中和。三才异务，相待而成。各循其道，和气乃臻，玑衡乃平。天道曰施，地道曰化，人道曰为。为者，盖所谓感通阴阳而致珍异也。人行之动天地，譬犹车上御驷马，蓬中擢舟船矣。虽为所覆载，然亦在我何所之耳（原作可，依汪继培校改）。……从此观之，天呈其兆，人序其勋。书故曰：'天功人其代之。'"（《潜夫论·本训》）

王符所说的关于元气的理论，跟张衡所说的基本上相同。但是有特出的几点：

第一，他说："太素之时，元气窈冥。"他不讲"太素之前"。这就是，不认为在有气之前，还有一个没有任何东西的时期。这也就是，不认为气是有始的。"窈冥"而"未有形兆"，是形容元气的原始的浑沌。这是本来如此的。不过，这一点王符并没有讲清楚。他似乎认为在气之上还有"道"，比气更为根本。他说："是故道德之用，莫大于气。道者气（原无气字，依汪继培校补）之根也；气者道之使也，必有其根，其气乃生；必有其始，变化乃成。是故道之为物也，至神以妙，其为功也，至强以大。"（《潜夫论·本训》）这里所说的"道"，王符没有加以解释。下文说："必先原元而本本，兴道致和，以醇粹之气，生敦庞之民，明德义之表，作信厚之心，然后化可美而功可成也。"（同上）他所说的"道"，也可能指"醇粹之气"或阴阳二气混沌未分的元气。

第二，王符特别提出元气是"莫制莫御"，"翻然自化"。这就是说，没有什么主宰管制着它。后来元气分化，有阴阳二气，二气的形体就是天地，从天地生出万物。这都是出于"自化"，不是由于外面的动力。这就更明确地说明他的关于气的理论是唯物主义的思想。

第三，王符特别重视人在宇宙中的地位。他认为在元气剖判的时候，分为阴阳二气；阴阳交合，特别生出另一种气，叫和气。人是和气所构成的。在还没有人的时候，万物是没有主宰的。在有了人以后，人就"统理"万物。天、地、人，称为"三才"，各有他们在宇宙之中的任务和作用。他们必须互相补充，互相配合，才能完成他们的任务和作用（"三才异务，相待而成"）。

"天"的任务和作用就是"施"（"天道曰施"）。例如日月发出光明，雨露产生润泽；这都是属于"施"一类的作用。日月的光明和雨露的润泽，到了地上，就能使动植物生长。在王符看起来，这些都是地的作用。地接受天的"施"而引起"化"（"地道曰化"）。他认为人的任务和作用就是"为"（"人道曰为"），就是说，依靠天地的"施""化"，而有所作为。王符的这个思想有重视人的主观能动性的意义。他认为人在天地之间，就好像人坐在车上或船上一样，车或船虽然把人载起来，但是，车或船往哪里走，这是由人的意志决定的（"然亦在我何所之耳"）。王符说："天呈其兆，人序其勋。书故曰：'天功人其代之？'"（同上）这就是说，人的任务和作用是完成天所不能完成的事情。

王符说："为者，盖所谓感通阴阳而致珍异也。"他还是承认有所谓"天人感应"。这样，王符所说的"为"就跟我们所说的"为"不同。我们所说的"为"是用知识和技术改造和控制自然；王符所说的"为"主要是靠"感通"，以道德的行为感动自然。他说：“阴阳者以天为本。天心顺则阴阳和；天心逆则阴阳乖。天以民为心。民安乐则天心顺；民愁苦则天心逆。”（《潜夫论·本政》）王符自叙其作《潜夫论·本训》的目的，说：“人天情通，气感相和。善恶相征，异端变化。圣人运之，若御舟车。作民精神，莫能（汪继培云，疑当作不）含嘉。故叙《本训》。”（《潜夫论·叙录》）照这段话看起来，王符所说的“人道曰为”虽有重视主观能动性的意义，但还没有脱离“天人感应”的神秘的圈子。

王符认为，与天、地、人“三才”相应的，有阳气、阴气、和气。河上公的《老子注》正是这样说的。《老子》说：“道生一，一生二，二生三，三生万物。”（第四十二章）河上公注说，一是“道始所生者。一生阴与阳，阴阳生和气，三气分为天、地、人。天地共生万物，天施地化，人长养之”。这里所说的，跟王符所说的完全相同。

东汉到了后期，政治越来越腐败；贫富的差别越来越大；地主阶级和农民的矛盾越来越尖锐和激化。一次大的农民革命风暴即将到来。这种情况在当时比较进步的思想家中间，有很多的反映。他们对于当时政治和社会的混乱情况，提出了尖锐的批判。王符说：“且夫利物，莫不（非）天之财也。天之制此财也，犹国君之有府库也，赋赏夺与，各有众寡，民岂得强取多哉？故人有无德而富贵，是凶民之窃官位，盗府库者也。终必觉，觉必诛矣。盗人必诛，况乃盗天乎？得无受祸焉？……是故无功庸于民而求盈者，未尝不力（力当作危）颠也。”（《潜夫论·遏利》）这就是说，没有德和功而富贵的人等于盗窃。

王符虽称为“潜夫”，但还是地主阶级的不当权派。他所说的是对于当时地主阶级当权派、豪门士族的攻击。他所谓“德”还是地主阶级的“德”；他所谓有功用于民，未必真是对于劳动人民有功。他没有认识到，所有的地主阶级其实都是盗窃。但是，他对于当时社会、政治的批判是相当尖锐的。

王符继王充之后，对豪族强宗的势力进行尖锐的斗争。他批判当时的社会风气说：“凡今之人，言方行圆，口正行邪。行与言谬，口与心违。论古则知称夷、齐、原、颜；言今则必官爵职位。虚谈则知以德义为贤，贡荐则必阀阅为前。”（《潜夫论·交际》）这里所说的“阀阅”，即指门阀士族。王符反对“以族举德，以位命贤”（《潜夫论·论荣》）。他说：“人之善恶，不必世族；性之贤鄙，不必世俗。”（同上）又说：“贤愚在心，不在贵贱；信欺在性，不在亲疏。……苟得其人，不患贫贱；苟得其材，不嫌名迹。”（《潜夫论·本政》）他认为，使没有才德的人有钱有势，这是违背自然的法则的。他说：“世主欲无功之人而强富之，则是与天斗也；使无德况（贶）之人，与皇天斗，而欲久立，自古以来，未之尝有也。”（《潜夫论·思贤》）王符指出，当时虽有一种贡举制度，有“茂才”“孝廉”“贤良方正”“惇朴”“有道”“明经”“宽博”“武猛”“治剧”等名号，使有这些品质的人，可以被荐举而参加政治，但实际上被荐举的，恰好正是跟这些名号相反的人。他说："群僚举士者，或以顽鲁应茂才，以桀逆应至孝，以贪饕应廉吏，以狡猾应方正，以谀谄应直言，以轻薄应敦厚，以空虚应有道，以嚚暗应明经，以残酷应宽博，以怯弱应武猛，以愚顽应治剧。名实不相副，求贡不相称。富者乘其材力，贵者阻（依也）其势要。以钱多为贤，以刚强为上。凡在位所以多非其人，而官听所以数乱荒也。"（《潜夫论·考绩》）这就是说，虽有这些名号，但实际得到荐举的还只是豪族强宗有钱有势的人。这就是上面所说的，"贡举则必阀阅为前"。他要求实行考绩制度，使"有号者必称于典，名理者必效于实，则官无废职，位无非人"（同上）。王符的这些言论，是站在寒门庶族和地主阶级不当权派的立场，以反对豪族强宗的统治。他的目的是为本阶层的利益，也是为要挽救东汉末地主阶级统治的危机，但他的言论，在客观上有进步的意义。

王符又举出当时商人剥削农民，城市剥夺乡村的情况。他说："王者以四海为一家，以兆民为通计。一夫不耕，天下必受其饥者；一妇不织，天下必受其寒者。今举世舍农桑，趋商贾，牛马车舆，填塞道路。游手为巧，充盈都邑。治本者少，浮食者众。商邑翼翼，四方是极。今察洛阳，浮末者什于农夫，虚伪游手者什于浮末。是则一夫耕，百人食之，一妇桑，百人衣之。以一奉百，孰能供之？天下百郡千县，市邑万数，类皆如此。本末何足相供，则民安得不饥寒？饥寒并至，则安能不为非？为非则奸宄。奸宄繁多，则吏安能无严酷？严酷数加，则下安能无愁怨？愁怨者多，则咎征并臻。下民无聊，而上天降灾，则国危矣。"（《潜夫论·浮侈》）

这就是说，当时城市中充满了游手好闲、投机取巧的人。农民的负担越来越重。他以当时的首都洛阳为例，推算出当时农民的负担达到"以一奉百"的程度。他不敢说，劳动人民"愁怨者多"就一定要大起义，推翻压迫和剥削他们的统治者。他只说"下民无聊"就要引起"上天降灾"。这又回到了"天人感应"的老套。但他的这一段话，实际上是说，农民的反抗，是由于经济原因。他对于当时贫富对立情况的揭露相当彻底，也明确指出这种情况所必然引起的后果。

王符进一步讨论社会治乱的原因说："国之所以为国者，以有民也。民之所以为民者，以有谷也。谷之所以丰殖者，以有（汪继培云：有字疑衍）人功也。功之所以能建者，以日力也。"（《潜夫论·爱日》）这是说，老百姓是国家的根本，粮食又是老百姓的根本，粮食的增产，又需依靠农民的劳动（"人功"）。"日力"是指农民每天的劳动日。王符指出，农民每天劳动日的长短，跟国家的强弱和社会的治乱有密切的关系。他说："治国之日舒以长，故其民闲暇而力有余；乱国之日促以短，故其民困务而力不足。"（同上）他认为农民劳动日的长短，完全是由统治者的政治好坏造成的。他说："所谓治国之日舒以长者，非谒羲和而令安行也，又非能增分度而益漏刻也，乃君明察而百官治，下循正而得其所，则民安静而力有余，故视日长也。所谓乱国之日促以短者，非谒羲和而令疾驱也。又非能减分度而损漏刻也，乃君不明，则百官乱而奸宄兴，法令鬻而役赋繁，则细民困于吏政，仕者穷于典礼，冤民就狱乃得直，烈士交私乃见保，奸臣肆心于上，乱化流行于下，君子载质而车驰，细民怀财而趋走，故视日短也。"（同上）他得出结论说："是故礼义生于富足，盗窃起于贫穷。富足生于宽暇，贫穷起于无日。圣人深知，力者，乃民之本也而国之基。故务省役而为民爱日。"（同上）王符指出，当时已经是"百官挠民"的黑暗时代；生产荒废，人民困乏；农民起义是势所不免了。王符不可能看到农民的贫困是由于封建的剥削制度，但在汉末农民大起义的前夕，他揭露了封建社会的黑暗，抨击了当权派。虽然他在主观上并不赞成农民革命，但能指出农民暴动是势所必至，这在当时有很大的进步意义。

王符关于社会治乱的分析，和王充比较起来，前进了一步。在上章，我们指出，王充说，"世之治乱，在时不在政；国之安危，在数不在教"。他认为社会的治乱与统治者的好坏没有必然联系。他也认为，"礼义之行在谷足"，但他把收成的好坏归之于"天数"，归之于一种必然的命运，从而倒向了历史宿命论。王符指出，粮食不足，不是由于什么"天数"，而是由于统治者无限制的徭役，剥夺了农民的劳动日，使生产陷于停顿。在这一点上大大超过了王充的水平。王符的这个认识，显然是和汉末农民起义运动的不断高涨联系在一起的。

《潜夫论》中有《卜列》《巫列》《相列》《梦列》等篇，对当时流行的鬼神、卜筮、宅有吉凶等迷信，进行批判。他指出，那些宣扬鬼神迷信的巫祝，是"欺诬细民，荧惑百姓"（《潜夫论·浮侈》）。他对王充的关于骨相的宿命论也作了若干修正。他也承认，"人身体形貌皆有象类，骨法角肉各有分部，以著性命之期，显贵贱之表。一人之身而五行八卦之气具焉"。但是他说："故凡相者，能期其所极，不能使之必至。十种之地，膏壤虽肥，弗耕不获；千里之马，骨法虽具，弗策不致。夫瓠而弗琢，不成于器；士而弗仕，不成于位。若此者，天地所不能贵贱，鬼神所不能贫富也。"（《潜夫论·相列》）他在这一方面也还有机械的宿命论的观点，但和王充比较起来，他承认人的主观努力的作用。

第四节　仲长统的无神论和进步的历史观

仲长统（180—220）姓仲长，名统，山阳高平（今山东金乡）人，是汉魏之际的一个思想家。范晔说：他"每论说古今及时俗行事，恒发愤叹息，因著论，名曰《昌言》，凡三十四篇，十余万言"（《后汉书·仲长统传》）。《隋书·经籍志》杂家著录《仲长子昌言》十二卷，是《昌言》亦名《仲长子》。全书今佚，仅有《后汉书》本传所引三篇及其他书所保存的佚文。

仲长统也是一个无神论者。他的无神论思想是和他的社会政治思想联系在一起的。在政治方面，仲长统认为，一个时代的治乱完全是由于"人事"，与"天道"无关。他说："昔高祖诛秦项而陟天子之位，光武讨篡臣而复已亡之汉，皆受命之圣主也，萧、曹、丙、魏、平、勃、霍光等，夷诸吕，尊大宗，废昌邑而立孝宣，经纬国家，兴安社稷，一代之名臣也。二主数子之所以震威四海，布德生民，建功立业，流名百世者，唯人事之尽耳，无天道之学也。然则王天下，作大臣者，不待于知天道矣。所贵乎用天之道者，则指星辰以授民事，顺四时而兴功业，其大略吉凶之祥，又何取焉！故知天道而无人略者，是巫医卜祝之伍，下愚不齿之民也；信天道而背人事者，是昏乱迷惑之主，覆国亡家之臣也。"（《群书治要》卷四十五引）

古代所谓"天道"，包括两个方面，一方面是科学的天文学的内容，一方面是宗教迷信的虚构。仲长统认识到其间的分别。他所说的"指星辰以授民事，顺四时而兴功业"，是就古代所谓"天道"中的科学部分说的。他所说的"大略吉凶之祥"，是就古代所谓"天道"中的迷信部分说的。他所反对的就是所谓"天道"中的宗教迷信。如董仲舒等所讲的"天人感应"以及"灾异""祥瑞"之类，都属于仲长统所反对的"天道"。他指出这种"天道"完全是出于迷信。相信它的人是"巫、医、卜、祝之流，下愚不齿之民"。相信它的统治者，是"昏乱迷惑之主，覆国亡家之臣"。这是对这种宗教迷信的最严厉的批判。

仲长统在这里，说到"受命之主"，其实他是不承认有所谓受命的。他说："豪杰之当天命者，未始有天下之分者也；无天下之分，故战争者竞起焉。于斯之时，并伪假天威，矫据方国，拥甲兵与我角才智，程勇力与我竞雌雄；不知去就，疑误天下，盖不可数也。角知者皆穷，角力者皆负，形不堪复伉，势不足复校，乃始羁首系颈，就我之衔绁耳。"（《理乱》，引自《后汉书·仲长统传》）

这是说，一个朝代开创者，本来是无权有天下的（"无天下之分"）。他们虽自称为"当天命"，其实都是靠武力、才智取得政权的。同时跟他们竞争的人都是"伪假天威"，"矫据方国"，同他"角才智，程勇力"。直到"角智者皆穷，角力者皆负"，才都向他投降，奉他为最高的统治者。仲长统没有明确地说，这些"当天命"者也是"伪假天威"，但是他明确说，别的争夺者之所以降服，只是由于争夺失败，并不是由于"天命"。

仲长统继续说："及继体之时，民心定矣，普天之下，赖我而得生育，由我而得富贵，安居乐业，长养子孙，天下晏然，皆归心于我矣。豪杰之心既绝，士民之志已定，贵有常家，尊在一人。当此之时，虽下愚之才居之，犹能使恩同天地，威侔鬼神；暴风疾霆，不足以方其怒；阳春时雨，不足以喻其泽；周孔数千，无所复角其圣；贲育百万，无所复奋其勇矣。"（同上）

这是说，这些创业者既已依靠暴力取得了政权，他们就又依靠国家机器使"贵有常家，尊在一人"。他们的"继体之君"，即使是"下愚之才"，也能依靠作威作福的权力，继续进行统治。仲长统继续说："彼后嗣之愚主，见天下莫敢与之违，自谓若天地之不可亡也；乃奔其私嗜，骋其邪欲，君臣宣淫，上下同恶……使饿狼守庖厨，饥虎牧牢豚。遂至熬天下之脂膏，斫生人之骨髓。怨毒无聊，祸乱并起。中国扰攘，四夷侵叛。土崩瓦解，一朝而去。昔之为我哺乳之子孙者，今尽是我饮血之寇仇也。……存亡以之迭代，政（治）乱从此周复，天道常然之大数也。"（同上）

这是说，到了一个朝代的末期，统治者对于老百姓的压迫和剥削越来越厉害，而老百姓的忍受，也有一定的限度。农民大起义，使一个朝代的统治"土崩瓦解，一朝而去"。一个新的统治者，又以武力、才智，战胜了他的竞争者，取得政权，建立一个新的朝代。这个新的朝代，又不可避免地与前一朝代有同样的命运。这就是所谓"政（治）乱周复"。仲长统认为，这是"天道常然之大数"，就是说，这是一种经常起作用的规律。

仲长统用一种形象的语言，生动地说出古代政治现象的一种情况及其变化规律。他指出，一个朝代的统治，既不是由于"天命"，也不是由于道德的动机，而只是靠其开创者的武力、才智。他以暴力取得政权，又以国家机器维持他的地位。但在阶级矛盾尖锐化的情况下，他的朝代终不免于覆灭。这是每一个朝代都必定有的三部曲。

仲长统的这种看法，从根本上否定了政权神授的理论。他从汉朝政权的衰亡和社会危机加深的事实中，揭穿了宗教神秘主义天道观的虚妄，把社会的治乱归之于社会的原因，归之于"人道"，把"天命"看成是封建统治者夺取政权的一种欺人的口号，因此也否定了主宰之天。就这一点说，他的无神论超过了王充的水平。王充认为，国家的治乱是由于"国命"，统治者之所以能有其地位是由于他的命好，骨相生得不错，这就为有神论开了一个后门。

仲长统关于封建王朝兴替的理论，是和汉代官方哲学的历史观根本对立的。他的历史观打击了封建正统派把政权起源归之于王者为民除害的虚伪的说教。他揭露了封建专制主义所造成的不可避免的政治危机和社会危机，指出封建统治者对劳动人民的残酷剥削和榨取是一个王朝灭亡的根本原因。这些观点，在当时具有很大的进步意义，是汉末农民大起义在思想上的反映。但也可以看出，他把整个历史的发展，仍旧看成是"一治一乱"的循环过程，而且认为"乱世长而化世短"，对历史发展的前途表现了悲观的情绪。他把朝代兴废归之于"天道常然之大数"，这就又带有历史宿命论的色彩。

从战国到秦汉，社会政治制度有很多重大的变革。仲长统认为，其中有些是好的，应该继续；有些是不好的，应该恢复旧的办法。他说："作有利于时，制有便于物者，可为也；事有乖于数，法有玩于时者，可改也。故行于古有其迹，用于今无其功者，不可不变，变而不如前，易而多所败者，亦不可不复也。"（《损益》，引自《后汉书·仲长统传》）

根据他所提出的这个原则，仲长统谈到三个问题。第一是分封诸侯的问题。秦朝统一以后，本来已从根本上废除了诸侯割据，代之以官僚、郡县制。汉朝初年，又在一定程度上恢复了分封诸侯，引起了多年的混乱。仲长统说："汉之初兴，分王子弟，委之以士民之命，假之以生杀之权，于是骄逸自恣，志意无厌，鱼肉百姓以盈其欲，报蒸骨血以快其情，上有篡叛不轨之奸，下有暴乱残贼之害，虽藉亲属之恩，盖源流形势使之然也。……是故收其奕世之权，校其纵横之势，善者早登，否者早去，故下土无壅滞之士，国朝无专贵之人，此变之善，可遂行者也。"（同上）就是说，废除诸侯割据，实行中央集权，这是好的，应该继续下来。

第二个问题是关于土地分配的问题。仲长统说："井田之变，豪人货殖。馆舍布于州郡，田亩连于方国。身无半通青纶之命，而窃三辰龙章之服。不为编户一伍之长，而有千室名邑之役。荣乐过于封君，势力侔于守令。财赂自营，犯法不坐。刺客死士，为之投命。致使弱力少智之子，被穿帷败，寄死不敛，冤枉穷困，不敢自理。虽亦由网禁疏阔，盖分田无限使之然也。今欲张太平之纪纲，立至化之基址，齐民财之丰寡，正风俗之奢俭，非井田实莫由也。此变有所败而宜复者也。"（同上）这是说，从战国以来，土地可以公开买卖，以致社会上贫富两极分化。仲长统主张实行分田，恢复井田制度。

第三个问题是关于刑罚的问题。仲长统说："肉刑之废，轻重无品，下死则得髡钳，下髡钳则得鞭笞，死者不可复生，而髡者无伤于人。髡笞不足以惩中罪，安得不至于死哉！……不制中刑以称其罪，则法令安得不参差，杀生安得不过谬乎！……今令五刑有品，轻重有数；科条有序，名实有正。非杀人逆乱，鸟兽之行甚重者，皆勿杀。嗣周氏之秘典，续吕侯之祥刑。此又宜复之善者也。"（同上）古代有所谓肉刑，如割鼻刖足之类。汉文帝废除肉刑。仲长统认为，有重罪，有中罪，也应该相应地有重刑，有中刑。肉刑是治中罪的中刑，应该恢复。

从仲长统以后一直到清朝初年的颜元，在中国长期的封建社会中，地主阶级的思想家们，谈到社会改革问题的时候，总是提出像仲长统这样的三个问题，即所谓"封建"（指分封诸侯）、井田和肉刑。其所以总离不开这三个问题，是有原因的。第一个是"封建"与郡县的问题，这是关于地主阶级统治方式的问题。地主阶级经常考虑，如何作一些内部调整，以便更有效地进行统治。第二个是关于土地的问题。在封建社会里，土地是基本的生产资料，农民与地主之间的矛盾和斗争，都是以土地问题为中心的。地主阶级、特别是其知识分子，为了缓和阶级矛盾，也经常考虑如何对于土地的占有和使用，作一些调整，以防止土地兼并的激化和农民革命的再起。但是在这一方面，它们只能有些幻想；这些幻想，在封建制度下，是永远不能实行的，地主阶级本来也不准备实行。第三个是关于如何镇压劳动人民的问题，这是地主阶级最注意的。但是，哪里有剥削和压迫，哪里就有反抗剥削和压迫的斗争，这是历史发展的规律。

第五节 何休关于"太平"的思想

在东汉末年，比较关心当时社会危机的思想家，都注意到封建社会的根本矛盾及其激化的具体情况。他们也都看到，矛盾激化的结果是农民的起义和统治王朝的灭亡。在这种情况下，何休提出了他的《春秋》"三世说"。

何休（129—182）是东汉后期的一个今文学经师，仟城樊（今山东兖州）人。他的主要著作是《公羊传解诂》即《公羊传》的注解。

《公羊传》有一段话说："什一者，天下之中正也，什一行而颂声作矣。"（宣公十五年）就是说，统治者对于农民征税，应该以生产的十分之一为最合理的税率。如果实行什一之税，农民就歌颂他们了。何休解释说："颂声者，太平歌颂之声，帝王之高致也。《春秋》经传数万，指意无穷状。相须而举，相待而成。至此独言颂声作者，民以食为本也。夫饥寒并至，虽尧舜躬化，不能使野无寇盗。贫富兼并，虽皋陶制法不能使强不凌弱。是故圣人制井田之法而口分之。"意思是说，春秋的"经"和"传"讲的道理很多，为什么专在这个地方讲到"颂声作"呢？因为《春秋》认识到"民食"的重要。其实这是何休的认识。他认识到，人必定要吃饭，才能生活，所以民以食为本。下边的几句话，是何休看到当时阶级矛盾的激化而提出的问题。当时阶级矛盾激化的表现，是农民对于剥削和压迫的反抗，用何休的话说，就是"野有寇盗"。他认为，有寇盗的原因是农民吃不饱，穿不暖。农民饥寒的原因，他认为是贫富两极分化。所以他认为，应该行"井田之法"，按人口分田。

何休对"井田之法"作了一个详细的叙述，描绘了一幅农民在井田制下生活"美好"的图画。当然，这只是一种幻想，可注意的是，他提出了"太平"这个概念，认为井田制是实现"太平"的惟一途径。他还根据这个概念，虚构了一个"春秋三世"说。

"春秋三世"说是公羊家的"三科"之一，是董仲舒首先提出来的。其"三世"是"所见世""所闻世""所传闻世"。公羊家认为，孔丘在《春秋》中以同类的事实，因"世"的不同而有不同的"书法"。何休对此作了进一步的发挥。他认为所谓"三世"是公羊家所幻想的孔丘的春秋王朝发展的三个阶段，"春秋"先从治理他的本国做起，以他的本国为"内"，以别的属于"中国"的诸侯国为"外"（"内其国而外诸夏"）。"所闻世"称为"升平世"；在这个阶段，"春秋"的治理普及于"中国"范围以内的各诸侯国。在这个阶段，孔丘以"中国"的各诸侯国为"内"，以其他文化比较落后的民族为"外"（"内诸夏而外夷狄"）。"所见世"称为"太平世"；在这个阶段，全世界都统一了（"天下远近大小若一"）。在这个阶段，就如《礼运》中所说的，"天下为一家，中国为一人"，没有国家和种族的界限。在这个阶段，维持社会的只有道德（"崇仁义"），用不着暴力，也就没有暴力了。(《公羊传解诂》，隐公元年"公子益师卒"条下)

何休认为，《春秋》里面，在不同的"世"中，同类的事，有不同的"书法"。这些"书法"就是表示上面所说的思想。他认为春秋王朝的发展，从"据乱世"，经过"升平世"，最终到"太平世"。这当然是一种主观主义的幻想。可注意的是，何休于此时提出"太平世"这个概念，这可能是从当时农民起义的思想中接受过来的，可能是农民起义思想的曲折的反映。

"太平"是中国农民起义的一个理想。在东汉末，农民起义所依托的宗教组织称为"太平道"，包括有农民思想的宗教经典称为《太平经》。后来太平天国农民大起义也用"太平"二字形容他们的"天国"。

在农民大起义——黄巾军的打击下，今文经学家也说话了。他好像是对黄巾军说，你们所向往的太平，"受天命为王"的孔丘，在"为汉制法"而作《春秋》的时候，已经制定"太平"之法了。两汉这一段的思想斗争，从春秋公羊学开始，也以春秋公羊学结束。在这一斗争中，董仲舒和王充是两个对立面的主将。本章所讲的几个人物，张衡、王符、仲长统的思想是王充这个对立面的补充；何休的思想是董仲舒这个对立面的补充，同时也是它的回光返照。

第三十五章　东汉末农民大起义和《太平经》

第一节　以黄巾军为代表的农民起义

在东汉后期，农民与地主之间的阶级矛盾，到了特别尖锐激化的程度。有些知识分子虽然提出了一些改良主义的办法，但总是不能实现的。他们的理想终究只是幻想。激化了的阶级矛盾引起了农民的直接行动。在东汉后期，农民有很多次起义，后来汇集为黄巾军的大起义。这个大起义，虽然没有成功，但从基本上动摇了汉朝的统治，使之瓦解。

在封建社会里，农民的生产是个体生产。他们的生活是散漫的。在地主阶级的剥削和压迫之下，他们被剥夺了学文化的权利。农民起义，往往依靠一种宗教，把自己组织起来。借用一些宗教的观念，表达自己的要求和愿望。

在两汉期间，官方的统治哲学是谶纬化了的儒家思想。经过谶纬化，原来的儒家思想已成为一种宗教，孔丘为其教主。经过古文经学的斗争，谶纬的势力被削弱了。孔丘也从神还原为人。在当时的下层社会中，又兴起了一种宗教，以老聃为教主，称为黄老道。这就是另立了一种宗教。这个新的宗教在当时流行很广。不仅在民间流行，在皇帝的宫中，也立有"黄老、浮屠之祠"（《后汉书·襄楷传》），这就是原始的道教。汉末的农民大起义，就以原始道教为组织形式和思想武器。

三国时人鱼豢所作的《典略》说："熹平（汉灵帝年号）中，妖贼大起，三辅有骆曜。光和（汉灵帝年号）中，东方有张角，汉中有张修。骆曜教民缅匿法，角为太平道，修为五斗米道。太平道者，师持九节杖，为符祝，教病人叩头思过，因以符水饮之。得病或日浅而自愈者，则云此人信道；其或不愈，则为不信道。修法略与角同，加施静室，使病者处其中思过。又使人为奸令祭酒。祭酒主以老子五千文，使都习，号为奸令。为鬼吏，主为病者请祷。请祷之法，书病人姓名，说服罪之意。作三通，其一上之天，著山上；其一埋之地；其一沉之水。谓之三官手书。使病者家出米五斗，以为常。故号五斗米师也。实无益于治病，但为淫妄，然小人昏愚，竞共事之。后角被诛，脩亦亡。及鲁在汉中，因其民信行脩业，遂增饰之。教使作义舍，以米肉置其中，以止行人。又教使自隐，有小过者，当治道百步，则罪除。又依月令，春夏禁杀。又禁酒。流移寄在其地者，不敢不奉。"（裴松之《三国志·魏志》注引）

照这里所说的，当时农民起义的三路大军，都是以宗教观念为号召的，用宗教的形式，把起义的农民组织起来。所以都被诬蔑为"妖贼"。关于骆曜和他的缅匿法没有可依据的史料。关于张角，《后汉书》说："初，钜鹿张角自称'大贤良师'，奉事黄老道，畜养弟子，跪拜首过，符水咒说以疗病，病者颇愈，百姓信向之。角因遣弟子八人使于四方，以善道教化天下，转相诳惑。十余年间，众徒数十万，连结郡国，自青、徐、幽、冀、荆、扬、兖、豫八州之人，莫不毕应。遂置三十六方。方犹将军号也。大方万余人，小方六七千，各立渠帅。讹言'苍天已死，黄天当立，岁在甲子，天下大吉。'"（《后汉书·皇甫嵩传》）

张角所组织、率领的起义军，不是只反贪官，不反皇帝。他有一个全国性的起义计划，要一举推翻汉朝的统治，宣称"苍天已死，黄天当立"。他自以为是代表"黄天"，所以起义军都戴黄巾，称为黄巾军。

张角利用皇帝宫中也立黄老祠的情况，派一个"大方"到京城联系宫中有权势的太监，约期于中平元年（公元 184 年）三月初五日，里应外合，同时起义。因为有叛徒告密，张角被迫提前起义，原定的计划被打乱了，但是张角还能于二月使他的"三十六方"同日起义。这种严密的、坚强的组织，都是以宗教的形式构成的。

关于汉中的一路起义军，《三国志》说：在汉顺帝的时候，有个张陵，"客蜀，学道鹄鸣山中，造作道书，以惑百姓。从受道者出五斗米，故世号'米贼'。陵死，子衡行其道，衡死，（张）鲁复行之。……鲁遂据汉中，以鬼道教民，自号'师君'。其来学道者，初皆名'鬼卒'。受本道已信，号'祭酒'。各领部众，多者为'治头大祭酒'。皆教以诚信，不欺诈。有病自首其过。大都与黄巾相似。诸祭酒皆作义舍，如今之亭传。又置义米肉，县于'义舍'。行路者量腹取足，若过多，鬼道辄病之。犯法者，三原，然后乃行刑。不置长吏，皆以祭酒为治。民夷便乐之"（《三国志·张鲁传》）。

照后来道教的说法，张陵（亦称张道陵）是道教的创始人，称为"天师"。他死以后，传其"道"于他的儿子张衡。张鲁是张衡的儿子。裴松之说，《典略》所说的张脩，应该就是张衡。（《三国志·张鲁传》注引）关于这个问题，有不同的意见。本书不必深考。无论如何，张鲁在他的根据地汉中，是有些以原始道教为依据的措施。

他所设立的"义舍"就是一种免费的旅馆，不但住宿免费，其中还有免费的米、肉。走路的人可以随便进去吃，吃饱为止。"义舍"和"义米肉"都称为"义"。这其中包括有道德上的评价。这种评价反映了农民起义的一种原始共产主义思想。张鲁自称"师君"，他是宗教的领袖，也是政治上的领袖。对于犯法的人要赦三次，然后治罪。他所行的是"政教合一"的政治。他还要求人们都学习《老子》。这表示，在张鲁所领导的政权之下，儒家的《五经》被废弃了。在当时封建思想统治着全中国的情况下，汉中这一地区，好像一个沙漠中的绿洲。张鲁所领导的这个政权，统治汉中这个地区，差不多三十年。在建安二十年（公元215年），汉中这个地区为曹操所占领，汉末的农民大起义也以失败而告终。

农民大起义虽然失败了，但他们的思想还保存在一部书里，这部书就是《太平经》。它是后来道教的一部经典，随着道教的流传而被保存下来。

第二节　《太平经》其书

在汉顺帝的时候，襄楷给皇帝献了一部"神书"，李贤注说："'神书'，即今道家《太平经》也。其经以甲、乙、丙、丁、戊、己、庚、辛、壬、癸为部，每部一十七卷也。"（《后汉书·襄楷传》）《襄楷传》又说："初，顺帝时，琅邪宫崇诣阙，上其师干吉于曲阳泉水上所得神书百七十卷，皆缥白素朱介青首朱目，号《太平清领书》。其言以阴阳五行为家，而多巫觋杂语。有司奏，崇所上妖妄不经，乃收藏之。后张角颇有其书焉。"

《仙苑编珠》说："帛和授以素书二卷，于吉受之，乃《太平经》也。"（转引自王明《太平经合校》前言，中华书局1960年版，第2页）《江表传》说："时有道士琅邪于吉，先寓居东方，往来吴会。立精舍，烧香读道书，制作符水以治病。吴会人多事之。"孙策说，"此子妖妄能惑众心"，就把于吉杀了。（《三国志·孔策传》注引）《后汉书·襄楷传》注也引了《江表传》的这一段，但是于吉作干吉。可见于吉可能就是干吉。这些问题，本书不必详考。大概的情况是，在东汉末年，原始道教已经很流行，有许多讲它的教义的著作。原始道教在北方，张角是领袖，他"颇有其书"，便以这种宗教为形式，组织了黄巾军。在四川，张陵是领袖，后来他的孙子张鲁也以这种形式组织了一个政权，占领了汉中一带。在南方，于吉（或干吉）是领袖，他烧香读"道书"。这个"道书"就是《太平清领书》一类的著作。孙策怕他影响大，夺取政权，就把他杀了。所以《太平经》并不是某一个人写的，它是一部原始道教教义的总集。张角所传播的道教，当时称为"太平道"，张鲁所传播的道教，后来称为"天师道"。照现在所有的《太平经》的内容看起来，讲"太平"的地方很多。在书中的很多章中，都是以"天师"的名义讲的。可见，《太平经》这部书，是包括"太平道"和"天师道"的。

作为一个总集，《太平经》这部书，是原始道教中很多人的著作逐渐积累而成的。这是一部大书，原有一百七十卷，现在道藏中仅有五十七卷。道藏里边，还有一部《太平经钞》十卷，是《太平经》的一个节本。

第三节　《太平经》中的"太平"思想

《太平经》也沿用当时流行的元气说以说明一些自然现象。它说："元气恍惚自然。共凝成一，名为天也（当作"共凝成天，名为一也"）。分而生阴而成地，名为二也。因为上天下地，阴阳相合施生人，名为三也……三统共生，长养凡物名为财。"（缺题，《太平经合校》第 305 页）《太平经》认为天、地、人是并立的"三统"。三统合作，就可以产生"财"。这里所说的"财"，包括自然界的万物，也包括社会生产中所产生的财富。它还认为，天、地、人是并立的。张角的黄巾军起义的时候，"角称天公将军，角弟宝称地公将军，宝弟良称人公将军"（《后汉书·皇甫嵩传》），这些称号是有根据的。

《太平经》又说："元气有三名，太阳、太阴、中和。形体有三名，天、地、人。天有三名，日、月、星，北极为中也。地有三名，为山、川、平土。人有三名，父、母、子。治有三名，君、臣、民，欲太平也。此三者常当腹心，不失铢分，使同一忧，合成一家，立致太平，延年不疑矣。"（《和三气与帝王法》，《太平经合校》，第 19 页）《老子》本来说过："万物负阴而抱阳，冲气以为和。"（第四十二章）《太平经》这里所说的"太阳、太阴、中和"，就是《老子》所说的"阳"、"阴"、"冲气"（即和气）。《太平经》认为：天、地、人就是阳气、阴气及和气的具体的表现在这三者之中，又各有三种具体的表现。天的具体的表现就是日、月、星；地的具体的表现就是山、川、平原；人的具体的表现，就是父、母、子。于此之外，《太平经》又加上政治一项，认为在政治中，也有三种人，有的是君，有的是臣，有的是民。这实际上就是把人分成统治者和被统治者。君是统治者，臣是帮助君进行统治者，民是被统治者。它说：这三种人都是希望太平的。怎么样能得到太平呢？《太平经》认为，这三种人应该互相认为对方是自己的腹心，一点都不差，好像一家人一样，忧则同忧，乐则同乐。这样，马上就可以致太平，每一个人也都可以延年益寿。它认为，这是一点也用不着怀疑的。

《太平经》说："此三乃夫妇父子之象也，宜当相通辞语，并力共忧，则三气合并为太和也，太和即出太平之气。"（同上）又说："太阴、太阳、中和三气共为理，更相感动，人为枢机，故当深知之。……故纯行阳，则地不肯尽成；纯行阴，则天不肯尽生。当合三统，阴阳相得，乃和在中也。古者圣人治致太平，皆求天地中和之心，一气不通，百事乖错。"（《名为神诀书》，《太平经合校》，第18页）《太平经》的这些看法就自然说，是一种预定协和论，就是说，宇宙本来是一个协和的整体。这种协和称为太和。就社会方面说，社会也应该是一个协和的整体。这就是阶级调和论。

《太平经》又对太平作了一个详细的说明。它说："太者，大也，言其积大如天，无有大于天者。平者，言治太平均，凡事悉治，无复不平，比若地居下势平。比若人种刈，种善得善，种恶得恶。耕用力，分别报之厚。天气悦下，地气悦上，二气相通，而为中和之气，相受共养万物，无复有害，故曰太平。天、地、中和同心，共生万物。男女同心而生子，父、母、子三人同心，共成一家。君、臣、民三人共成一国。"（《三合相通诀》，《太平经合校》，第149页）这就是说："太"是大的意思，其大如天。"平"是平均的意思，其平如地。比如种庄稼，种得好就收得多，种得不好就收得少。收获的多少，与用力的多少成比例。无论对于谁都是如此，这就叫平均。在自然界中，天气、地气和和气，天、地、人三统，同心协力，就生出来万物。在一家中，父、母、子二种人同心协力，成为一家。在一国之中，君、臣、民三种人，同心协力，共成为一国。《太平经》认为，把人作为一个自然界的产物看，天、地、人这三统，本来就是同心协力的。把人作为一个社会的产物看，他在一家之中，分别居父、母、子的地位。居这三种地位的人，也应照自然界那样，同心协力，把一家治好。在一国之中，人也分别居君、臣、民的地位，这三种人也要同心协力，把一国治好。如果能达到这种情况，就叫太平。《太平经》是把宇宙和合论和阶级调和论紧密联系在一起的。

《太平经》对于"平均"，特别是经济上的平均，有更详细的说明。《太平经》有一篇题为"六罪十治诀"，通篇都是"真人"问，"天师"答。"天师"说："凡人乃有大罪六，不可除也，或身即坐，或流后生。"（《太平经合校》，第

241页）就是说，每一个人，都有六项不可赦的大罪，或者他本身就要受到惩罚，或者是他的后代要受惩罚，在这一点上《太平经》和其他某些宗教的教义是相同的。认为，凡人都是有罪的，宗教的作用，就是指出一条路，叫人可以免罪得救。

照《太平经》所说的，第一条罪是："然人积道无极，不肯教人开蒙"。这是"断天生道，与天为怨"。第二条是："人积德无极，不肯力教人守德，养性为谨。"这是"断地养德，与地为怨"。这里所谓"道"，就是黄老道的"道"。《太平经》认为，得到这个道的人，应该努力宣扬这个道，叫别人都得到"觉悟"。如果不然，那就是"与天为怨"。因为天是生万物的，它愿意把"道"广泛地传播。这里所谓"德"，就是一个人遵照黄老道而有的品质，一个人有了这样的品质，就应该努力叫别人都有这样的品质。如果不然，那就是"断地养德"。因为地是养万物的。不宣扬黄老道的道，就不合乎地的那种"德"，所以是"与地为怨"。第三条是："或积财亿万，不肯救穷周急，使人饥寒而死，罪不除也。或身即坐，或流后生。所以然者，乃此中和之财物也，天地所以行仁也。以相推通周足，令人不穷。今反聚而断绝之，使不得遍也，与天、地、和气为仇，或身即坐，或流后生。"（同上）意思是说，天下的财物，是"中和气"所生的，应该使其流通，叫众人都能享受。如果有人把它聚集起来，不让它流通，使众人不能普遍地享受，这就是与和气为仇。这三项罪，都是就人同社会的关系说的，是就人与人之间的关系说的。

《太平经》的这些话，并不是就张鲁在汉中的措施说的，但是那些措施，正是同这里所说的罪相针对的。他叫人都学《老子》五千言，这是同第一项"罪"相针对的。他叫人行"鬼道"、当"鬼卒"，这是同第二项"罪"相针对的。他设置"义舍""义米肉"，这是同第三项罪相针对的。由此可见，在《太平经》中，确有为当时农民起义军作理论根据的思想。

还有三项罪，同上边所说的三项罪类似，但这是就个人说的。第一项是不肯学"道"，这是"与天为怨"。第二项是不肯为"德"，这是"与地为咎"。第三项是："天生人，幸使其人人自有筋力，可以自衣食者，而不肯力为之，反致饥寒，负其先人之体。而轻休其力，不为力可得衣食，反常自言愁苦饥寒。但常仰多财家，须而后生，罪不除也，或身即坐，或流后生。所以然者，天地乃生凡财物可以养人者，各当随力聚之，取足而不穷，反休力而不作之自轻，或所求索不和，皆为强取人物，与中和为仇，其罪当死明矣"（同上，第242—243页）。

这里所说的力，特别指筋力，就是体力。这一段话，可以了解为，凡人都应该劳动，不劳动就不应该得食。但是细看全文，这一段好像是特别对于体力劳动者，即劳动人民说的。就是说：劳动人民都应该好好地劳动，尽自己的体力之所能，创造财富，作为对于天地的公共仓库的贡献。这样，公共的仓库才能取之而不穷。这就是说，劳动人民，如果不尽自己的体力好好劳动而得不到衣食，不知道这是由于自己的错误，反而说自己愁苦饥寒，让有财的人家帮助，或向别人取索，这就是"强取人物，与中和为仇"。这也是"其罪不除"。其实，绝大多数被剥削的劳动人民，愁苦饥寒，并不是由于他们不努力生产，而是由于封建社会制度造成的。《太平经》的这一段话的客观作用，是使劳动人民安于被剥削的状态，不但不能反抗，而且也不应该表示不满。

《太平经》对于剥削别人的富人，也作了谴责。它说："物者，中和之有，使可推行，浮而往来。"（同上，第246页）又说："或有遇得善富地，并得天地中和之财，积之乃亿亿万种，珍物金银亿万。反封藏逃匿于幽室，令皆腐涂。见人穷困往求，骂詈不予；既予不即许，必求取增倍也。而或但一增，或四五乃止。赐予富人，绝去贫子，令使其饥寒而死，不以道理，反就笑之。与天为怨，与地为咎，与人为大仇，万神憎之。所以然者，此财物乃天地中和所有，以共养人也。此家但遇得其聚处，比若仓中之鼠，常独足食。此大仓之粟，本非独鼠有也；少内之钱财，本非独以给一人也，其有不足者，悉当从其取也。愚人无知，以为终古独当有之，不知乃万户之委输（万户原作万尸，依王明校改），皆当得衣食于是也。……今愚人甚不仁，罪若此，宁当死不耶？"（同上，第246—248页）这就是说，天地间的财物好像一个大仓库，凡是有需要的人都可以从这个公共仓库里取他所需要的东西。但是愚人无知，认为应该属于他们所有，这就好像仓中的老鼠，因为地位的关系，经常能够吃饱，于是，它就认为整个仓库就是属于它自己的。富人霸占着公共的仓库，不给予别人。如有给予必"求取增倍"，就是说，勒索加倍的利息。这种人实在与偷粮吃的老鼠无异。这些人犯了上边所说的第三项不可赦的罪，这样的罪，自然要受到应有的惩罚。在这一段话里，《太平经》表现出一种原始社会主义的思想。

《太平经》又讲到"十治"，就是说，有十种政治，"一为元气治，二为自然治，三为道治，四为德治，五为仁治，六为义治，七为礼治，八为文治，九为法治，十为武治，十而终也"（同上，第254页）。《老子》说："故失道而后德，失德而后仁，失仁而后义，失义而后礼。"（第三十八章）《太平经》所谓十治，实际上就是对《老子》的这一段话，加头加尾，于道治之上，加了元气治和自然治。但是这二种治的具体内容，照《太平经》下文所说，也是很空洞的。所谓"文治"和"礼治"的区别，也是不清楚的。但"法治"和"武治"还有具体的内容。所谓"法治"就是依靠法律和刑罚的政治。所谓"武治",就是依靠暴力的政治。《太平经》所说的实质,是从《老子》推演出来的。

第四节 《太平经》的"天地周期"论

《太平经》还认为,天地是有始有终的。"昔之天地与今之天地,有始有终,同无异矣。初善后恶,中间兴衰,一成一败。阳九百六,六九乃周,周则大坏。天地混齑,人物糜溃。唯积善者免之,长为种民。种民智识,尚有差降,未同浃一,犹须师君。君圣师明,教化不死,积炼成圣,故号种民。种民,圣贤长生之类也。"(《太平经合校》,第1—2页)意思就是说:天地也是有始有终的。现在的天地叫今天地。在此以前,还有天地,叫昔天地。无论是今天地或昔天地,都是初期善后期恶。在这初期和后期的中间,还有些小的兴衰成败。阳九百六,是纬书中所讲的一种推算的方法。到了六九,就是天地的一个周期。到了这个周期,就要"大坏",天地又回到混沌的状态,重新开创新的天地。

这个说法,同基督教所说的"世界末日"是一类的。宋朝道学家邵雍推演这种说法,作为一种哲学思想,建立了他的"世界图谱",朱熹也沿用之。

在一个天地"大坏"的时候,其中的人物也都不能存在,只有积累善行的人,才能够免除这样大的灾难。这种人称为"种民"。"种民"的智识,也是不一律的。有的高一点,有的低一点。还需要师君来教化他们,使他们长生不死。"种民"和能够长生的圣贤是一类的。《太平经》在这里提出"师君"的称号。张鲁曾在汉中也自称为"师君"。他自以为是师而兼君。用这种称号,推行政教合一的政治。他的这种称号是有来历的,有根据的。

在上边所引的《太平经》这段话之后,接着说,"今天地"的最大的圣人,姓李。这个姓李的,在六十七岁的时候,"受书为后圣帝君,与前天地道为帝君者,同无异也。受记在今,故号后圣。前圣后圣,其道一焉"(同上,第2页)。《太平经》认为:这位"后圣"的"书",也是有所受。从哪里受来的?《太平经》说,"天师"自以为他的话是"天语"。(同上,第82页)"天师"是"代天立言"。他的书当然也是受之于天。在"前天地"中,也有得道为"帝君"的。这个帝君是前圣。这位姓李的帝君,是"今天地"的后圣。无论是前圣后圣,他们的道是一样的。《太平经》接着说,这位姓李的圣人。"七十之岁,定无极之言,适隐显之宜。……垂谟立典,施之种民,不能行者,非种民也。"

（同上，第3页）就是说，这位后圣，要归隐，把书流传下来使"种民"学习。这一段话，显然是以《史记·老子韩非列传》为基础，加上一些宗教的"灵光"。这个姓李的圣人，就是老聃，这部书就是《老子》五千言。张鲁在汉中教人读《老子》五千言，为的是叫他们成为"种民"。

这种"灵光"把老聃从一个哲学思想家转化成为一个宗教的教主。《老子》所讲的"太平之道"是这个天地的大周期的"太平之道"，不是这个大周期中的某一个小周期的"太平之道"。《太平经》认为，这个天地，从开始到终结是一个大周期。它称之为"大九六"。在这个周期里的某一个阶段，也是一个治乱兴衰的周期，这是"小九六"，也称为"小甲申"。这个甲申是它从唐尧以后的年谱里算出来的。它说，这些小甲申中，也有些圣贤之君，能够在一定时期内，在一定程度上得到"太平"，他们自己也可以延年长寿，"精学可得神仙"，但是不能深学太平之经，不能久行"太平之事"。他们所得到的"太平"，只能算是"小太平"。这个"李君"所讲的"太平"，是"大太平"。李君是"大太平君"。他举"善者为种民，学者为仙官"。跟着他的人，如果学得好，"自得不死，永为种民，升为仙真之官，遂登后圣之位矣"（同上，第5页）。

这是一派鬼话。这些鬼话所讲的，大概就是张鲁在汉中所宣扬的"鬼道"吧。在《太平经》里，这个"鬼"字，并不是一个坏名词，"鬼"是对人而言，是仅次于神的一种称呼，所以张鲁在汉中称他们所宣扬的道为"鬼道"，初入教的人称为"鬼卒"。"鬼"字是赞美之词。

第五节　农民起义的优点和缺点、进步性和局限性

照上边所讲的看起来，《太平经》确实是原始道教的一部主要经典。东汉末年的农民起义，确实是以原始道教的组织为其组织形式，以原始道教的教义为其思想内容和理论基础，至少一部分是如此。《太平经》中的宗教迷信是很多的，以前的历史家说《太平清领书》，"其言以阴阳五行为家，而多巫觋杂语"（《后汉书·襄楷传》），这是有根据的。从《太平经》中，我们可以看出农民起义的思想的优点和缺点、进步性和局限性。

照上面所讲的，《太平经》提出了对于"太平"的要求。太平的主要思想就是均平。这是《太平经》的主要思想，也是农民起义的主要要求。不仅东汉末年农民起义是如此，以后的农民起义，也都是如此。《太平经》以"太平"二字作为它的书名。近代的农民起义自称"太平天国"，以太平二字作为其天国的主

要特点。相隔一两千年的农民起义是有其一致之处的。

在《太平经》里，《六罪十治诀》这一篇描绘出一个理想社会的轮廓。这种理想社会，实际上是在封建社会的基础上，各个阶级有钱出钱，有力出力，君、臣、民，父、母、子，同心协作。有钱的人，不要把社会的财富据为私有，要与有力的人共同努力，建立一个社会的公共仓库，使人人都能享受其中的一部分。这就是《太平经》所理想的"太平"。这是一种阶级调和论。

在表面看来，农民起义怎么会用这种阶级调和论作为它的指导思想？从社会发展史的规律看起来，这也是不难理解的。

农民就是农民，并不是无产阶级。消灭阶级，消灭任何形式的剥削，这是无产阶级才能有的思想，也只有无产阶级才能担负这种任务。农民不可能有这种思想。在封建社会中，农民并不代表一种新的生产关系，它只能在原有的生产关系中寻找出路。它不能废除封建社会，也不能有废除封建社会的思想。它只能在封建社会的基础上，寻找一种分配比较平均的社会秩序。

农民起义虽然反当时的皇帝，但是它既然不能从根本上改变封建制度，它就不能反对皇帝这种制度。它所反对的是不好的皇帝，但是它还需要好皇帝。张角的黄巾军谶语："苍天已死，黄天当立。""苍天"是指汉朝的皇帝，"黄天"就是张角所领导的黄巾军，这表明，张角还是要做皇帝的。既然还要做皇帝，那就还需要有"君、臣、民"的区别。但是他要做一个好皇帝。好皇帝的措施，大概就是像张鲁在汉中所做的那样。

张角的起义没有成功。张鲁在汉中做了将近三十年的"师君"，后来为曹操所灭。但原始道教没有随着农民起义军的失败而消灭。张鲁的祖父的天师道日益发展，成为与儒、佛鼎立的三大思想体系和社会势力。

在先秦，稷下的黄老学派是代表唯物主义路线的，但它的精气说认为"精"可以离开形体而独立存在，这就为神仙家准备了理论基础。到了汉朝，淮南王刘安的《淮南王书》分内外两部分。《淮南内》即《淮南子》。《淮南外》所讲的，当是神仙家的话。其所以分为内外，盖知二者之不可混同也。王充阐述"黄老之言"，批判迷信，摒弃了认为精气有独立意识的思想，冲击了神仙家的理论基础。但滋长神仙家思想的土壤仍然存在，东汉兴起黄老道就是神仙家的发展。

黄老道发起于当时的下层社会，襄楷、宫崇等得到《太平清领书》都献上皇帝，可见当时上层社会中虽有信奉黄老道者，然尚未有其经典也。从这一方面说，《太平经》同当时别的书根本不同。别的书，无论是经是纬，是古文或是今文，都是地主阶级的书。《太平经》则真正是农民的书，其中的语言也是真正农民的语言。当时的农民起义以黄老道为组织形式，这并不是偶然的。

在两汉有两次农民大起义。一次是赤眉，一次是黄巾。赤眉推翻了王莽的新朝；黄巾基本上动摇了刘家统治，使之一蹶不振。这两次起义都在历史上起了"改朝换帝"的作用，但不能改变中国的封建制度。这不是他们的任务，历史不向当事人提出他们所不能解决的任务。